房地产法
教学案例

曹伊清 ◎ 编著

FANGDICHANFA
JIAOXUE ANLI

知识产权出版社
全国百佳图书出版单位
—北京—

图书在版编目（CIP）数据

房地产法教学案例 / 曹伊清编著 . —北京：知识产权出版社，2023.9
ISBN 978-7-5130-8890-9

Ⅰ.①房… Ⅱ.①曹… Ⅲ.①房地产法—案例—中国 Ⅳ.① D922.181.5

中国国家版本馆 CIP 数据核字（2023）第 170151 号

责任编辑：赵　昱	责任校对：王　岩
封面设计：北京麦莫瑞文化传播有限公司	责任印制：刘译文

房地产法教学案例

曹伊清　编著

出版发行：	知识产权出版社有限责任公司	网　　址：	http://www.ipph.cn
社　　址：	北京市海淀区气象路 50 号院	邮　　编：	100081
责编电话：	010-82000860 转 8128	责编邮箱：	zhaoyu@cnipr.com
发行电话：	010-82000860 转 8101/8102	发行传真：	010-82000893/82005070/82000270
印　　刷：	天津嘉恒印务有限公司	经　　销：	新华书店、各大网上书店及相关专业书店
开　　本：	720mm×1000mm　1/16	印　　张：	18.75
版　　次：	2023 年 9 月第 1 版	印　　次：	2023 年 9 月第 1 次印刷
字　　数：	295 千字	定　　价：	88.00 元
ISBN 978-7-5130-8890-9			

出版权专有　侵权必究
如有印装质量问题，本社负责调换。

目 录

第一章　房地产法概述 ·· 1
　一、房、地一体化 ··· 1
　二、房地产法律制度体系 ··· 4

第二章　建设用地 ·· 13
　一、建设用地使用规制 ·· 13
　二、土地权属纠纷处理 ·· 16
　三、土地使用权划拨 ··· 19
　四、土地使用权出让 ··· 25
　五、闲置土地处理 ·· 42
　六、出让后的土地使用权转让 ····································· 44

第三章　房屋征收与补偿 ··· 50
　一、国有土地上房屋征收与补偿的依据 ························· 50
　二、征收主体 ·· 53
　三、公共利益界定 ·· 55
　四、管理与监督 ··· 61
　五、房屋征收决定 ·· 63
　六、征收补偿的实施 ··· 66

七、农村集体土地上的房屋征收与补偿 ·················· 97

第四章　房地产转让 ·················· 115
　　一、房地产转让形式 ·················· 115
　　二、在建工程转让 ·················· 120
　　三、合作开发 ·················· 122
　　四、商品房销售 ·················· 125
　　五、存量房交易 ·················· 163
　　六、特殊房地产转让 ·················· 195
　　七、农村集体土地上房屋交易 ·················· 200

第五章　房地产抵押 ·················· 204
　　一、土地抵押 ·················· 204
　　二、在建工程抵押 ·················· 207
　　三、预购商品房贷款抵押 ·················· 215
　　四、房地产抵押 ·················· 217

第六章　房屋租赁 ·················· 224
　　一、房屋租赁的行政规制 ·················· 224
　　二、违法租赁 ·················· 226
　　三、新类型房屋租赁的法律界定 ·················· 229
　　四、租赁合同备案 ·················· 233

第七章　房地产登记 ·················· 237
　　一、权属登记 ·················· 237
　　二、抵押权登记 ·················· 280
　　三、其他登记 ·················· 283
　　四、登记信息查询与个人信息安全 ·················· 289

第一章 房地产法概述

一、房、地一体化

房屋和土地虽然在物理形态上可以分开，但在我国法律上视其为一个整体。虽然日常生活中我们也常说房产、地产，可以有独立的形态，但主体权利一致。房地产转让、抵押时，房屋的所有权和该房屋占用范围内的土地使用权同时转让、抵押。在行政管理方面，依然存在土地和房屋的主管部门，只是管理的职能各不相同。

知识点：房地产权利主体一致。

案例一：房地产分别转让 ❶

1997年10月，B副食经营部营业执照被L市市中区工商局吊销，但未办理注销登记。2005年6月，B副食经营部经取得L市市中区×街7239平方米出让国有土地使用权。2005年9月，B副食经营部与J公司签订土地转让协议，约定7239平方米国有土地使用权连同土地上的房屋等转让给J公司。随后B副食经营部开具了发票，并和J公司向市国土局递交土地登记申请书。2005年11月，J公司取得了新土地使用权证，原土地证注销。2005年12月，J公司对该宗土地上的部分房屋进行了拆除。2010年10月，因城市道路建设须占用J公司国有土地使用权证所登记的土地，市土地储备中心与J公司签订了国有土地使用权置换协议，置换并补偿了J公司。J公司收到了约定的全额补偿款，其国有土地使用权证已被注销。

---

❶ 四川省乐山市中级人民法院（2018）川11行终38号，【法宝引证码】CLI.C.11175873。

2018年3月，B副食经营部从市住房保障和房地产管理局查询到位于市中区×街1至12幢建筑的房屋信息摘要和分户图示例，该房屋信息摘要显示：登记权利人为B副食经营部，房屋座落于L市市中区×街，共计12幢，产权面积共计1175平方米。

B副食经营部诉至法院，请求撤销J公司国有土地使用权证。一审法院认为B副食品经营部与J公司之间属于转让土地使用权，而非因买卖、转让地上建筑物、附着物等一并转移土地使用权的情形，在整个登记过程中作为土地使用权转移登记基础的证据材料充分，符合土地使用权转移登记的相关要求，驳回其诉讼请求。

二审法院认为B副食经营部与J公司签订土地转让协议时，B副食经营部在该宗土地上修建有房屋并取得了房屋所有权证。双方签订的土地转让协议表明，转让标的为涉案土地使用权和土地上的房屋，属于涉及房产变更的土地使用权转让，即房地产一体转让。但是，上述房屋一直登记在B副食经营部名下，未办理房产转移登记。市国土局对J公司登记申请材料进行审核时，在没有涉案房屋变更登记材料的情况下，认定涉案房屋已办理过户手续的主要证据不足。其颁证行为违反了法定程序，本应依法判决撤销。但由于涉案土地已于2011年12月被依法收储用于城市道路建设，国有土地使用权证已被注销，故颁证行为虽然违法，但已不具有可撤销内容。判决确认该行为违法，驳回其他请求。

案例教学点提要：

（1）本案发生于统一不动产登记之前，土地证和房产证在不同的部门办理。由于权属证书在不同部门分别办理，必然产生时间上的不一致。而本案的问题是，转让的地块上有建筑物，但双方仅办理了土地的转让手续，没有办理地上建筑物的转让手续，导致该地块上的土地使用权证和房屋所有权证的权利人主体不一致，以致十多年之后引发纠纷。

（2）根据我国法律规定，房地产权利主体是一致的，即"地随房走，房随地走"。如果转让房屋，土地随之转让。如果转让土地，房屋随之转让。如本案，即便当事人不办理房屋转让手续，也应该视为房屋随着土地使用权的转让而发生权利转移。

（3）房地产转让是一体转让，相关手续的分别办理并不意味着房地产可以分别转让给不同的主体。法院也是基于此，认定本案的转让是房地产一体转让。

（4）当事人协议名为转让土地，实为房地一并转让。只办理土地转让手续，是违反法律规定的。本案法院认定土地部门在审查时忽略地上建筑物的权属问题，确属未尽审慎审查义务。

（5）由于房屋已经拆除，权属证书均注销，其结果是不可挽回的，撤销证书已经没有意义，因此依据《行政诉讼法》第74条认定政府登记发证行为违法。

（6）统一不动产登记前，除少数城市外，我国房地产领域多年来管理的现实状态是房地产管理分离，即设有房产管理部门（住房建设主管部门）和国土资源管理部门分别行使房产管理和土地管理职责，房地产登记分别在两个部门办理，所有权人分别领取土地使用权证和房屋所有权证。按照《城市房地产管理法》的规定，新建房屋，须先办理土地证再办理房产证。转让则是先办理房产证，再办理土地证。如本案即应该先办理房产过户，凭过户的房产证办理土地变更登记。法院也是鉴于此，认为土地登记机构没有审查房屋是否办理了过户，就办理了土地变更登记。当然，随着不动产统一登记，这类问题将逐步解决，但过去遗留下来的问题仍然会不时地出现，也是值得注意和研究的。

思考题：房屋和土地可以分别转让给不同的主体吗？

知识延伸：过去我国传统法律有"一田二主"之做法，直至民国时代亦存在永佃权，有土地所有权和地上建筑物所有权分属不同主体的传统。但在我国现行法律体制下，不存在房地产权利主体分离的规定，而且法律上明确规定了房地产权利主体一致的原则。因此，违反该法律原则的行为，当然不为法律所认可。

相关规定：《民法典》第356条规定：建设用地使用权转让、互换、出资或者赠与的，附着于该土地上的建筑物、构筑物及其附属设施一并处分。《民法典》第357条规定：建筑物、构筑物及其附属设施转让、互换、出资或者赠与的,该建筑物、构筑物及其附属设施占用范围内的建设用地使用权一并处分。

《民法典》第356条的意思是房随地走,第357条的意思是地随房走。这两条规定均明确房地产是一体转让的。当事人即便只约定转让房或者地,但法律上视为一并转让。

对于房地分别抵押问题,《全国法院民商事民事审判会议纪要》基于"房地一体"规则,将建筑物和建设用地使用权视为同一财产。

二、房地产法律制度体系

知识点:政策性住房的处理具有特殊性。

除法律法规之外,政策对房地产领域的影响不容忽视。并且房地产具有很强的地域性特点,各地不同的政策对房地产影响各不相同,因此处理结果并不具有可比性。

案例二:政策性住房权益认定❶

居某小时候曾随外祖母生活,其户籍安置在其外祖母因福利分配所取得的公房处。成年工作后,居某从单位分配取得了福利住房。后外祖母的该处公房被征收,居某要求分得相应的补偿款。因与拆迁时户籍在该房屋内的舅妈陈甲、表妹陈乙就征收补偿利益的分配发生争议,诉至法院要求分得相应征收补偿款。经审理,法院认定原告居某虽在征收房屋处具有常住户口,但其已享受福利分房,且其福利分配的住房面积不符合居住困难标准,因此认定其不符合其外祖母同住人的条件,判决驳回其诉讼请求。

---

❶ 已在他处享受过福利分房的主体能否再次享受征收利益——居某与陈某共有物分割纠纷案。参见上海市静安区人民法院:如何分好征收补偿的"蛋糕"? 上海静安法院交出了这份白皮书(https://mp.weixin.qq.com/s/BsMoe4ifnMXN53JIsY_E0g),载微信公众号"上海高院",2021年5月7日访问。

案例教学点提要：

（1）本案涉及的主要是公有住房分配政策问题和征收补偿中保护共同居住人的政策。表面上看，居某儿时曾经居住在该涉案房屋中，且其户口一直没有迁走，直至该房屋被征收时户口仍然在该房屋处。按照当地征收补偿中的计算面积和居住人口的政策，似乎符合要求补偿的条件。

（2）按照该城市的征收规定，公房征收案件中，同住人是指在作出房屋征收决定时，在被征收房屋处具有常住户口，并实际居住生活一年以上，且本市无其他住房或者虽有其他住房但居住困难的人。同住人享有得到安置补偿的权利。

（3）法院在裁量时完全基于两点政策考虑：一是住房分配政策；二是充分考虑此前当事人依照当时的解困政策享有的福利分房所分配的面积是否足以解决居住困难。法院审理后认为居某不属于住房困难，因此驳回其请求。

（4）本案审理过程更多的是基于案件事实和地方政策的综合考量，而非纯粹从法律角度进行裁量，因此裁判理由并不具有普适性。因为全国各地关于福利分配住房的政策及其征收补偿的认定标准均是不同的，而本案的判决是基于案件发生时本地的征收规定，也体现了该法院对于福利分配住房政策的总体把握和适用。法院充分考虑了国家和地方的具体政策，特别是本地关于福利分房政策的理解与适用，完全是从本地的规定出发，而不是基于法律的明确规定。

思考题：法院如何考虑福利住房政策的影响？

知识延伸：房地产案件往往涉及多项法律的适用，典型的如与房地产相关的民商事法律制度（涉及担保、物权、合同、公司法等）。大量的行政法律规范也对房地产开发、经营、交易等环节产生巨大的影响，如《城市房地产管理法》《土地管理法》及相关的法律规定，更多的是行政法规如《城镇国有土地使用权出让和转让暂行条例》《城市房地产开发经营管理条例》《物业管理条例》等。还有部门规章如《商品房销售管理办法》《房地产经纪管理办法》《房地产广告发布规定》等规范，更多的是地方性法规规章以及规范性文件等发挥着对房地产管理的实质性影响。房地产领域更多涉及政策的把握，如上述案件中的福利住房政策，还有各地不同的限购政策等。司法解释也对房地产纠纷解决有着重要影响，最高人民法院针对房地产案件出台了多部意见和解释，如《最高人民法院审理商品房买卖纠纷案件适用法律若干问题的解释》，适用《民法典》物权编等的司法解释；亦有涉及房地产法律问题的民事审判、行政审判的有关意见、批复、会议纪要等。此外，最高人民法院涉及房地产的指导案例、重点案例、典型案例等也对房地产领域的法律适用起着不容忽视的影响。

案例三：落实政策房屋 ❶

杨某已经去世的父亲老杨于1947年在马冲口街修建面积为49.82平方米的商住房一间，Z市人民政府于1950年11月颁发了该处房屋的房屋管业证和他项权利证明书。1959年成立马冲口饮食合作店，该房屋无偿交给饮食店使用，直到1965年一直未收取租金。1965年，D区委出台文件，责令该房屋转交给房产管理局统一经租。2020年12月，杨某等4人诉至法院，请求撤销D区住房和城乡建设局（以下简称住建局）持有的该房屋房产证，房屋归杨某等所有；D区住建局赔偿自1965年至今的房屋损失等。

法院认为根据《最高人民法院关于房地产案件受理问题的通知》(法发〔1992〕38号)，涉案房屋涉及私房改造，属于历史遗留的落实政策性质的房地产纠纷，不属于行政诉讼受案范围，裁定不予立案。

案例教学点提要：

（1）本案涉及的商业房屋建于1949年之前，并于1950年由人民政府确认产权。1959年公私合营，该房屋交给饮食店使用，1965年区委收归政府。这里有两个重要的历史时间节点：1959年公私合营和1965年"文革"前夕，因此涉及当时的政策。

（2）"文革"结束，各地开始逐步落实私房政策，基本上从1978年至1990年，各地大规模地落实私房政策，其后只有零星特殊案例。对此，各地出台了不同的文件，针对各种不同类型的私房改造问题分别处理。当时各

---

❶ 四川省自贡市大安区人民法院（2020）川0304行初12号。

地均成立了落实私房政策办公室，专门处理落实私房政策事宜。该房屋应该在那个时代经历了落实政策，之所以遗留到现在，有可能已经处理过或者有过结论。

（3）该房屋现由D区住建局持有房产证。国有房屋（政府直管公房）的产权证由各地房产管理局或者住建局代表国家持有，所以登记在房产管理局名下，国有土地不颁发所有权证，可持有土地使用权证书。国有单位的自管房由该单位持有房屋权属证书和土地使用权证书。现统一不动产登记后，原登记证书继续有效。

（4）《最高人民法院关于房地产案件受理问题的通知》第3条规定：凡是因落实政策、单位分房等引发的房地产纠纷，法院不受理，应由有关部门处理。

思考题：哪些房地产纠纷法院不处理？

相关规定：《最高人民法院关于房地产案件受理问题的通知》第3条规定：凡不符合民事诉讼法、行政诉讼法有关起诉条件的属于历史遗留的落实政策性质的房地产纠纷，因行政指令而调整划拨、机构撤并分合等引起的房地产纠纷，因单位内部建房、分房等而引起的占房、腾房等房地产纠纷，均不属于人民法院主管工作的范围，当事人为此而提起的诉讼，人民法院应依法不予受理或驳回起诉，可告知其找有关部门申请解决。

本案法院基于该条规定对于此案不予立案。

案例四：地方规范性文件影响 ❶

罗A家庭于2008年7月购买S市经济适用房后，罗A又于2009年12月取得某商品房产权。S市住房和建设局（以下简称住建局）按照《S市经济适用住房管理暂行办法》"S市经济适用住房买卖合同"规定，审查核实罗A确实存在购买涉案经济适用住房未满5年又购买其他住房的情况，遂于2012年8月作出解除合同并收回经济适用住房通知书，并决定收回住房。罗A在收回决定作出之后首先提起民事诉讼，主张自己是房屋代持人，实际房屋所有权人是罗B，得到法院民事判决的支持。随后罗A提起行政诉讼，罗

---

❶ 广东省高级人民法院（2016）粤行申984号。

A 认为生效的民事判决已经认定商品房的实际所有权人是罗 B，自己仅为挂名登记人，要求住建局撤销收回住房的决定。经法院两审判决，罗 A 均败诉。后罗 A 向省高级人民法院提起再审，高院再审认为：双方不仅应遵照合同约定，更应遵守法律法规的规定。罗 A 和住建局签订的经济适用住房买卖合同明确以《S 市经济适用住房管理暂行办法》为依据，双方均应遵守该暂行办法的规定。并认为罗 A 与案外人罗 B 之间关于借名买房的约定，对作为外部人的住建局不能产生约束力，且收回决定先于民事判决。法院认为住建局的决定依据事实清楚，驳回了罗 A 的再审申请。

案例教学点提要：

（1）经济适用住房属于政策性的住房，土地使用权为行政划拨，价格上保本微利，面向中低收入家庭供应，其申请是以家庭为基本申请单位。按照国家发展和改革委员会、建设部等部门联合发布的《经济适用住房管理办法》（建住房〔2007〕258 号）有关规定，经济适用住房购房人拥有有限产权。购买不满 5 年，不得直接上市交易。已经购买经济适用住房的家庭又购买其他住房的，原经济适用住房由政府按规定及合同约定回购。按照本案所在地政府规定，购买经济适用住房未满 5 年，又购买其他住房，申请人家庭应退出已购经济适用住房。市住建局作出收回决定时，亦是认定罗 A 家庭不再符合经济适用住房条件，依据的是当地的规范性文件，此文为该市住建局所发布。

（2）罗 A 代持（罗 B 出资购买的）商品房，实际上是房屋的所有权人。住建局根据登记的信息，认定罗 A 取得经济适用房之后又持有商品房，不符合经济适用房管理的有关规定，也违反了"S 市经济适用住房买卖合同"约定的条款，因此做出了收回罗 A 经济适用房的决定。

（3）罗 A 在其后采取的诉讼策略是先民事，后行政。即先取得法院确认其是代持人，并非真实产权人的判决，然后再根据生效的民事判决认定其并非真正的所有权人事实，试图通过行政诉讼要求政府部门撤销收回经济适用住房的决定。

（4）罗 A 民事诉讼是在住建局做出收回决定之后提起的。其试图以民事案件的审判结果影响行政决定。但法院认定住建局在做出决定时并不知晓借名买房之事，且收回住房决定作出在民事判决生效前，二审法院和再审法院均据此对罗A系被借名买房的主张不予认可。这一认定主要依据的就是地方规范性文件和地方政府拟定的"S市经济适用住房买卖合同"。根据《最高人民法院关于审理行政协议案件若干问题的规定》，政府投资的保障性住房的租赁、买卖等协议属于行政协议，因此该合同具有行政法上的权利义务，住建局将合同作为做出行政决定的依据之一，得到了法院的支持。

（5）本案虽然是房屋纠纷，原告也以民事诉讼结果作为起诉的前提，但该房屋买卖及后续发生的问题反映的是典型的行政法律关系，法院依据地方规范性文件支持住建局。虽然文件是住建局发布的规范性文件，层级较低，但法院没有以民事裁判结果作为依据，充分说明在涉及政策性住房行政案件审理中，国家和地方的政策具有重要影响。

思考题：政策对房地产纠纷解决的具体影响？

知识延伸：房地产法律规范的适用有浓厚的地方特色，因此地方法规、规章、政策也对房地产有着很大的影响，如上述案件中的住房政策、征收补偿政策等。正是因为存在这些复杂的法律关系，房地产纠纷的解决方式可以表现为民事诉讼、行政诉讼。而很多情况下，案件往往表现出民行交叉特色，如登记案件是行政案件，但基础关系可能是民事法律关系。

不可否认的是，在房地产案件中，相关政策影响可能对法院判决结果有时候是决定性的，这也是我们研究房地产法律制度必须关注的问题。除了行政法规、部门规章和中央的政策，地方法规、规章的影响不容小觑。地方的规范性文件、政策可能层级并不高，但依然可以对司法活动产生一定的实质性影响。

知识点：房地产纠纷可能涉及多重法律关系。

案例五：行政诉讼中的基础民事法律行为 [1]

高某某（已故）与原告李某、陈某、第三人陈某某共同共有某处房屋，该房屋于2009年办理了房地产登记。殷某某为第三人陈某某前夫，2017年1月，殷某某持某外地公证处出具虚假公证书，假冒产权人高某某、李某、陈某的名义委托杨某某出售房屋给殷某某前妻陈某某（共有人之一），即假冒三位共有人将其所有份额全部出售给另一共有人陈某某。登记机构根据该虚假公证书将该房屋产权转移登记至殷某某前妻陈某某名下。嗣后，该房屋即为陈某某一人所有。殷某某取得陈某某同意，以该房屋作为抵押，向某公司骗取贷款100余万元，并办理了该房屋的抵押登记。2019年该房屋又被外地的法院查封。后李某、陈某提起诉讼，请求判决撤销涉案的不动产登记，恢复至2009年的不动产登记。

法院一审认为登记机构依据公证书，审查了提交的房地产买卖合同等材料，经核实后作出的转移登记行为并无不当。公证书经刑事判决书确认内容虚假，登记机构作出的转移登记行为从程序上失去了基础，应当予以撤销。但公证书被确认内容虚假均发生在登记机构作出转移登记之后，且该房屋处于设立有抵押权并被法院查封的状态，故对于登记行为仅作确认违法处理。对于李某、陈某要求判令登记机构恢复至2009年房地产权利状态的诉讼请求，法院认为应当于涉案房屋的权利负担被涤除后，另行处理，不属于本案的审理范围。

案例教学点提要：

（1）本案虽是行政诉讼，但有民事争议、刑事犯罪涉及其中，处理的过程较复杂。登记机构做出的登记确认行为是基于当事人的基础民事行为（房屋买卖、抵押），这也是大部分不动产登记行政案件的特点。但本案特别的

---

[1] 上海高院：2020年上海行政审判白皮书和典型案例（https://mp.weixin.qq.com/s/Sl6hUhdnJxcW2437S8J7YA），载微信公众号"上海高院"，2021年7月19日访问。

地方在于其中有刑事违法行为发生，即冒充产权人骗取公证、欺骗登记机构、骗取贷款等违法犯罪行为，因此本案亦涉及刑事法律问题。

（2）本案当事人可以选择民事诉讼或者行政诉讼，权利人有权选择救济方式。该争议的基础是民事权利是否合法取得，但本案当事人选择提起行政诉讼。一审法院依据《行政诉讼法》的规定，认定登记机构基于当事人的虚假民事行为办理登记，但考虑到作为抵押权人的善意第三人权利，且登记机构无主观过错，程序合法，因此仅就登记结果进行撤销，并未做出进一步的处理。可以说，本案最后的结果还有赖于涉及刑事犯罪部分的处理。行政诉讼不会超越行政案件范围进行审理，因此仅撤销登记，行政诉讼中法院对于民事行为不予处理，当然刑事犯罪也不会在本案的审理中涉及。

（3）虽然本案的审理没有解决所有的民事争议和刑事犯罪问题，但就该事件来说，涉及民、行、刑三方面的法律问题，这是不言而喻的。本案十分典型，因为在所有的房地产案件中，很多涉及民事、行政交叉法律问题，处理起来有一定的复杂性。《行政诉讼法》规定，在行政诉讼中，人民法院认为行政案件的审理需以民事诉讼的裁判为依据的，可以裁定中止行政诉讼。这提供了处理民行交叉问题的一种方法和路径，即可以先民事，后行政。

（4）就本案的处理看，法院坚持了目前的处理标准：根据当事人的诉讼请求，进行归类审理。对于"民行交叉"等依然是按照分开处理的原则解决争议。理论界对于行政附带民事或者民事附带行政有种种争议。《行政诉讼法》第61条规定：在涉及行政许可、登记、征收、征用和行政机关对民事争议所作的裁决的行政诉讼中，当事人申请一并解决相关民事争议的，人民法院可以一并审理。在行政诉讼中，人民法院认为行政案件的审理需以民事诉讼的裁判为依据的，可以裁定中止行政诉讼。2010年发布的《最高人民法院关于审理房屋登记案件若干问题的规定》（法释〔2010〕15号）第8条规定：当事人以作为房屋登记行为基础的买卖、共有、赠与、抵押、婚姻、继承等民事法律关系无效或者应当撤销为由，对房屋登记行为提起行政诉讼的，人民法院应当告知当事人先行解决民事争议。但该规定对于案件的类型等进行了限定，即在这些特定类型的案件适用，并非所有的行政诉讼案件都适用。

（5）本案当事人没有要求审理其中的转让问题，仅要求撤销登记，恢复原登记。在此类案件中，撤销登记，并不当然就可以恢复原登记，很多情况下，原登记的基础也不存在了，如原来登记可能就是错误的，因此需要重新审核。结合本案，撤销登记后，由于涉及民事争议、刑事案件，登记机构无法确定现有的状况，该房屋的权属不确定。

思考题：房地产民行交叉案件审理的原则是什么？

第二章　建设用地

一、建设用地使用规制

我国城市的土地属于国家所有，国有土地使用权的使用方式包括有偿使用和无偿划拨两种。农村土地除属于国家之外的，均属于农村集体所有。

建设用地是指建造建筑物、构筑物的土地。依据我国的土地管理法律制度，建造建筑物、构筑物只能在建设用地上进行，建设用地实行严格的用途管制。城乡住宅和公共设施等建设均应在城乡建设用地上进行。

知识点：建设用地使用权实行用途管制。

案例一：划拨土地改变用途[1]

2002年8月，某省救助管理事务中心（原名安置农场）与C集团有限公司签订合资开发协议，共同出资5000万元，设立B园林公司。原农场无条件协助B园林公司办理土地使用证名称变更手续，将土地使用证变更在B园林公司名下。在双方合作期间，B园林公司不得对原农场交B园林公司经营的土地以任何形式进行处置，否则，原农场有权收回土地使用权和地上所有投资，同时终止本协议的执行。双方约定合作期限30年。2019年7月，省救助管理事务中心知悉Z市土地储备中心与B园林公司签订了国有土地收购合同，遂起诉土地储备中心。省救助管理事务中心认为，该地块土地使用权属于省救助管理事务中心，系国有划拨农用地，不符合法定收回条件，也未办理农用地转用审批手续，其使用权更未出资入股，B园林公司通过出让方式办理土地使用

---

[1] 河南省郑州市中级人民法院（2020）豫01行终340号。

证的行为违法，且违反合同约定。有关部门批准成立B园林公司，未涉及涉案土地使用权变更。B园林公司却将涉案土地使用权变更登记在其名下，在合作尚未到期时便与土地储备中心签订了国有土地收购合同，擅自处分涉案土地，侵犯了原告作为真正权利人的合法权益。B园林公司未经审批，擅自处置国有划拨土地，改变土地用途。国有划拨农用地作为国有资产，没有经过国有资产管理部门审批，属于土地使用权违法转让、土地用途违法变更，要求法院撤销B园林公司与土地储备中心签订的国有土地收购合同。

一审、二审、再审均认为原告既非涉案国有土地收购合同的相对方，也非土地使用权人。B园林公司对涉案土地享有完整的土地使用权。涉案国有土地收购合同的签订与原告并无利害关系，省救助管理事务中心不是本案适格的原告。

案例教学点提要：

（1）救助中心原为国营农场，其土地系国家无偿划拨取得。但后经一系列经营活动，土地更名至B园林公司名下，该公司取得土地使用权证亦是经过一定的审批程序。土地使用权登记在B园林公司名下，则法律上土地权利人为B园林公司，除非救助中心能够证明登记错误。本案救助中心显然没有提供强有力的证据证明。即便如此，本案与政府收储行为也无关，登记问题需要另案解决。所以，其诉讼策略有误。

（2）该地块为原国营农场所有，其土地用途为农用地，如果变更为建设用地需要办理农用地转用手续。双方成立公司经有关部门批准，如果土地由B园林公司使用，则依法必须办理转用手续。作为经营使用，必须办理农用地转用和相关的批准手续，依法改变土地用途。显然，B园林公司办理了相关手续，因为其通过出让方式取得了土地使用权，并办理土地登记，取得了建设用地使用权证。

（3）本案表面上看很复杂，但是法院的处理十分简单，即直接认可登记的土地使用权人具有权利。法院认为省救助管理事务中心是涉案土地的原使用权人，并非现在土地使用权拥有者。因为涉案地块登记在B园林公司名下，该公司就是土地使用权人，并且市土地储备中心也是按照土地储备管理的规定，经过一定的程序与 B 园林公司签订了土地收储协议。

（4）实际上，原告的诉求是要求确认自己是真正的土地权利人，但其救济方式有问题。原告选择与其没有直接关系的土地储备中心作为被告提起行政诉讼，当然不能赢得诉讼。如果是对土地使用权的归属有争议，应该寻求行政解决，对于行政决定不服，可以提起行政诉讼。因为土地储备中心收储的前提是认可了 B 园林公司的土地权利人身份。因此应该首先解决土地权属纠纷，而不是收储问题。

（5）本案的关键点并非收储行为，而是土地权利归属。于是，再审法院认为：原告认为 B 园林公司附条件使用涉案土地，违反约定，没有经过相关国有资产管理部门和行政机关的审批，擅自处分涉案土地使用权等，不足以证明其与本案所涉国有土地收购合同的签订有利害关系，即原告与收购行为无关。因此，该案救助中心提起诉讼的切入点不正确。

思考题：本案所涉土地使用权性质如何判定？

案例二：土地规划变更 ❶

N 置业公司与 X 农商行因土地使用权转让合同发生纠纷。N 置业公司认为双方系土地使用权转让中实际交付面积不足而引发纠纷，X 农商行未能按照调解协议约定足额办证，交付的土地面积缺少 456 平方米，X 农商行应当承担赔偿责任并支付违约金。法院经审查认为，国有土地使用权证由有权行政部门依据相应的国土规划行政规范颁发，当事人之间关于办理土地使用权证的约定并不必然转化为土地使用权证登记颁证结果。本案中，N 置业公司与 X 农商行在法院审理过程中达成民事调解协议之前，N 置业公司已经实际占有并使用案涉土地，双方在调解协议中约定 X 农商行将 N 置业公司已经实际占有 3613 平方米国有土地使用权证办理到 N 置业公司名下，但在实际交付履行过程中，出于建筑红线退让等原因，实际办理的土地使用权证的土地面积为 3157 平方米。双方当事人对上述情形的发生均无过错，N 置业公司要求 X 农商行赔偿面积短少部分土地价款并支付违约金，缺乏事实和法律依据，因此驳回 N 置业公司的再审申请。

---

❶ 江苏省高级人民法院（2020）苏民申 5743 号。

案例教学点提要：

（1）实践中很多房地产开发纠纷历经多年，涉及当事人、政府主管部门等方方面面，错综复杂，久拖不决。本案是民事案件，但其争议产生的时间较长，其间经过多次诉讼。前次诉讼达成调解协议，主要矛盾的产生是基于办理土地证时因规划影响，交付的土地使用权证所载面积比合同约定面积少了456平方米，这个面积短少在地价不断上升的情况下涉及利益分配，因此N置业公司试图通过民事诉讼要求对方补足价款并支付违约金。

（2）本案的基础是行政机关的合法行为所引发的，作为民事合同的当事人双方均无法律责任，因此法院驳回了N置业公司的再审申请。本案争议的产生完全是基于行政机关的行为，并非由案件当事人的行为所导致，即双方当事人均无过错。

（3）仅就民事诉讼而言，X农商行并不需要承担民事法律责任。当然，如果N置业公司起诉规划部门或者不动产登记部门，则该案为行政诉讼，需要规划主管部门或者登记机构就其规划的依据、程序或者登记的依据、程序进行说明，法院也会就规划、登记行为的合法性进行审查，对规划部门的建筑红线退让决定是否合法、登记机构的确认面积有无违法等情况进行审查。如果合法，则行政机关无须承担责任。如果行政行为违法，则法院应确认其行为违法，有可能要求行政机关重新做出合法的行为。行政机关通过纠错可以保障当事人的合法权益。

（4）本案原告之所以选择民事诉讼，可能也是基于行政诉讼不具有取得补偿的可能性而作出的选择，即试图由民事合同的违约责任承担要求对方当事人给予补偿。但法院只是简单化地处理，由于是民事案件，并没有就处理的行政依据进行阐述。

思考题： 规划变更导致的合同变化应如何处理？

二、土地权属纠纷处理

土地权属纠纷是指因为土地所有权和使用权的归属而发生的争议，而土地权属纠纷的行政处置前置方式仅指在因权属问题发生纠纷时适用的解决方式，并非其他的争议都可以适用，其有特别规定的范围。

知识点：土地权属纠纷处理的行政前置。

案例三：行政决定、行政复议前置[1]

某市A村民委员会B村民小组与C村民委员会D村民小组争议林地、土地所有权，争议之林地位于X行政管辖范围内，争议面积约360亩。2014年10月，B村民小组向县政府提交林权争议调解处理申请书，要求调处与D村民小组之间林地所有权纠纷。2016年7月又提交变更请求事项申请书，要求县政府调处林地所有权、土地所有权纠纷。2016年8月，县政府作出土地权属争议处理决定书，该范围内的林地和旱地权属归B村民小组所有。D村民小组不服，申请复议。2016年12月，市政府作出行政复议决定书，撤销县政府的林地、土地行政裁决，除认为有关事实未查清之外，主要是适用法律问题，县政府应当在查清上述事实的前提下，适用土地法律、法规确定土地权属。B村民小组不服，于2017年1月提起行政诉讼，要求适用林地林木权属争议处理法规，一审被驳回。上诉后，省高级人民法院撤销一审判决；撤销复议决定；判令市政府重新作出行政复议决定。市政府申请最高人民法院再审，请求撤销二审判决，维持一审判决和复议决定。

本案的争议焦点问题为市政府作出复议决定是否正确。最高人民法院最终认定市政府作出复议决定并无不当。二审认为该案不宜适用不同的法律法规对争议地内的林地和旱地分别进行处理，而应统一适用林地林木权属争议处理的有关规定进行调处，属于适用法律错误。

案例教学点提要：

（1）本案属于行政决定、复议前置的情形，即土地权属争议当事人应当先申请行政机关处理，对处理决定不服提起行政复议，对行政机关复议决定不服的，可以依法向人民法院提起行政诉讼。当事人不能不经过行政程序直

---

[1] （2019）最高法行再167号，【法宝引证码】CLI.C.99907722。

接诉讼到法院。

《行政复议法》第30条第1款规定，公民、法人或者其他组织认为行政机关的具体行政行为侵犯其已经依法取得的土地、矿藏、水流、森林、山岭、草原、荒地、滩涂、海域等自然资源的所有权或者使用权的，应当先申请行政复议；对行政复议决定不服的，可以依法向人民法院提起行政诉讼。❶

（2）争议地块内有林地、旱地，按照我国法律原则，土地和地上构筑物的权利主体是一致的，土地的登记单元是权属界线封闭且具有独立使用价值的空间。独立使用价值的空间应当足以实现相应的用途，并可以独立利用。因此，从权属登记方面看是一宗地，里面的物理形态可能不尽相同，主要应看登记的内容。从本案看，有登记为林地的，也有登记为农地的，二审认为应该统一适用林地林木权属相关规定处理。当事人争议的林地所有权，主要争议是其中开荒所得的旱地土地所有权，应该适用土地管理法律法规处理。

（3）本案主要问题是适用法律的问题。按照《土地管理法》的规定，土地权属争议当事人协商不成的，由人民政府处理。单位之间的争议，由县级以上人民政府处理；个人之间、个人与单位之间的争议，由乡级人民政府或者县级以上人民政府处理。当事人对有关人民政府的处理决定不服的，可以自接到处理决定通知之日起三十日内，向人民法院起诉。所以，土地权属纠纷产生后，应该先由政府调处。

（4）原国家林业局颁布的《林木和林地权属登记管理办法》，规定县级以上林业主管部门依法履行林权登记职责，原国家林业部颁布的《林木林地权属争议处理办法》(现行有效)，规定县级以上人民政府或者国务院授权林业部依法颁发的森林、林木、林地的所有权或者使用权证书，是处理林权争议的依据。统一不动产登记及机构改革之后，林地和林地上的森林、林木的所有权、使用权，由不动产登记机构统一登记发证。国务院确定的国家重点林区的森林、林木和林地，由国务院自然资源主管部门负责登记。

（5）林权和林地权属纠纷也是行政处理前置。按照《森林法》的规定，

---

❶ 2023年9月《行政复议法》修改（2024年1月1日起施行），上述第30条规定的内容已经取消。依据修改后的《行政复议法》第23条：对行政机关作出的侵犯其已经依法取得的自然资源的所有权或者使用权的决定不服，申请人应当先向行政复议机关申请行政复议，对行政复议决定不服的，可以再依法向人民法院提起行政诉讼。本案发生于《行政复议法》修改之前，因此适用原规定。

单位之间发生的林木、林地所有权和使用权争议，由县级以上人民政府依法处理。个人之间、个人与单位之间发生的林木所有权和林地使用权争议，由乡镇人民政府或者县级以上人民政府依法处理。当事人对有关人民政府的处理决定不服的，可以自接到处理决定通知之日起三十日内，向人民法院起诉。虽然是统一登记，都是县以上人民政府，但登记的依据和适用的法律是不同的。

（6）由于争议土地中有林地和旱地，适用土地权属纠纷的法律法规与林木林地权属纠纷的法律法规会导致不同的处理结果。即如适用林地林木权属处理规范的结果是 B 村民小组诉求得到支持；适用土地权属纠纷的法律法规，则对 D 村民小组有利。而县政府的决定没有考虑 D 村民小组开荒形成的旱地面积及权属。二审法院在涉及不同权利时，笼统适用林地林木权属争议处理规定解决土地所有权争议，属于适用法律错误。

思考题：因土地权利归属发生争议是否可以直接提起民事诉讼？

三、土地使用权划拨

土地使用权划拨，是经县级以上人民政府依法批准，在土地使用者缴纳补偿、安置等费用后将该幅土地交付其使用，或者将土地使用权无偿交付给土地使用者使用。土地划拨是有严格限制的，县级以上人民政府才有权依法审批。划拨土地的类别也是严格依法限制的，主要是国家机关用地和军事用地，城市基础设施用地，公益事业用地，国家重点扶持的能源、交通、水利等项目用地及其他可以通过划拨方式取得土地使用权的用地，具体类别可参看原国土资源部规定的《划拨用地目录》，共 19 大类。

<u>知识点：国有土地的划拨范围。</u>

<u>案例四：征收与划拨</u>[1]

朱某在某市 W 区拥有合法房屋。2017 年 7 月通过信息公开方式得知区人民政府于 2017 年 3 月作出了国有建设用地划拨土地审批单，自己的房屋

---

[1] 湖南省长沙市中级人民法院（2017）湘 01 行初 520 号。

所在地在上述审批单划拨范围内。因此向法院提起行政诉讼，认为国有建设用地划拨土地审批单在实体和程序上均存在诸多违法之处，侵犯了自己的合法权益。请求确认被告区政府作出国有建设用地划拨土地审批单将自己房屋所在地划拨给第三人使用的行政行为违法。

法院认为区政府于2016年9月5日已发布某市A区人民政府征收土地方案公告，朱某的房屋已经依法被征收为国有。而国有建设用地划拨土地审批单系经省人民政府审批单批准，进行征收后，划拨给第三人某市B水质净化有限公司。划拨审批单的相对人不是朱某，且对其权利义务不产生实际影响。朱某与划拨行为没有法律上的利害关系，驳回起诉。

案例教学点提要：

（1）本案实际上是朱某的房屋所占用的土地被政府征收，政府在取得土地权利之后再通过划拨的方式将该地块无偿给B水质净化有限公司使用。而朱某认为政府划拨行为违法并侵害了其合法权益。这个诉讼要求比较奇怪，因为朱某并不是划拨行为的相对人，甚至连利害关系人都不是。如果起诉政府征收决定违法，那么其是适格的主体。

（2）政府作为土地所有权人的代表可以依法通过划拨方式处置土地，且划拨行为是政府做出的，如果该划拨行为违法，则应该由行政相对人或者是利害关系人提起诉讼或者通过投诉举报等方式要求相关部门处理。

（3）作为土地上原房屋所有权人其房屋自征收决定生效时就已经失去其房屋的所有权。因此朱某也不再是该土地相关的权利人，所有权人是政府，其与该土地及政府的划拨行为均没有法律上的关系。

（4）划拨行为经过了省级政府的审批，程序上符合要求。如朱某认为征收行为侵犯其合法权益，应就政府的征收行为提起行政诉讼。

（5）本案可以简单地总结为：告错了。联系本案，水质净化有限公司应该属于公用事业单位，符合划拨用地的要求，可以通过划拨方式取得土地使用权。如果划拨不符合法律规定，朱某行使公民的监督权，可以通过采取投诉、举报、信访等方式向有关部门反映。

思考题： 本案是否符合划拨土地要求？

知识点：划拨土地的收回。

案例五：划拨、闲置与收回 ❶

D集团开发的A度假村项目是2000年F县招商引资项目，项目批准面积75公顷，土地使用权取得方式为划拨方式。2000年4月，D集团与F县下辖F镇政府签订协议书，约定使用土地年限为30年。2000年9月，F县政府相关部门为A度假村项目建设单位D集团办理了基本建设项目审批表。县建设局为D集团办理了建设用地规划许可证。2000年10月，D集团向国土局提交了土地登记申请书，县政府为其办理了使用土地批准书，D集团以划拨方式取得土地使用权。D集团办理了使用权面积为75公顷、使用权类型为划拨、土地用途为旅游业的土地登记审批。D集团开工建设A度假村，但始终没有办理建设工程规划许可证和建设工程施工许可证。2001年，因D集团资金问题，A度假村项目停建。2009年7月，省政府批准建立洪泛湿地省级自然保护区。2015年12月，省政府批复洪泛湿地省级自然保护区范围及功能区调整。A度假村项目座落地F镇E村在洪泛湿地省级自然保护区实验区内，其中停建房屋43栋，用地面积75公顷。D集团因资金短缺长期停止使用土地，但因国家环保督查及"绿盾"行动，2018年10月，F县国土局制定了土地使用权收回方案，履行了报批手续。县政府于2018年11月依法对D集团作出收回国有划拨土地使用权决定书，决定无偿收回其划拨土地使用权，同时注销其国有土地使用权证及相关登记信息。因D集团涉多起民事纠纷，2016—2018年多家法院对该地块进行了查封。2018年县国土资源局答复F县法院：予以解除D集团75公顷土地使用权的查封，政府拟收回土地使用权，退还保护区。

2018年12月，洪泛湿地省级自然保护区管理局向F县法院作出关于拆除洪泛湿地保护区内F镇D集团烂尾楼的告知函，根据政府下发的收回国有划拨土地使用权决定书的要求，受县政府委派，由保护区管理局负责组织拆除该建筑物。F县法院于2019年1月作出执行裁定，裁定扣留对D集

---

❶ 吉林省高级人民法院（2019）吉行终407号。

团收回土地及拆除建筑物的补偿款,数额以1500万元为限;扣留期限三年。2019年1月,县政府向F县法院递交执行异议书,内容为因D集团土地为划拨用地,依法收回,不应予以补偿。地上物为湿地保护区上的违章建筑,不应进行补偿。

二审法院认为:县政府作出收回国有划拨土地使用权决定书过程中未履行法定程序,属于程序违法。政府认定涉案土地为闲置土地,事实依据不足。县政府作出的收回国有划拨土地使用权决定书与司法查封裁定冲突。法院查封期间,县政府作出收回国有划拨土地使用权决定书违法,收回该国有土地使用权并注销其国有土地使用证的行为违法,县政府应当对D集团由此产生的直接损失进行补偿或者赔偿。

案例教学点提要:

(1)闲置土地是指国有建设用地使用权人超过国有建设用地使用权有偿使用合同或者划拨决定书约定、规定的动工开发日期满一年未动工开发;已动工开发但开发建设用地面积占应动工开发建设用地总面积不足1/3或者已投资额占总投资额不足25%,中止开发建设满一年,也可以认定为闲置。但具体工程量是否达到这一标准,实践中有不一致的看法。本案是否构成闲置?停工不等于闲置,所以本案认定构成闲置的依据是什么?

(2)《闲置土地处理办法》对闲置土地收回有明确规定。主管部门发现有涉嫌构成闲置土地的,应当在三十日内开展调查核实,向国有建设用地使用权人发出闲置土地调查通知书,调查核实确实后,对于确实构成闲置的,市、县国土资源主管部门应当向国有建设用地使用权人下达闲置土地认定书,通过门户网站等形式向社会公开闲置土地的具体信息。国土资源主管部门在作出收回国有建设用地使用权决定前,应当书面告知国有建设用地使用权人有申请听证的权利。国有建设用地使用权人要求举行听证的,国土资源主管部门应当依法组织听证。显然,本案政府收回过程缺乏上述规定的程序性规范。

(3)本案收回土地时,该地块已经被法院查封。按照有关规定,查封、冻结的财产不能转移。政府收回土地必然涉及的是转移土地使用权行为。如果政府收回土地，则所有债权均无法实现。县政府通知法院解封并收回土地，显然没有法律依据。法院查封、解封不是根据县政府的要求，而是依据法律实施的。政府的行为不能超越法律，所以法院认定查封期间政府收回行为违法。

（4）2021年修订的《土地管理法实施条例》规定：建设单位使用国有土地，应当以有偿使用方式取得。本案是经营性使用土地（旅游地产），应该通过有偿方式取得，A度假村项目应该是采取出让方式使用土地。根据《招标拍卖挂牌出让国有建设用地使用权规定》，经营性用地必须通过招、拍、挂。但是当地政府采取划拨方式，亦是违反相关规定的。收回时不给任何补偿，也是违法的。《城镇国有土地使用权出让和转让暂行条例》规定：无偿收回划拨土地使用权时，对其地上建筑物、其他附着物，市、县人民政府应当根据实际情况给予适当补偿。

（5）法院虽然判决确认政府违法，但没有判决将土地返还D集团，是因为返还已经不可能。所以依据《行政诉讼法》，只是确认政府行政行为违法，但不撤销该行政行为。

思考题： 划拨土地的类型是什么？本案符合划拨的要求吗？闲置土地的构成条件是什么？本案是否构成闲置？

案例六：转让划拨土地[1]

1995年1月，Z市中原区绿东开发改造工程指挥部与B（集团）股份有限公司签订联合开发绿东村地区协议，双方申请立项获批。涉案地块的土地权属为B（集团）股份有限公司所有，为国有划拨土地。1997年6月，原告W实业有限公司与被告Z市中原区人民政府下属部门中原区绿东开发改造工程指挥部签订协议书，主要内容为双方就Z国际会议中心工程项目合作开发达成协议，被告下属部门中原区绿东开发改造工程指挥部将该项目转让给原告W实业有限公司，由其进行整体开发建设。被告协助原告办理相关手续，并收取项目转让费，原告取得所有的权益。2010年3月，B（集团）股份有限

---

[1] 河南省郑州市惠济区人民法院（2010）惠民二初字第27号，【法宝引证码】CLI.C.684492。河南省郑州市中级人民法院（2010）郑民三终字第912号，【法宝引证码】CLI.C.681773。

公司对被告下属部门中原区绿东开发改造工程指挥部在1997年项目开发转让进行了追认，同意被告下属部门中原区绿东开发改造工程指挥部转让开发项目。1997年12月，W实业有限公司向被告下属部门中原区绿东开发改造工程指挥部发出关于Z国际会议中心延期开发的请示。被告回复按照协议书约定，协议生效之日起，半年内不开发，协议自行解除，转让费不予退还。

原告W实业有限公司认为：在对该块地进行开发建设时却发现无法进行，该块地土地使用权人并不是被告中原区绿东开发改造工程指挥部，被告对该块地无权处置。根据《城市房地产管理法》规定，被告在该项目投资达不到法定的25%，该项目也是不能转让的，并且被告作为政府部门，不得以盈利为目的，被告以盈利为目的转让该项目也是违法的，因此，双方所签订的房地产开发转让协议书因违反法律禁止性规定，应属无效。请求法院依法判决被告下属部门中原区绿东开发改造工程指挥部和原告所签订的房地产开发转让协议书无效。

一审法院认为本案所涉项目所占土地为国有划拨土地，被告的转让行为未经国家相应部门批准，违反了相关法律规定，故原告和被告所签协议无效。二审法院认为转让未经国家相应职能部门的批准，违反了法律法规的强制性规定。

案例教学点提要：

（1）本案为民事案件。二审判决和一审结果一样，但不同的是说理部分。一审认定违反相关法律规定，二审认为未经批准转让划拨土地是违反了效力性的强制性规定。按照《城市房地产管理法》第40条：划拨土地上的房地产转让，应当报政府审批，由受让方办理土地使用权出让手续，缴纳土地使用权出让金。政府也可以按照国务院规定决定不办理土地使用权出让手续，则转让方应当将转让房地产收益中的土地收益上缴国家或者作其他处理。依据《城镇国有土地出让和转让暂行条例》的规定，划拨土地使用权除规定的特殊情况外，不得转让、出租、抵押。鉴于此，认定其违反强制性规定。

（2）划拨土地理论上是不能用于经营性开发的，因为划拨土地都是具有法律明确的特定用途类别，基本上是非经营性用地。使用权人从国家无偿取得土地，如果有偿转让，则其取得的收益不具有合法性。不过可以通过补办出让手续，补交出让金或者土地收益金（如果经批准不办理出让手续，所上交的相当于出让金的这部分款项就称为收益金）合法化。

（3）本案发生于《民法典》实施之前。按照最高人民法院《关于审理涉及国有土地使用权合同纠纷案件适用法律问题的解释》（2004年版）第11条：土地使用权人未经有批准权的人民政府批准，与受让方订立合同转让划拨土地使用权的，应当认定合同无效。但起诉前经有批准权的人民政府批准办理土地使用权出让手续的，应当认定合同有效。本案的划拨土地使用权人虽然进行了事后追认，但依据规定，应该是由国土部门进行追认，并办理相关的出让手续，所以B公司的追认只有民法上的意义，并不意味着划拨土地转让的合法化。所以追认是需要有权批准的人民政府作出表示。

（4）《民法典》实施之后，最高人民法院《关于审理涉及国有土地使用权合同纠纷案件适用法律问题的解释》（2020年修正）第10条规定：土地使用权人与受让方订立合同转让划拨土地使用权，起诉前经有批准权的人民政府同意转让，并由受让方办理土地使用权出让手续的，土地使用权人与受让方订立的合同可以按照补偿性质的合同处理。按照新规，由于批准前不具有合法性，因此合同不能作为划拨土地使用权转让合同处理，在批准后，按照补偿性质合同对待。

（5）按照新的司法解释规定，土地使用权出让合同的出让方因未办理土地使用权出让批准手续而不能交付土地，受让方擅自改变土地使用权出让合同约定的土地用途，出让方请求解除合同的，应予支持。受让方可以请求解除合同。新的司法解释回避了未经批准的划拨土地转让的效力问题。

思考题：划拨土地可否直接转让？如果转让划拨土地，如何办理手续？

四、土地使用权出让

土地使用权出让是指国土资源管理部门代表国家将国有土地使用权在一定年限内出让给土地使用者，土地使用者向国家支付土地使用权出让金。土地使用权出让由市、县人民政府自然资源主管部门与受让方签订土地使用权出让合同。按照《土地管理法实施条例》规定，国有土地有偿使用的方式有出让、土地租赁、国有土地使用权作价出资或者入股。

土地使用权出让方式有拍卖、招标或者双方协议。此外，实践中较常见的是挂牌出让。按照《土地管理法实施条例》，国有土地使用权出让、国有土地租赁等应当依照国家有关规定通过公开的交易平台进行交易，并纳入统一的公共资源交易平台体系。除依法可以采取协议方式外，应当采取招标、拍卖、挂牌等竞争性方式确定土地使用者。

知识点：土地使用权出让主体。

土地使用权出让主体是县以上自然资源（国土）管理部门。根据最高人民法院的规定，开发区管理委员会作为出让方与受让方订立的土地使用权出让合同无效。起诉前经市、县人民政府自然资源主管部门追认的，可以有效。

案例七：出让地块的原权利人不是利害关系人[1]

程某在某市J区三十铺镇街道有宅基地一处，面积154平方米，但是一直未建造房屋。2004年7月，J区人民政府向程某颁发了该宅基地的集体土地使用证。2009年12月，省人民政府作出《关于某市J区2009年第一批次建设用地置换的批复》。2010年6月，该地块在J区国土资源局挂牌拍卖成交后，J区国土资源局与Z房地产开发有限公司签订国有建设用地使用权出让合同，将土地面积8666平方米整体出让。该地块包括程某的上述宅基地。程某多次与辖区乡镇协调未果后，遂向J区国土资源局申请要求公开宅基地所在区域土地征收等征地信息。2014年7月，J区国土资源局向程某作出信息公开答复函，确认了其宅基地位于批准位置，且该地块符合土地利用总体规划和城镇规划，用地报批均按程序履行等。程某鉴于出让行为是根据省人民政府《关于某市J区2009年第一批次建设用地置换的批复》作出的，诉请一并对该批复文件作出合法性审查，请求法院依法判决土地出让给开发商

---

[1] 安徽省六安市中级人民法院（2016）皖15行终6号。

的行为违法。

一审法院认为，J区国土资源局受J区人民政府委托，负责国有土地出让等具体事宜，履行了相关程序和法定义务，符合相关法律规定。《关于某市J区2009年第一批次建设用地置换的批复》针对特定对象，不属于规范文件，是行政机关最终裁决行为，因此，它不属于行政受案范围。

程某不服一审判决，提起上诉。二审法院认为，涉案地块原属集体土地，2009年经省人民政府批准，该地块经置换被征用为国有土地。因土地征收行为在先，土地性质从集体土地转变为国有建设用地后，原集体土地权利人不再有法律上利害关系。某市J区国土资源局作为土地行政管理部门，依据《土地管理法》的规定，将涉案地块通过招、拍、挂等程序出让给开发企业，程某既不是该行政行为的相对人，也不是利害关系人，并不具备原告主体资格，依法应驳回其起诉。至于程某对涉案地块的呈报置换及审批持有异议，不属本案审查范围。

案例教学点提要：

本案两审皆驳回，但理由各不相同。

（1）根据《行政诉讼法》的规定，公民、法人或者其他组织认为行政行为所依据的国务院部门和地方人民政府及其部门制定的规范性文件不合法，在对行政行为提起诉讼时，可以一并请求对该规范性文件进行审查。即公民可以在诉讼时请求对于行政行为所依据的规章以下层级的文件进行审查。基于此，程某要求对省政府的《关于某市J区2009年第一批次建设用地置换的批复》进行合法性审查。根据《行政诉讼法》，法院在审理行政案件中，经审查认为规范性文件不合法的，不将其作为认定行政行为合法的依据，并向制定机关提出处理建议。但一审认为该批复非规范性文件。

（2）二审认为程某并非土地出让合同的相对方，与出让行为没有直接的法律关系，因此对国土资源部门出让涉诉地块给开发商的行为不具有法律上的利害关系，其就出让行为提出行政诉讼，不符合《行政诉讼法》的规定。因此，直接认定原告程某不是行政相对人，不具有行政诉讼主体资格。

（3）二审法院认为对置换与审批的异议，不属本案审查范围。即这里有两个不同主体的行政行为：一个是省政府的审批行为；一个是国土部门的出让行为。原告主要就出让行为涉及其土地使用权有异议，附带要求对依据的批复文件进行审查，并不是审查省政府的批准行为。对文件的合法性审查是否等同于对政府行政行为的审查？这可能还是有不同认识的。如是对政府行为的审查，那不是本案的审理范围。因为原告并未要求审查政府审批行为。

（4）一审法院认定《关于某市 J 区 2009 年第一批次建设用地置换的批复》针对特定对象，不属于规范性文件，属于行政机关最终裁决行为，不属于行政案件受案范围，该认定值得商榷。

一般对于特定事项的批复是不属于规范性文件的，因为其不具有普遍的反复适用的性质，因此认定批复不是规范性文件是正确的。但将该批复认定为行政裁决，则认定依据不充分，法院亦没有进行说理，没有说明认定依据。行政裁决通常是特定的行政机关依法对特定的民事纠纷作出的裁决，显然批复不具有该特征，因此一审法院的认定是不准确的。二审法院认为一审法院对案件事实认定清楚，审理程序合法，但适用法律及判决结果有误。因此，撤销了一审判决。

思考题：该地块出让的前提条件是什么？行政诉讼中对规范性文件的审查有什么要求？

知识延伸：行政裁决一般是行政机关依据法律的规定对争议作出的裁决，是针对纠纷的解决而作出的，如《土地管理法》规定国土部门对于土地权属纠纷具有行政裁决权。本案中的批复显然不是针对纠纷或者争议作出的，因此不属于行政裁决的范畴。

知识点：住宅用地到期后自动续期。

划拨土地无偿、无使用期限。但出让则根据不同用途，使用期限不同。根据规定，土地使用权出让最高年限是居住用地七十年；工业用地五十年；教育、科技、文化、卫生、体育用地五十年；商业、旅游、娱乐用地四十年；综合或者其他用地五十年。这是各类使用权的最高使用年限，不超过就是合法的。

案例八：土地使用权即将到期 ❶

郎某 2011 年与 A 房地产公司签订了商品房买卖合同。2012 年，郎某搬进新房后发现购房合同中有一栏注明：所购房屋所在地块的国有土地使用权证记载的土地用途为商住，土地使用年限自 2007 年 9 月 30 日至 2022 年 9 月 29 日止。100 多户业主都面临只有房屋 15 年土地使用权的问题，众多业主要求开发商补交钱给政府，将房屋的土地使用年限续期到 70 年。开发商认为当初购房时已经明确房屋土地使用权只剩 15 年，如可以续期，则费用应由购房者自己承担。

本案的争议焦点为：土地使用权剩余时间仅 15 年是否合法？土地使用权到期后是否能够续期？续期费用如何确定及由谁承担？

案例教学点提要：

（1）商品房开发及销售，必须取得国有建设用地使用权。国有土地使用权依据土地性质不同，使用的期限有所差异。

（2）商品房土地使用权仅剩 15 年是否合法。我国的土地市场为二元土地所有制结构，商品房开发必须使用国有建设用地，集体建设用地限制进入市场流转。国有建设用地使用权一般通过招、拍、挂等形式流转，土地使用权人在支付土地使用权出让金后取得相应的土地使用权（以划拨方式取得土地使用权的除外）。商品房开发用地为国有建设用地，住宅使用权年限最高不得超过 70 年。这是国家规定的住宅建设用地最高使用年限，然而在国有建设用地使用权的流转过程中，并非每位国有土地使用权人都能享有 70 年的最高使用权限。首先，在国有土地使用权流转过程中，若最先取得国有土地使用权人的使用年限为 70 年，其后获得使用权的人所能享有的使用权年限为剩余年限。其次，若最先取得国有土地使用权人申请的土地使用权年限原本就不足 70 年，那么本人及其后手都不能享有最高年限的国有土地使用权。在实践中，尤其是在商品房买卖中，购房人都想当然地认为国有土

---

❶ 王友芳、王超：四川男子买套新房住 3 年 土地使用权竟只剩 7 年（http://www.chinanews.com.cn/sh/2015/08-26/7489549.shtml），载中国新闻网，2015 年 8 月 26 日访问。

使用权年限为70年，这一问题需要注意。本案中，开发商的国有建设用地使用权的用途性质为商业，根据规定，商业用地出让年限最高不超过40年，因此仅有15年的使用年限并未违反法律规定，并且开发商在商品房销售合同中做出了提示。

（3）国有土地使用权到期后续期问题。建设在国有土地之上的房屋，除非房屋灭失、转让、依法征收或发生其他法定情形，否则房屋所有权是不可剥夺的，当然也不因为土地使用权到期而使得房屋所有权消灭。根据《民法典》的规定，住宅建设用地使用权期限届满的，自动续期。续期费用的缴纳或者减免，依照法律、行政法规的规定办理。非住宅建设用地使用权期限届满后的续期，依照法律规定办理。该土地上的房屋以及其他不动产的归属，有约定的，按照约定；没有约定或者约定不明确的，依照法律、行政法规的规定办理。即非住宅用途的土地使用权并非自动续期。根据《城市房地产管理法》的规定，国有土地使用权的续期并非无偿的，而是需要申请人提出申请，重新签订土地使用权合同并缴纳土地使用权出让金。由于《民法典》规定住宅用地自动续期，所以无须申请和重新签订土地使用权出让合同，但是对于是否需要缴纳土地使用权出让金，并未给出明确规定。目前的情况是商业办公类房屋售价明显低于住宅，有些地方甚至非住宅比住宅价格便宜近一半，究其原因，可能与土地的使用性质、年限均有关，当然还有限购、使用费用等问题。本案由于房屋出售后，土地使用权已经为购房者取得，所以续期费用应由房屋购买人自行承担。然而，由于房屋购买人在购买房屋时，所支付的价款中包含了土地使用权转让的费用，且该项费用一般占购房款的相当比例，即所谓的"楼面地价"。购房人可对照当地房屋的市场售价，考察使用权期限为70年的房屋售价是否与该房屋售价相当，即可以判定开发商的定价是否合理，是否是商业用地的价格。

（4）建设用地使用权人是不能够随意改变土地用途的，基于规划等原因确实需要改变土地用途的，应当依法经有关行政主管部门批准。因此业主要求开发商改变房屋用途不仅没有法律依据，也没有实现的可能性。所以并非缴纳费用就可以续期或者变更土地用途，需要符合规划等各方面的要求，并经有关部门批准。

思考题：本案土地可以改变用途续期吗？国有土地使用权到期后应如何处理？

知识延伸：土地使用者需要改变土地使用权出让合同规定的土地用途的，应当征得出让方同意并经土地管理部门和规划部门批准，重新签订土地使用权出让合同，调整土地使用权出让金，并办理登记。

目前，住宅用地到期是自动续期，无须办理手续，亦不交相关费用。

2016年因温州某小区二十年住宅用地到期，在交易时就是否需要缴纳土地费用引发社会关注。20世纪八九十年代，各地在土地出让时，有很多探索性的做法，如出让年限有20、30、50年的，在1990年国务院《城镇国有土地使用权出让和转让暂行条例》出台前，各地并无出让的统一时间规定。体现在房价上，土地出让时间的影响也是显而易见的，如出让20年，则出让金相较70年，价格低不少。反映在房价上，也是价格比较低。由于没有规定到期是否缴纳费用，浙江省国土资源厅向国土资源部上报了《关于如何处理少数住宅用地使用权到期问题的请示》（浙土资〔2016〕64号）。国土资源部商住房和城乡建设部同意后，出具《国土资源部办公厅关于妥善处理少数住宅建设用地使用权到期问题的复函》（国土资厅函〔2016〕1712号）通知各地国土资源管理部门，在相关"法律安排"明确之前，可以采用"两不一正常"的过渡性办法处理：不需要提出续期申请，不收取费用，正常办理交易和登记手续。

<u>**知识点**：土地出让的条件。</u>

<u>**案例九：集体土地不能直接出让**</u>[1]

2007年11月，D电力公司与F县国土资源局（以下简称F国土局）签订委托征地协议，D电力公司拟在F县沱江镇城北新区地段修建D电力调度中心，委托国土局征地，经双方协商征地面积约256亩。其中的168亩作为出让地，剩余的88亩划拨给D电力公司。签订委托征地协议后，D电力

---

[1] 最高人民法院（2014）民一终字第277号。

公司及受其委托的房地产公司自2007年至2011年均参与了该地块的征地拆迁工作。2010年9月，出于各种原因该宗地仅完成了D电力调度中心30亩土地征用手续，其余土地中的138亩将进入挂牌程序，88亩尚无征地指标。D电力公司已为此支付约1500万元的购地款。对于即将挂牌的138亩土地出让价格，D电力公司请求仍按原有协议约定的10万元每亩购地，希望政府在该宗地的土地出让价格问题上与纯商业地块区别对待。政府部门认为该宗土地的最终价格以实际发生为准。依据有关规定，国有土地使用权招拍挂出让应不低于评估价格。该宗地经评估，其价格为33万元每亩，即该宗地的挂牌出让底价。

2012年11月，国土局在省国土资源网上交易系统发布土地挂牌公告，拟将该地块部分（约7万多平方米）以1亿元的起始价进行挂牌出让。2012年12月，D电力公司以F国土局为被告向省高级人民法院提起委托合同纠纷之诉，后D电力公司以与F国土局有庭外和解意向为由提出撤诉申请，法院予以准许。同时，C房地产开发有限公司以1.76亿元的价格竞得该国有土地使用权。

除了上述土地中的30亩已经D电力公司同意由F国土局划拨给电力局外，尚余226亩土地未能依约出让给D电力公司，现已挂牌出让。D电力公司认为F国土局的行为已构成严重违约。F国土局答辩称委托征地协议因违法而无效，涉案土地属于尚未办理征收手续的集体所有土地，D电力公司无权进行委托征收。D电力公司未经合法的申请、审批及出让程序，无权直接获得国有土地使用权。在县人民政府已明确告知建设用地使用权必须依法进行招拍挂的情况下，D电力公司却没有参加竞拍，并公开表示放弃用地权。县人民政府划拨30亩土地给电力局的行为，与本案无关，委托征地协议为无效合同。

一审法院认为，委托征地协议内容实为征收与划拨土地使用权。故对该协议中有关建设用地使用权的划拨问题，法院不予审理。一审法院认为双方签订的委托征地协议违反了《招标拍卖挂牌出让国有建设用地使用权规定》第4条第1款之规定，通过协议方式出让经营性国有建设用地使用权，并损害国家利益，该协议应当认定无效。F国土局在知道或应当知道涉案建设用地使用权应当通过招标拍卖挂牌程序方式出让的情况下，违反国家规定与D电力公司签订出让协议，不正当获得D电力公司资金用于涉案土地的征收开发，并在涉案大部分建设用地使用权通过挂牌程序成功出让后仍长期占用该资金拒不返还，具有重大过错。

F国土局不服一审判决，向最高人民法院提起上诉。二审法院认为，虽然委托征地协议系双方当事人真实意思表示，但在D电力公司不具备相关用地规划手续的情况下，双方约定由F国土局征收尚属集体所有的土地并以协议方式低价出让土地使用权，属于恶意串通损害国家利益的行为，协议应当认定无效。F国土局在明知D电力公司不符合相关用地条件的情况下，违反规定与其签订合同，利用职权征收集体土地，并低价出让土地使用权，严重损害了国家利益，D电力公司在不具备相关用地规划手续的情况下，意图通过私下签订协议的方式低价获得土地使用权，也存在一定过错。根据《中华人民共和国合同法》第58条规定，F国土局作为主要过错方，应当赔偿D电力公司损失。D电力公司对合同无效亦存在一定过错，利息损失由D电力公司自行负担。本案中，由于合同无效，不能得到履行，原审判决以涉案土地拍卖价与评估价之间的差价作为D电力公司的损失，没有法律依据。2015年，最高人民法院作出判决，撤销一审民事判决。

案例教学点提要：

（1）本案适用法律错误问题。本案时间跨度较长，历经相关法律规范和制度的改变。对于委托征收协议的法律依据，两级法院认定的依据是不同的。一审法院认为：2007年，D电力公司与F国土局签订委托征地协议违反了《招标拍卖挂牌出让国有建设用地使用权规定》（国土资源部令第39号）通过协议方式出让经营性国有建设用地使用权，并损害国家利益，根据《中华人民共和国合同法》第52条第2项之规定，该协议应当认定无效。二审法院认为双方约定由F国土局征收尚属集体所有的土地并以协议方式低价出让土地使用权，属于恶意串通损害国家利益的行为。本案因发生、审理均在《民法典》颁布之前，所以适用当时的法律规定。

对比两级法院的依据，一审法院引用《招标拍卖挂牌出让国有建设用地使用权规定》并不适合本案。首先，该规定针对的是国有土地招、拍、挂，本案土地为农村集体土地，显然不属于适用范围。其次，是否是协议出让或者是招、拍、挂是根据项目的性质决定的。

按照规定，集体土地不能直接出让转让，需经征收为国有土地后才能出让。二审法院认为F国土局征收集体土地（通过委托D电力公司）后，低价出让国有土地使用权，违反法律规定。依据当时《土地管理法实施条例》（2011年修订），能源、交通、水利、矿山、军事设施等建设项目确需使用土地利用总体规划确定的城市建设用地范围外的土地，需按规定报批。征收土地方案经依法批准后，由被征收土地所在地的市、县人民政府组织实施。显然，D电力公司无权组织实施土地的征收补偿工作。低价出让并不当然影响合同效力。

（2）本案对于划拨土地使用权争议归之于行政争议，而将出让合同纠纷作为民事案件审理，这是基于最高人民法院颁布的《民事案件案由规定》（2011年修正）(法〔2011〕41号) 第77条第1项的规定。以往各地法院对于土地出让合同纠纷的审理有归入民事审判庭审理的，亦有归入行政庭审理的，还有的是尊重当事人自己选择的。

（3）2019年11月27日，最高人民法院发布的《最高人民法院关于审理行政协议案件若干问题的规定》规定："行政机关为了实现行政管理或者公共服务目标，与公民、法人或者其他组织协商订立的具有行政法上权利义务内容的协议属于行政诉讼法第十二条第一款第十一项规定的行政协议。"并列举了矿业权等国有自然资源使用权出让协议属于行政协议的审理范围。但土地出让合同是否属于行政协议，并没有明确。自此之后，各地法院有将土地出让合同争议列为行政案件的审理范围，亦有作为民事合同审理。其后，2020年12月最高人民法院修改了《民事案件案由规定》，建设用地使用权出让合同纠纷仍然列于民事案由中。

（4）本案分两部分，土地划拨部分，法院民事审判庭不予处理，由当事人另行提起行政诉讼。出让合同的问题，由法院民事审判庭处理。该部分拟出让土地原为农村集体所有，未经征收就由F国土局直接以协议出让方式低价出让给D电力公司，并委托D电力公司进行征收，F国土局的行为违法。

由此导致合同无效，二审认定 F 国土局承担主要责任。

思考题：农村集体土地如何改变用途？土地出让合同是民事合同还是行政协议？依据是什么？

知识延伸：划拨土地的范围是严格限制的。按照法律规定，建设用地的土地使用权，确属必须的，可以由县级以上人民政府依法批准划拨。根据《城市房地产管理法》第 9 条的规定：城市规划区内的集体所有的土地，经依法征收转为国有土地后，该幅国有土地的使用权方可有偿出让，但法律另有规定的除外。本案中，土地部门直接将未经征收的集体土地交给 D 电力公司征收使用，违反国家法律规定。本案土地部门采用协议方式，直接将集体土地出让，亦是违法的。应该先征收为国有土地，然后再依法出让。

案例十：出让合同的违约处理[1]

翁某于 2011 年 8 月以 3300 万元竞得位于 Y 县 Z 城镇国有建设用地使用权，并与出让人 Y 县国土资源局（以下简称国土局）、拍卖人 A 拍卖有限公司签订一份成交确认书。国土局发布的公开出让须知，告知竞买人应到现场踏勘出让地块。对此，翁某提交的竞买申请书载明其已实地踏勘该地块，对公开出让地块现状无异议。翁某与县国土局于 2011 年 8 月 12 日签订 Y 县国有建设用地使用权出让合同，10 日后翁某除支付 1000 万元定金，并未支付剩余 2300 万元。国土局 2011 年 8 月 22 日发出解除 Y 县国有建设用地使用权出让合同的通知，此后，国土局再次对该地块进行公开挂牌出让。B 房地产开发有限公司以 2000 万元摘牌。国土局与 B 房地产开发有限公司于 2011 年 12 月签订成交确认书，于 2012 年 1 月签订国有建设用地使用权出让合同。该出让价与翁某取得土地使用权的价款相差 1300 万元。二审法院判决认定翁某承担赔偿 1300 万元损失的责任。

翁某向最高人民法院申请再审。翁某认为涉案国有建设用地使用权前后两次挂牌及出让均无效。公开出让须知描述的土地现状与实际状况不符，属格式条款，应无效。国土局不可能在 10 日内履行"三通一平"义务。自己暂缓支付土地出让价款，系行使不安抗辩权，并不构成违约。国土局第一

---

[1] 最高人民法院（2014）民申字第 209 号。

次出让方式为拍卖，第二次出让方式为挂牌。二次出让方式不同，价差不具有对应性。且该价差系国土局通过设置不同的条件等排除他人参与竞买，致B房地产开发有限公司作为唯一的竞买人以最低价成交，违反"三公"原则和"诚实信用"原则，价款不具有对应性，自己不应承担赔偿1300万元的责任。

最高人民法院经审理，认定翁某与国土局建设用地使用权出让合同有效，国土局与第三人B房地产开发有限公司于2012年1月签订的国有建设用地使用权出让合同是否无效，因与本案不属同一法律关系，不予审查。翁某以出让地块未"三通一平"为由，提出公开出让须知描述的土地现状与实际状况不符，属格式条款应无效以及其系行使不安抗辩权不构成违约等，缺乏事实和法律依据。二审判决并无不当，驳回翁某的再审申请。

案例教学点提要：

（1）关于土地现状。在所有的房地产交易中（当然包括土地出让），由于涉及标的金额通常均比较大，因而现场查勘是必不可少的，在成交前查看房地产现状是多年形成的交易习惯。本案中翁某不可能在签订合同前未去现场查勘，对于价值巨大的土地不亲自查看，有悖常理。且其在竞买申请书中也确认了（除非其能够提供确凿证据证明其未去现场查勘），因此其主张国土局隐瞒出让地块现状缺乏证据支撑。

（2）土地出让中的招、拍、挂。根据《城市房地产管理法》第13条的规定：土地使用权出让，可以采取拍卖、招标或者是双方协议的方式。而挂牌出让规定则是源于2002年4月国土资源部颁布、2007年9月修订的《招标拍卖挂牌出让国有建设用地使用权规定》。依据该规定，挂牌出让是根据挂牌期限截止时的出价结果或者现场竞价结果确定国有建设用地使用权人。

（3）一般在经营性的房地产开发中主要使用拍卖、挂牌方式。《城市房地产管理法》第13条规定：商业、旅游、娱乐和豪华住宅用地，有条件的，必须采取拍卖、招标方式；没有条件，不能采取拍卖、招标方式的，可以采取双方协议的方式。一般协议出让在政府扶持的一些项目（如保障房、公租房等）中采用。挂牌虽然在法律中没有明确规定，但在部门规章中有具体的规定，并且在实际工作中，越来越普遍使用。2021年修订的《土地管理法实施条例》第18条规定，除依法可以采取协议方式外，应当采取招标、拍卖、挂牌等竞争性方式确定土地使用者。

（4）关于土地的违约损失，是否两次不同的价格的差价就是损失，这是值得注意的问题。近几年，土地市场价格是逐年走高的，但该地块两次出让价格相差较大。翁某如果采取其他方式救济，也需要对该地块的实际价值进行评估。至于国土局通过设置不同的条件等排除他人参与竞买，致使案外人B房地产开发有限公司作为唯一的竞买人以最低价成交，这是另外一个法律问题，与本案没有关系，翁某如有证据，可以另行采取其他法律方式或者途径救济。

（5）《城市房地产管理法》第16条规定，土地使用者必须按照出让合同约定，支付土地使用权出让金；未按照出让合同约定支付土地使用权出让金的，土地管理部门有权解除合同，并可以请求违约赔偿。翁某以国土局不可能在10日内履行场地"三通一平"义务为由，提出其暂缓支付剩余土地出让价款，这个理由没有客观证据支撑。因为翁某仅凭自己的推测或者主观认识即判定国土局不可能履行义务，从而不履行支付地价款的义务，构成违约。

（6）赔偿责任的问题。再次出让价格产生的差异是否就是违约损失，实际上判决书对此并没有深入分析，仅是认定证据不足，不能成立，也就是简单地以两次出让价格的差异作为违约损失，第二次挂牌的价格是否真正存在问题，由于是另一个出让合同，法院没有审查。

思考题：出让人收不到支付款，应该如何处理？

知识延伸：拍卖方式出让国有建设用地使用权，是由出让人发布拍卖公告，由竞买人在指定时间、地点进行公开竞价，根据出价结果确定国有建设用地使用权人。拍卖和挂牌共同的特点都是公开出价、竞价。挂牌要求在一段时间内出价、竞价，如挂牌时间不得少于10日。而拍卖是一次性指定时间地点的出价、竞价。挂牌出让和拍卖出让公告的要求也一样，就出价、竞价而言，本质上没有根本性的区别，对于市场价格并不会发生很大的影响。

因此，本案仅以出让方式不同主张价格差异，缺乏理论和事实依据。

知识点：土地出租与国有土地租赁的区别。

案例十一：出租的土地[1]

2017年5月，李某与Z公司签订土地租赁合同，约定李某将其享有使用权的8亩土地出租给Z公司使用。该土地租赁合同分别约定了合同正常履行情况下的租赁期限与合同提前解除的条件。约定合同期间如遇到国家政策变动或国家征用，Z公司必须服从，合同解除。具体以政府签订征收协议日为准，征收协议签订后红线内外土地不再租赁。

2017年7月，C市D区人民政府作出房屋征收决定，决定依法收回涉案8亩租赁土地中红线内4亩土地的国有土地使用权。2018年8月，区政府作出房屋征收决定，决定依法收回剩余4亩土地的国有土地使用权。至此合同解除条件已经成就，相应地块的租赁关系在国家征收时终止。Z公司于2018年3月向李某发函称其租金已付至2018年2月底，之后不再支付租金，并提出终止合同并返还红线外4亩土地，李某表示不同意。李某主张其至诉讼时并未与政府签订征收协议，故该合同并未解除。一审法院认为政府公告征收决定，即政府已收回国有土地使用权，因此不支持李某主张。二审法院认为：涉案8亩土地先后全部被政府依法征用，征收决定生效时涉案土地的物权发生相应变动，李某对涉案土地不再享有使用权，无权继续对涉案土地进行出租。李某提起再审，再审法院认为：政府决定依法收回剩余4亩土地的国有土地使用权，租赁关系在国家征收时终止。李某主张合同解除应以其与政府签订征收补偿协议为前提，缺乏事实和法律依据，驳回其再审申请。

案例教学点提要：

（1）本案是李某将其已合法取得的8亩地的国有土地使用权出租给企业，双方签订的是土地租赁的民事合同。

（2）本案的争议在于合同的解除时间和租金支付的争议。出租人认为只有其和政府签订了征收补偿协议才能解除合同。二审法院根据《中华人民共

---

[1] 江苏省高级人民法院（2020）苏民申4407号。

和国物权法》第 28 条认定自政府征收决定作出之日李某丧失对涉案土地的使用权。

（3）有两点需注意：一是征收决定作出不等同于征收决定实施，征收决定实施应以依法公告、送达且依法补偿为前提。二是征收决定做出并产生法律效力，土地使用权即收回，并不以登记为准。

思考题：本案土地租赁的法律性质。

知识延伸：作为民事活动的土地出租是指土地使用者将土地使用权单独或者随同地上建筑物、其他附着物租赁给他人使用，由他人向其支付租金。按照相关规定，土地使用权出租后，承租人不得新建永久性建筑物、构筑物。需要建造临时性建筑物、构筑物的，必须征得出租人同意，并按照有关法律、法规的规定办理审批手续。因为此类民事租赁行为涉及租赁期限届满如何处置建筑物和建筑物的所有权问题。

作为土地转让的一种形式，国家规定未按土地使用权出让合同规定的期限和条件投资开发、利用土地的，土地使用权不得出租。但实际上，最高人民法院在有关案件的解释中则认为法律更多的是从政府行政管理角度作出规范，相关规定并不应理解为系对当事人民事行为的效力作出认定的效力型规范。

案例十二：国有土地出租是出让的一种形式[1]

1995 年 8 月，B 开发区土地管理局（后改为土地房屋局、国土资源局、自然资源局，以下简称土地局）与案外人 C 有限公司签订国有土地使用合同，将位于 B 开发区 2.4 万平方米土地提供给 C 公司使用，土地使用年限为 15 年。2008 年 9 月，Y 公司与 D 拍卖有限公司签订拍卖成交确认书，取得了涉案土地使用权。2008 年 11 月，法院民事裁定 B 开发区土地面积 2.4 万平方米土地使用权归买受人 Y 公司所有。Y 公司取得涉案土地后，未按期支付土地租金，B 开发区土地局曾向一审法院提起诉讼。2013 年 12 月，法院判决 Y 公司向 B 开发区土地局支付土地租金。自 2014 年 5 月 30 日起至 2018 年 12 月 31 日止，B 开发区土地局每年刊登一次"收缴土地租金、出让

---

[1] 辽宁省大连市中级人民法院（2021）辽 02 民终 5274 号。

金的通告，向各个用地单位及个人催缴土地租金及滞纳金，该地块列明的用地单位仍是 C 公司而不是 Y 公司。B 开发区土地局与 Y 公司未另行签订国有土地使用合同。

一审法院认为，土地局向 Y 公司主张土地租金，表明其同意与 Y 公司继续履行国有土地使用合同。土地使用期限届满后双方虽然没有另行续签合同，但仍应当依法按照国有土地使用合同的约定继续履行。B 开发区土地局作为国有土地行政主管部门，每年刊发催缴土地租金的通告，已经连续不断地催缴该地块的土地租金，因此，Y 公司关于土地租金已过诉讼时效的抗辩意见，一审法院不予采纳。

二审法院认为，2013 年民事判决认定涉案土地费欠缴，并判令 Y 公司给付上述租金，双方均未上诉，可见，双方虽未签订书面租赁合同，但均认可上述租金标准。B 开发区土地局要求支付滞纳金的请求不予支持，在 2013 年民事案件审理时，法院以双方无约定为由驳回了 B 开发区土地局的该项诉讼请求，土地房屋局未上诉。其提交的《国务院办公厅关于规范国有土地使用权出让收支管理的通知》并不适用于本案。Y 公司系通过司法拍卖取得涉案土地的使用权，在竞拍时应知晓原土地使用人为案外人 C 公司。

案例教学点提要：

（1）本案是民事诉讼，案由是土地租赁合同纠纷。本案签订的合同虽然名为国有土地使用合同，实际上是国有土地管理部门与用地单位签订的国有土地使用权租赁合同，这是国有土地使用权有偿出让的一种方式，所以出租的时间仅为 15 年。作为土地出让方式的这类租赁合同区别于一般民事主体间的民事租赁合同。本案原承租人因为土地使用权被司法处置，Y 公司成为新的土地使用权人。但其自拍卖取得使用权之后，并没有缴纳土地租金。如果是普通的土地出让，那么土地使用权人在签订出让合同（或者交付土地）时，一般就将所有的土地费用一次性缴纳了。而国有土地租赁与出让的区别在于其是每年缴纳土地费用，因此，在二级市场的土地转让（包括拍卖）中，一定要注意，仅有土地使用权证书不代表使用权人不欠缴国家有关税费。

（2）该合同是按照国有土地出让管理的有关规定签订的，如果是一般的民事合同则是没有滞纳金的。国土部门要求按照《国务院办公厅关于规范国有土地使用权出让收支管理的通知》征收滞纳金，但该通知并没有关于滞纳金的规定，而是规定了违约金：土地出让合同、征地协议等应约定对土地使用者不按时足额缴纳土地出让收入的，按日加收违约金额1‰的违约金。

（3）《国务院办公厅关于规范国有土地使用权出让收支管理的通知》的适用。首先，法院很少将行政规范直接作为依据援引。即便是作为国务院办公厅的通知，虽然层级不低，但实践中很少直接出现在民事判决的依据中。此外，法院可能理解这里的滞纳金仅针对出让收入和征地费用，不包括土地租金。

（4）一般在房地产领域，很多规范都是针对标的物本身即房地产进行管理，如登记、物业管理等。因为所有权人、使用人都可能发生改变，而房地产本身通常是不会改变的，且非经办理相关手续，也是不能随意改变现状的。所以实务界常说管理的对象是房屋和土地。从这个角度理解，公告针对的是该地块的费用。B开发区土地局自2013年判决确定租金后，连续催缴，所以不存在超过诉讼时效的问题。

（5）本案时间久远，从20世纪90年代出租土地，原出租15年早已到期，Y公司通过拍卖取得土地使用权，双方没有签订合同，但认可租金等条件，视为同意继续履行合同，即采取年租制。至2021年法院判决做出，本案已历经多年纠纷，实务中这类案件往往有纠纷绵延多年难以一次性解决的问题。

思考题：国有土地租赁与土地出租有什么不同？

相关规定：国土资源部印发的《规范国有土地租赁若干意见》（国土资发〔1999〕222号）规定，对短期使用的土地，短期租赁年限一般不超过5年；对需要进行地上建筑物、构筑物建设后长期使用的土地，应实行长期租赁，具体租赁期限由租赁合同约定，但最长租赁期限不得超过法律规定的同类用途土地出让最高年期。

知识延伸：区别于土地使用权租赁，国有土地租赁是指国家将国有土地出租给使用者使用，由使用者与县级以上人民政府土地行政主管部门签订一定年期的土地租赁合同，并支付租金。国有土地租赁是国有土地有偿使用的一种形式，是出让方式的补充。国有土地租赁与土地使用权出租的区别在于：土地使用权出租是通过出让方式取得土地使用权后，再行出租该土地的民事行为，其当事人是民商事主体；而国有土地租赁以国土资源管理部门作为出租方，是国有土地使用权有偿使用的一种方式（按照原国土资源部的规定，其是土地出让的一种方式，按照修改后的《土地管理法实施条例》，则为国有土地有偿使用的方式之一）。国有土地租赁等应当依照国家有关规定通过公开的交易平台进行交易，并纳入统一的公共资源交易平台体系。除依法可以采取协议方式外，应当采取招标、拍卖、挂牌等竞争性方式确定土地使用者。

五、闲置土地处理

闲置土地指国有建设用地使用权人超过合同或者划拨决定书约定、规定的动工开发日期满一年未动工开发的国有建设用地。

案例十三：构成土地闲置的条件[1]

2011年5月，W市政府根据法院的民事调解书、协助执行通知书，向Z公司核发了国有土地使用证，该证载明土地用途为工业、使用权类型为出让等，并且附有Z公司宗地图。但W市国土局未与Z公司签订国有建设用地使用权出让合同，也没有约定动工开发日期。2013年，W市对涉案土地的规划、用途进行了调整和变更。2017年6月，W市国土局向Z公司作出闲置土地调查通知书，直至2018年1月，W市政府发布无偿收回国有建设用地使用权决定书，Z公司仍未动工开发。法院现场勘查，Z公司已平整大部分土地、砌筑部分围墙，涉案土地周边有道路，已建成单位住宅楼房。Z公司认为涉案土地并非"净地"出让，不具备开发的基本条件，没有完成"三通一平"工作；土地还存在历史遗留问题，村民侵占土地妨碍清场开发。W市调整土地规划，改变涉案土地用途、性质，没有征求其意见，没

---

[1] 海南省高级人民法院（2019）琼行终170号，（2020）最高法行申2774号。

有完成实物交割，没有通知其办理变更手续。其多次向政府部门申报、咨询，工作人员对书面材料不签收、不登记，因此要求撤销政府的土地收回决定。该案一审、二审Z公司均败诉，后Z公司向最高人民法院提起再审申请。2020年6月，最高人民法院裁定驳回Z公司的再审申请。

案例教学点提要：

（1）Z公司是通过法院的执行程序取得土地，原出让合同的权利义务应该是由Z公司一并承受。因此，Z公司应该承担原出让合同的权利义务（即便是没有和国土管理部门签订合同），其于2011年5月取得土地使用证，那么应在2012年5月之前动工开发。但Z公司自取得涉案土地使用证之日起，至W市政府2018年1月作出收地决定，并未动工开发。按照《城市房地产管理法》第26条的规定：以出让方式取得土地使用权进行房地产开发的，必须按照土地使用权出让合同约定的土地用途、动工开发期限开发土地。超过出让合同约定的动工开发日期满一年未动工开发的，可以征收相当于土地使用权出让金20%以下的土地闲置费；满二年未动工开发的，可以无偿收回土地使用权。

（2）在取得土地之后动工开发的手续均需要权利人自己启动办理。Z公司取得土地之后，应该办理立项、规划、施工等一系列法律规定的手续，才能动工开发。

（3）Z公司作为权利人应该积极关注相关的政策及规划情况。该涉案地块虽然在2012年、2013年、2015年规划调整，Z公司作为涉及的权利人应该关注政府的相关规划，特别是在规划变更，需要向社会公众公开并征询意见时，Z公司可以主张自己的权利。但其以政府没有通知为由，主张因为规划调整影响其开发。实际上，法院的调查显示政府履行了信息公开的程序，将有关规划调整的事宜按照法定的方式进行了信息公开。当然，在法律上政府是没有义务特别通知每个涉及规划的权利人，但政府可以做得更好，这是对服务型政府的更高要求。

（4）本案Z公司所持有的地块客观上已经构成闲置，这是没有疑义的。系因土地使用人自己造成的闲置，通过规范的法律程序收回土地是没有问题的。实践中,开发商闲置土地的情况比较多见,如"晒地皮",坐等土地升值转让。为此各有理由种种,如本案 Z 公司的理由,均比较常见。但法律只是规定不可抗力或者政府、政府有关部门的行为或者动工开发必需的前期工作造成动工开发迟延构成闲置的,可以免于无偿收回的处理,具体如政府违约不按时交地、规划改变、社会稳定问题、文物保护、军事管制、不可抗力等。本案规划改变后又经过多年,依然没有动工开发,明显构成闲置。

思考题:取得土地使用权后,什么情况可能构成闲置?如何处理?

相关规定:原国土资源部发布的《闲置土地处置办法》(2012 年修订)从工程进度方面进行了规范。规定已动工开发但开发建设用地面积占应动工开发建设用地总面积不足 1/3 或者已投资额占总投资额不足 25%(已投资额、总投资额均不含国有建设用地使用权出让价款、划拨价款和向国家缴纳的相关税费),中止开发建设满一年,可以认定为闲置土地。

对于动工开发的标准明确为:依法取得施工许可证后,需挖深基坑的项目,基坑开挖完毕;使用桩基的项目,打入所有基础桩;其他项目,地基施工完成 1/3。

六、出让后的土地使用权转让

土地使用权转让是指土地使用权人作为转让方将通过出让方式取得的土地使用权再转让于他人。

知识点:土地出让后再转让需符合法律规定的条件。

案例十四:未办理登记的土地转让是否有效[1]

T 公司共有股东 3 人,其中吴某占股 35%,是公司的监事。李某占股 35%,是公司的法定代表人。姜某占股 30%。2014 年 7 月,T 公司与开发区管委会签订协议书,T 公司项目计划用地 16 亩,使用权取得方式为工业出让取得,出让期限为 50 年,不办理土地证。同时合同约定,如果投资强度

---

[1] 山东省菏泽市中级人民法院(2022)鲁 17 民终 588 号。

达不到协议规定，开发区管委会有权收回土地。后 T 公司出租部分土地给 C 公司，C 公司建造了部分构筑物，T 公司亦建造了部分构筑物。

　　2017 年 7 月，T 公司与 B 公司、C 公司签订国有土地使用权转让协议，T 公司将上述土地使用权及附属设施转让给 B 公司。协议显示，土地证办理情况为未办理，B 公司受让后自行办理到 B 名下，T 公司无偿协助办理。该地块内建筑物为 T 公司所有，C 公司的土地租赁权解除。本宗土地涉及的税费，土地移交前的由 T 公司负责，转移过程中和移交后的由 B 公司负责。B 公司付清全部款项后，T 公司将该宗土地交付 B 公司。T 公司在收到全部款项后 3 个月内将建筑物腾空并交付给 B 公司。合同签订后，B 公司将全部转让款分三次汇入 T 公司银行账户，T 公司交付了土地及地上附着物，B 公司在该土地上完成了家具项目立项备案，取得建设项目备案证明。2019 年 1 月，市环境保护局开发区分局作出《关于 B 公司家具项目环境影响报告表的批复》，从环保角度同意项目建设。后 T 公司要求解除合同诉之法院。

　　一审法院认为，吴某作为 T 公司的股东和监事，持有 T 公司法定代表人李某出具的转让土地确认书，其与 B 公司签订合同，除 T 公司应履行的办证协助义务外，国有土地使用权转让协议规定的主要权利义务已履行完毕，且 B 公司已取得立项和环评批复并投入资金建设，开发区管委会财政局也已收取 B 公司补缴的部分征地保证金，T 公司因其内部纠纷起诉主张解除合同，并未提供合同应当解除的相应证据，因此驳回 T 公司诉讼请求。

　　T 公司上诉称其转让时未取得土地使用权证书，也未全部缴纳土地出让金，不符合国家强制性法律规定，该转让行为无效。二审法院认为，T 公司在一审中要求解除国有土地使用权转让协议，二审中又主张该协议无效，其主张解除协议及确认协议无效的主要理由为其无权处分，其行为有违诚实信用原则，法院不予支持。

案例教学点提要：

　　（1）T 公司通过出让取得工业用地使用权，除自己建造部分建筑物外，部分土地出租给 C 公司使用，C 公司亦在该地块建设部分构筑物。三年后 T 公司将土地转让给 B 公司，并约定了地上建筑物的归属与折价方式。这其中包括出让、出租、转让。T公司通过开发区管委会取得土地，取得的来源有问题。按照《城市房地产管理法》规定：土地使用权出让合同由市、县人民政府土地管理部门与土地使用者签订。即由自然资源（国土）管理部门代表政府出让土地。开发区管委会不是适格的出让主体。《最高人民法院关于审理涉及国有土地使用权合同纠纷案件适用法律问题的解释》规定：开发区管理委员会作为出让方与受让方订立的土地使用权出让合同，应当认定无效。但起诉前政府追认可以认定有效。实践中，很多为政府委托开发区管委会通过提供土地招商引资，因此大多事后予以追认。

（2）T公司取得土地后，只要按照按土地使用权出让合同规定的期限和条件投资开发、利用土地的，可以在使用期限内出租、出售、赠与。T公司取得土地三年后转让，T公司已经建造部分建筑物，进行过开发，法律上应该是满足出让后的转让条件的。

（3）从案件看，其转让亦应该经过有关部门批准，B公司因此取得了相关的批准文件，项目得到批复。对于T公司以未办理土地证，主张转让无效、解除合同，《最高人民法院关于审理涉及国有土地使用权合同纠纷案件适用法律问题的解释》明确：土地使用权人作为转让方与受让方订立土地使用权转让合同后，当事人一方以双方之间未办理土地使用权变更登记手续为由，请求确认合同无效的，不予支持。因此，是否办理登记，并不是法院裁量的主要因素。

思考题：出让土地再转让的条件是什么？如果是开发用地，再转让的条件是什么？

知识点：农村集体土地不允许转让开发。

案例十五：严格限制农村集体土地转让[1]

唐某2014年9月与T县A镇湾塘村村民雷某等签订了土地流转合同，租赁了7亩土地，租赁期限十年，并一次性支付了十年的租金款。刘某、许某等案外人取得经营权，从2009年起筹建"T县毛铺加油、加气充电站"，

---

[1] 湖南省武冈市人民法院（2020）湘0581行初27号。

至2016年11月已经取得省商务厅同意新建的批文和T县各职能部门同意新建的许可，T县自然资源局批准了选址意见及与某中油公司的供油协议。刘某、许某等筹建的加油站正位于唐某租赁的土地上，唐某因此决定与潘某合作开办该加油站。2016年11月，许某、刘某与潘某签订T县毛铺加油站转让合同书，转让成品油经营批准证书的行政许可证书。合同签订后，潘某未经批准以9万余元的价格购买T县红卫村村民雷某等的宅基地，并向T县A镇湾塘村两个村民小组的村民购买土地，并在买得雷某等的土地上于2016年12月开始动工建房，房屋占地面积357平方米。2016年12月，T县城乡规划管理局对潘某未取得"建设工程规划许可证"进行处罚。潘某出具委托书，委托唐某全权处理日后在T县与政府各职能部门协调办理各项手续事宜。T县自然资源局于2017年1月16日对潘某非法购得土地后建房进行处罚。

2016年9月，因油气站建设需要，T县自然资源局发布拟征地告知书，拟征用T县A镇湾塘村雷某等人的土地。2017年4月，征得湾塘村0.55公顷土地。基于潘某非法购买土地以及高铁站高压电线路建设、新建瑞丰油气站等原因，致使唐某、潘某筹建毛铺加油站的土地无法出让挂牌。2017年11月，T县有关部门召集毛铺加油站及瑞丰油气站的人员进行协商，潘某同意与瑞丰油气站以地易地另行选址。2018年2月1日，潘某单方解除与唐某的委托关系。2019年1月，T县自然资源局公开挂牌出让包含涉案房屋的地块。T县丰和油气站注册登记成立并参与该土地竞买，以最高报价竞买成功。2019年3月，该单位与T县自然资源局签订了国有建设用地使用权出让合同，唐某称因和潘某合作建毛铺加油站，认为T县自然资源局行为侵害了其合法权益，诉至法院。

法院认为政府履行了各项征地手续，征收土地后公开挂牌拍卖，拍卖成功后与竞买人签订国有土地使用权出让合同书。原T县自然资源局共征得T县湾塘村0.55公顷土地。合法征收后，土地已为国家所有。法院认定唐某对T县自然资源局与他人签订国有土地出让合同的行为不具有利害关系，驳回其起诉。

案例教学点提要：

（1）本案涉及土地出租、买卖及被征收后的出让，法律关系比较复杂。唐某租赁村民雷某的土地十年，该土地性质为农村集体土地。该土地应该属于农村集体经营性建设用地，按照相关政策，经过一定的程序是可以出租的。该地块作为加油站也得到有关部门批准。后潘某又购买了雷某的宅基地，这是违法违规的。

（2）加油站及其选址已经批准，这是指唐某合法租赁的土地。但潘某非法购买农民宅基地和村民的土地进行建设，这是未经批准的，也没有合法的建房手续。按照《土地管理法》第44条，建设占用土地，涉及农用地转为建设用地的，应当办理农用地转用审批手续。农村村民一户只能拥有一处宅基地，并且有关政策规定，宅基地不能转让给非本集体经济组织成员。因此，潘某违法购买土地，违法建房。

（3）唐某因租赁土地和潘某合作开办加油站、受潘某委托办理加油站事宜，而起诉T县自然资源局，要求撤销出让合同。认为该地块征收涉及其利益，因为本人不具备拍卖条件，无法参加拍卖，拍卖结果为他人取得该地块使用权。实际上，该地块在拍卖前已经征收，土地性质征收后为国有土地，后作为国有土地出让，通过拍卖方式出让成功。唐某及雷某等均不是该土地的权利人。出租人（如雷某等）可能通过征收补偿取得利益，唐某可以向出租人、出卖人主张权利。

（4）本案案由是土地出让合同纠纷，但是作为行政案件进行审理的，法院不会就涉及的民事行为进行审理。故法院只认定购买土地为非法用地行为，未提及租赁行为的非法性。按照2017年开始的集体经营性建设用地改革，出租也是被有条件允许的。

思考题：唐某与T县出让行为是否有利害关系？宅基地使用权的法律性质是什么？为什么转让受限制？

知识延伸：国家严格限制农用地转为建设用地。《土地管理法》规定：依法登记的集体经营性建设用地，土地所有权人可以通过出让、出租等方式交由单位或者个人使用，并应当签订书面合同，应当经本集体经济组织成员的村民会议 2/3 以上成员或者 2/3 以上村民代表的同意。

2017 年 8 月，原国土资源部会同住房与城乡建设部根据地方自愿，确定第一批在北京、上海、沈阳、南京、杭州、合肥、厦门、郑州、武汉、广州、佛山、肇庆、成都 13 个城市开展利用集体建设用地建设租赁住房试点，制定了《利用集体建设用地建设租赁住房试点方案》。

第三章　房屋征收与补偿

一、国有土地上房屋征收与补偿的依据

在我国，城市土地属于国家所有，农村土地除属于国家的以外，属于农村集体所有。而房屋所有权则归属于登记的权利人。国家法律保护房屋所有权人的权利，因此非依法律不得征收。依据《民法典》的规定，土地使用权到期前，只有因为公共利益的需要才能提前收回土地，但需要给与权利人补偿，并退还相应的出让金。为了公共利益的需要，征收房屋，应当对被征收房屋所有权人给予公平补偿。

2011年1月21日，国务院公布《国有土地上房屋征收与补偿条例》，2001年6月13日国务院公布的《城市房屋拆迁管理条例》同时废止。

知识点：新条例施行前已依法取得房屋拆迁许可证的项目，继续沿用原有的规定办理。

实务中征收补偿工作往往拖延数年，涉及新旧条例的衔接问题，引发诸多纠纷。

案例一：新旧拆迁条例的衔接 [1]

S市某房屋产权证登记的权利人为B织布厂，2000年J公司系通过司法拍卖的方式取得了19幢、建筑面积1.2万平方米的B厂房屋。J公司对外出租房屋名称为"J建材市场"。区土地储备中心与所在地K镇政府签订土地收购储备协议书。土地储备中心以货币补偿形式收购该地块，如有权属纠纷

---

[1] 上海市高级人民法院（2019）沪民终440号，【法宝引证码】CLI.C.108861676。

由 K 镇政府负责处理及补偿，收购总价确定为 4100 万元。2009 年 3 月，土地储备中心与 K 镇政府签订补充协议，土地储备中心提供 22 套商品住宅，该商品房款视作支付的动迁费用，在以后应付地块收购款中抵扣。2010 年 9 月，土地储备中心与 K 镇政府签订补充协议书（二），土地储备中心同意将收购补偿价格调整为 5100 万元。2010 年 10 月，J 公司与 K 镇政府签订合作拆迁协议书，双方共同对该地块实施动拆迁。K 镇政府委托 E 房地产估价有限公司对 J 公司应当自拆房屋重新评估。J 公司对该份评估报告中的房屋面积及补偿数额等内容均不予认可，J 公司提交一份由其委托 F 房地产估价有限公司评估咨询报告。J 公司认为其通过司法拍卖获得有证面积房屋 1.2 万平方米，但实际接收建筑面积达 2.8 万平方米，尚有 1 万平方米房屋没有拆除，故而其主张已拆除房屋面积为 1.8 万平方米。K 镇政府认为，产权证记载的有证面积为 1.2 万平方米。关于 F 房地产估价有限公司的咨询报告系 J 公司单方面委托，不予确认。土地储备中心认为，其作为代表政府履行前期开发工作的单位，相关补偿费用的确定及发放需要 J 公司及 K 镇政府提交依据。J 公司在本案中主张建安重置费及经营损失，因缺乏依据，故不予确认。

一审法院认为，J 公司与 K 镇政府签订的合作拆迁协议书合法有效。J 公司主张拆迁面积为 2.8 万平方米，对此未提交充分证据加以证明。J 公司应对该地块至今未能完成的拆迁工作负有不可推卸的责任。关于 J 公司主张因拆迁许可证在 2017 年之后不再续期导致合同目的无法实现的问题，法院认为，拆迁许可证不再延期是因为政府新的征收条例出台，但并不影响双方之间的合作拆迁协议书继续履行。J 公司通过司法拍卖取得的房屋权属已从集体土地性质变为国有性质，无法恢复原状。J 公司系其自行拆迁部分房屋，并非 K 镇政府实施的拆迁行为。J 公司对现有的房屋仍在出租使用，并非存在损失巨大的后果。

案例教学点提要：

（1）这个案件前后持续十余年，不仅房地产价格飞涨，并且政策也发生了巨大变化，导致拆迁成本大幅度上升。本案 2009 年启动，当时适用的是《城市房屋拆迁管理条例》，拆迁主体可以是建设单位或者个人。2011 年

《国有土地上房屋征收与补偿条例》公布实施，征收主体则是政府。本案是适用旧的规定，所以J公司可以负责拆迁。

（2）本案因法院认定J公司的拖延导致拆迁没有按时完成，本案的拆迁工作的具体承担人亦是房屋的产权人，从该意义上看，其拆迁难度并非很大，拆迁工作较易展开。

（3）本案虽然被告是K镇政府和区土地储备中心，但本案并非作为行政案件审理，而是民事合同纠纷。J公司起诉K镇政府、区土地储备中心要求解除合同，赔偿损失，法院将其列为其他合同纠纷处理。因为本案涉及的合同并非征收补偿行为，而是合作拆迁，作为J公司是承担拆迁工作任务的合同一方当事人，且该合同的性质并非征收补偿合同，因此不属于行政协议。只不过其特殊之处是拆迁人自己也是产权人。双方争议的标的是拆迁工作量和款项，因此是普通的民事合同。不能因涉及征收，一方当事人为政府部门而当然作为行政争议。

（4）J公司主张情势变更，法律上认定标准是十分严格的。虽然房地产价格上涨很多，拆迁工作拖延十多年，确实情况发生了很大的变更，但不等于合同无法履行，不意味着可以适用情势变更原则解除合同。

（5）早年的城市房屋拆迁都是需要颁发拆迁许可证的，所发许可证也都有期限。本案许可证虽然过期，但是项目一直在延续，并非不能履行合同，并非不能继续原有的拆迁项目。就法理而言，法不溯及既往，原有的工作仍然可以进行。即便是按照新的规定，由政府部门负责征收补偿的具体工作，征收的具体实施单位仍然可以委托。2011年1月公布的《国有土地上房屋征收与补偿条例》第35条规定：本条例施行前已依法取得房屋拆迁许可证的项目，继续沿用原有的规定办理，但政府不得责成有关部门强制拆迁。本案因发生于新规定之前，涉及新旧条例衔接处理问题，但新条例对本案的拆迁实际上是没有影响的。

思考题： 新旧条例关于征收主体最根本的区别是什么？

二、征收主体

做出征收决定的是市、县人民政府，实施主体是房屋征收部门。根据规定，市、县级人民政府负责辖区的房屋征收与补偿工作，房屋征收部门具体组织实施，在各地则是由征收补偿办公室负责。房屋征收部门可以委托房屋征收实施单位，因此房屋征收部门对实施单位的行为负有监督责任，对其行为后果承担法律责任。

知识点：征收决定的做出和实施部门。

案例二：谁是被告 [1]

2016年6月，C县政府作出决定，拟对某棚户区改造项目范围内的房屋实施征收改造，登记在王某名下的房屋在被征收范围内。2016年7月，C县房屋征收办公室就涉案房屋与方某、于某、赵某、云某、张某峰、张某平签订房屋征收货币补偿协议书。王某认为C县政府、C县公安局实施或参与了拆除其房屋的行为，以上述两机关为被告提起行政诉讼。C县公安局辩称其系接受上级指令维持秩序，虽然出现在房屋拆除现场，但是严格依照《中华人民共和国人民警察法》规定在现场履行职责，并未实施拆除房屋的行为。法院根据涉案房屋权属问题形成的现实状况、王某与张某峰之间存在民事争议且尚未解决，认定王某不符合行政诉讼的起诉条件。告知王某若主张涉案房屋产权及补偿争议可另行通过民事诉讼途径解决。王某不服，申请最高人民法院再审。最高院认为涉案房屋确实在征收改造范围内，但该征收决定已经确定C县住房和城乡规划建设局为房屋征收部门。法院根据《最高人民法院关于适用〈中华人民共和国行政诉讼法〉的解释》第25条的规定，驳回王某的再审申请，并告知王某可以C县住房和城乡规划建设局为被告另行主张权利。

---

[1] （2019）最高法行申12832号。

案例教学点提要：

（1）本案中，征收决定是县政府做出的。王某对于征收补偿方案有意见，认为政府和公安局拆除了自己的房屋，因此以县政府和公安局为共同被告提起了行政诉讼。按照《国有土地上房屋征收与补偿条例》第4条的规定，市、县级人民政府负责本行政区域的房屋征收与补偿工作，并由市、县级人民政府确定的房屋征收部门组织实施。最高人民法院《关于适用〈中华人民共和国行政诉讼法〉的解释》第25条规定，市、县级人民政府确定的房屋征收部门组织实施房屋征收与补偿工作过程中作出行政行为，被征收人不服提起诉讼的，以房屋征收部门为被告。如果房屋征收部门委托具体实施单位，则其对房屋征收实施单位在委托范围内实施的房屋征收与补偿行为负责监督，对其行为承担法律责任。本案中，县政府做出了征收决定，具体负责部门是县住房和城乡规划建设局，按照地方政府的职能设置，一般征收部门（地方通常称为征收办公室）隶属于住房建设部门，即征收与补偿管理办公室通常是住房建设局的下属单位（一般为事业单位），而实践中具体负责征收补偿事宜的是征收与补偿管理办公室。

（2）需要注意的是，行政诉讼虽然是针对行政行为而提起的，就征收补偿而言，不同阶段的不同行政行为，行为主体是不同的。作为被征收人应该依法选择适格的被告起诉。如对征收决定不服提起行政诉讼，那么被告是做出征收决定的市、县级人民政府。

（3）如果是对征收中的强制拆除行为不服，则应该起诉征收的组织实施单位即征收部门。实践中，往往出现街道办事处、居民委员会或者村委会具体操作征收补偿事项，司法实践中亦有起诉街道办事处、居委会等单位的。按照最高人民法院《关于适用〈中华人民共和国行政诉讼法〉的解释》，征收实施单位受房屋征收部门委托，在委托范围内从事的行为，被征收人不服提起诉讼的，应当以房屋征收部门为被告。按照司法解释，原告所起诉的被告不适格，人民法院应当告知原告变更被告；原告不同意变更的，裁定驳回起诉。本案与他人签订补偿协议的是房屋征收与补偿管理办公室，县政府并未介入具体的签订协议和拆除工作。

（4）涉案房屋已经补偿给他人，王某实际上是对补偿他人有意见，显然与被补偿人之间有争议。二审法院认为王某与他人存在民事争议，所以应该解决民事争议，即通过民事诉讼要求取得利益方补偿，即本案争议是王某与他人为该征收补偿利益发生的民事纠纷。

（5）最高院再审则认定王某告错了。即王某可以提起行政诉讼，但应该以征收具体实施部门为被告，即可以起诉县住建局。至于公安局不是征收补偿决定、管理、实施部门，其因为出现在拆除现场而被误认为是征收活动的实施者，这是错误的认识。一般情况下，公安局不应出现在拆迁现场，除非发生刑事案件或者治安等行政案件。因此，公安局出现在现场不合适，容易误导被征收人，对于依法行政、依法征收有所影响。

（6）法院的具体做法。各地法院均有不同做法，具体可参考江苏省高级人民法院2020年11月11日发布的《关于国有土地上房屋征收与补偿行政案件若干问题审理指南》。该规定分别不同情况，处理十分明确。

思考题：作出征收补偿决定的部门和征收实施部门各自的责任是什么？

相关规定：江苏省高级人民法院2020年11月发布的《关于国有土地上房屋征收与补偿行政案件若干问题审理指南》规定：房屋征收部门与被征收人签订补偿安置协议，被征收人对补偿安置协议提起诉讼的，房屋征收部门是适格被告；省级以上（含省级）开发区管理机构作出房屋征收决定和房屋补偿决定，被征收人提起诉讼的，以该开发区管理机构为被告；省级以下开发区管理机构作出房屋征收决定和房屋补偿决定，被征收人提起诉讼的，以设立该开发区管理机构的地方人民政府为被告；被征收人对房屋调查、认定和处理行为提起诉讼的，作出调查、认定和处理的行政主体是适格被告；被征收人以作出房屋征收决定的行政主体为被告提起诉讼，请求履行补偿安置法定职责的，作出房屋征收决定的行政主体是适格被告。

三、公共利益界定

《国有土地上房屋征收与补偿条例》采取了列举方式界定公共利益，主要包括国防和外交的需要；政府组织实施的能源、交通、水利等基础设施建设的需要；政府组织实施的科技、教育、文化、卫生、体育、环境和资源保护、防灾减灾、文物保护、社会福利、市政公用等公共事业的需要；由政府组织实施的保障性安居工程建设的需要；由政府依照城乡规划法有关规定组织实施的对危房集中、基础设施落后等地段进行旧城区改建的需要；另外加兜底条款：法律、行政法规规定的其他公共利益的需要。

知识点：征收必须是公共利益需要。

案例三：旧城改造政府迟延支付补偿款❶

2014年7月，X市C区人民政府作出《关于S片区旧城改造项目国有土地上房屋征收决定》，决定对某大街国有土地上的房屋实施征收，王某某所有房屋位于被征收范围内。2017年12月，王某某与C区房屋征收与补偿中心签订国有土地上房屋征收与补偿协议书，协议签订后，王某某按照协议约定履行了交付房屋的义务，但C区房屋征收与补偿中心并未按合同约定于2017年12月30日、2018年2月10日前履行支付补偿款的义务。经催告，X市C区房屋征收与补偿中心于2018年6月向王某某支付了补偿款。后王某某诉至法院请求X市C区房屋征收与补偿中心承担未按照协议约定期限支付补偿款所产生的违约金。法院经审理后认为房屋征收与补偿中心未在协议约定时间内支付，而是在协议约定履行期满四个月之后才予以支付，故构成违约，判决C区房屋征收与补偿中心支付王某某违约金68万元。

案例教学点提要：

（1）政府启动城市国有土地上房屋征收补偿程序应该是为了公共利益。本案征收补偿是由于旧城改造项目，是合法征收。

（2）王某某与X市C区房屋征收与补偿中心签订的国有土地上房屋征收与补偿协议书属于行政协议，对于政府不按照合同约定依法支付征收补偿款提起的诉讼，是行政诉讼。

---

❶ 青海省高级人民法院与省司法厅联合发布2019年行政机关败诉典型案例之八：王某某与西宁市城西区房屋征收与补偿中心行政补偿纠纷案，【法宝引证码】CLI.C.117982105。

（3）政府在征收补偿中应该遵循民主决策、程序公正、结果公开原则，同时也不能违反依法行政的基本原则。对于与被征收人签订的补偿安置协议应该恪守合同，依约履行合同。原告与被告签订协议并依据协议履行了合同的搬迁义务，而被告则拖延支付，构成违约。本案作为行政机关败诉的典型案例正是因为行政机关怠于履行法定职责，在履行合同中违反了诚实信用的基本原则。诚实守信也是行政机关行政执法所应当遵循的基本原则之一，虽然政府享有行政优益权，但不能将行政机关在行政协议中的行政优益权放大，不能将行政优益权理解为政府可以随意单方违约、解约。

（4）依据《最高人民法院关于审理行政协议案件若干问题的规定》，被告行政机关未依法履行、未按照约定履行行政协议，原告要求按照约定的违约金条款或者定金条款予以赔偿的，人民法院应予支持。人民法院审理行政协议案件，可以参照适用民事法律规范民事合同的相关规定。对于合同的签订、履行等也需符合民事法律规范的原则和要求，法院因此做出判令政府支付高额违约金的决定。

思考题：征收补偿协议是否是民事合同？是否需要遵守民事合同的基本原则？

案例四：行政协议不能违反民法的基本原则[1]

2007年，某省K时装有限公司（以下简称K公司）取得某地块的国有土地使用权。2011年2月，某省F市人民政府对本市城区工业企业搬迁工作制定了具体搬迁补偿细则。F市L区人民政府根据市政府的拆迁补偿细则委托E资产评估房地产估价有限责任公司对K公司企业资产搬迁补偿价值进行评估。2017年1月，F市项目指挥部受L区政府委托与K公司订立企业征迁补偿安置协议书，该补偿协议约定，将搬迁补贴额预留1210余万元作为履约保证金，K公司需开展兼并重组且兼并重组投资额需大于征迁补偿额3618余万元，并经L区政府审核后，才可以取得履约保证金。投资额一旦小于约定额就取消履约保证金，即作为被征收人取得补偿款是有条件的，需

---

[1] 最高人民法院发布行政协议典型案例：最高人民法院行政协议典型案例（第一批）（https://www.court.gov.cn/zixun-xiangqing-301081.html），载中华人民共和国最高人民法院网，2021年5月12日访问。

完成巨额调资才能取得。2017 年 5 月，K 公司以补偿协议显失公平为由提起行政诉讼，请求撤销补偿协议。一审法院认为该条款对被征收人获得搬迁费用人为附加了不平等条件，明显违反法律强制性规定，补偿明显不合理，行政协议显失公平。遂判决撤销 K 公司与 L 区政府订立的补偿协议。

案例教学点提要：

（1）征收补偿协议是行政协议。本案虽然是行政协议典型案例，但法院运用了民事合同的基本原则进行说理，并根据民法的合同自由理论和意思自治理论做出了裁判。表明征收补偿协议虽然是行政协议，但是也应该遵循民法的基本原则。

（2）被征收人根据市场评估价值，可以依法取得补偿费用，这是当事企业的合法权利，任何机关不能以各种方式剥夺和侵犯企业合法的财产。本案法院除参照适用民事法律规范的相关规定对征收补偿协议进行审查外，还适用行政行为的合法性标准审查是否存在"不当联结"，说明在行政诉讼中也应该遵循民法和行政法的基本原则进行审理。

（3）行政机关在行政活动中给当事人不当设置义务等情况在实践中屡屡发生。在行政协议签订过程中，利用其优势地位设置不平等条款更是实践中常见现象。行政机关应秉持公平公正、合法等原则，与当事人就协议内容进行平等协商，并不能因为一方是行政机关就违反合同法的基本原则，既侵犯了当事人的合法权利，也损害了国家行政机关的信誉。

（4）征收补偿的本质是国家基于公共利益需要通过补偿方式取得当事人的房屋，因此应该是基于市场价格进行公平补偿，不是附条件补偿，或者增设当事人义务。设置行政相对人不可能或者难以完成的义务作为取得补偿的条件，违反了征收补偿的目的。

（5）本案成为行政协议典型案例，正是因为本案体现了行政协议的公私法特征，要求法院在审查行政协议时准确把握公私法的界限，秉持法律的基本原则进行裁量，在契约自由与行政监管之间找到最佳的平衡点。

思考题： 行政协议是否应该适用民法的基本原则？

知识点：征收补偿必须民主决策、程序公正、结果公开。

案例五：安置房分配名单是否公开 [1]

2019年11月，王某向市政府派出机构Q新区管理委员会（以下简称Q管委会）提出信息公开申请，申请公开W村安置房分配名单信息。Q管委会信息公开领导小组对王某作出政府信息公开告知书。王某对该信息告知行为不服，向省人民政府申请行政复议。省人民政府作出行政复议决定，撤销前述政府信息公开告知书，责令Q管委会重新作出答复。2020年5月，Q管委会信息公开领导小组作出新的政府信息公开告知书，表示W村安置房分配名单信息属于公开范围。已由公证处公证并统一装订成册，因有其他安置房户主等信息，不便复制提供，也无电子数据，因此依法安排王某现场查阅、抄录相关政府信息。后王某以2020年政府信息公开告知书提起诉讼。

一审法院认为针对"利害关系"的审查系针对政府信息公开行为，并非政府信息公开行为的标的（政府信息的内容）。法院认为王某所申请的信息涉及其他第三人个人隐私，公开后可能影响第三方合法权益的，首先应当书面征求第三方的意见，根据第三人意见决定是否予以公开。Q管委会安排王某查阅、抄录相应的政府信息即已决定将此政府信息予以公开，违反法律规定。王某要求Q管委会直接公开其申请信息的裁判条件并不成立。因此，判决撤销2020年做出的政府信息公开告知书，责令对王某的政府信息公开申请重新作出处理。

被告市政府认为王某近年来频繁申请行政复议并提起诉讼，实质是不满对其家人的补偿。政府已按照《政府信息公开条例》第40条的规定，以现场查阅、抄录的方式向王某公开。王某拒绝现场查阅。认为王某属于典型的滥用诉权行为。王某认为市政府提供的证据不能证明已经履行全面的检索义务，不排除涉案信息真实存在的可能。

二审查明Q管委会信息公开领导小组2020年向王某作出政府信息公开告知书后，王某按照该告知书告知的方式，于2020年5月20日在征地拆迁

---

[1] 陕西省高级人民法院（2020）陕行终746号。

现场查阅信息。因工作人员要求王某作出承诺，在查阅信息时不得拍照、录音、录像并在确认函上签字，王某拒绝签字，未查阅信息。二审法院认为虽然法律法规并未规定集体土地征收中被征收人的安置房分配名单是否应当公布，但根据《政府信息公开条例》《国有土地上房屋征收与补偿条例》的规定，本案被申请公开的信息属于应予公开的范围。根据《政府信息公开条例》第32条、《最高人民法院关于审理政府信息公开行政案件若干问题的规定》第8条规定了申请人申请公开的信息涉及第三方隐私问题的处理方式，但信息公开机关不能以此作为拒绝公开信息的理由，并据此以《政府信息公开条例》第40条的公开方式，仅安排申请人查阅、抄录政府信息，是对上述规定的曲解。因此，驳回市政府的上诉。

案例教学点提要：

（1）本案发生于《政府信息公开条例》修改之后。2019年4月修订的《政府信息公开条例》取消了"三需要"原则，为公民申请信息公开提供了更多的方便。因此，市政府此时仍然以利害关系作为理由，显然是不符合法律精神的。

（2）在行政诉讼中，由于政府信息公开诉讼的受理门槛最低，因而是最容易出现大量诉讼的情况。近些年在该领域滥用行政诉权的情况也是屡屡出现，如同一主体反复提起各类信息公开诉讼几十甚至几百件，这种现象近些年越来越多，法院也认识到这种情况严重浪费司法资源，出台了规制滥诉的规定。最高人民法院发布了《关于进一步保护和规范当事人依法行使行政诉权的若干意见》（法发〔2017〕25号），提出正确引导当事人依法行使诉权，严格规制恶意诉讼和无理缠诉等滥诉行为。但是实践中如何认定和甄别正常的信息公开行政诉讼和滥用行政诉权，确实存在一些法律上和技术上的困难，也是值得理论界和司法实务界进行深入研究的。

（3）对于集体土地征收补偿分配信息，法律法规没有明确规定。本案法院适用了《国有土地上房屋征收与补偿条例》。

（4）关于分配名单问题，固然涉及个人情况，对于社会公众而言，是属于个人隐私。按照《国有土地上房屋征收与补偿条例》第15条的规定，房屋征收部门对房屋的调查结果应当在房屋征收范围内向被征收人公布。公布分户补偿即每一户的补偿情况，但作为本村村民，并且本人是被征收人，是否将每一户的情况公开？或者是只对被征收人公开自己的补偿情况？显然有不同的理解。通俗地表述：被征收人是可以查本村的每一户情况？或者是只能查自己的情况？这里显然政府机关有不同理解，不同的法院也有不同的理解。一审、二审理由不同即是明证。一审法院认为不能公开。二审本案法院认为分户补偿信息应该公开，因此分配名单也应该公开。

思考题：征收补偿结果公开是否是需要公开分户补偿的结果？

相关规定：最高人民法院《关于进一步保护和规范当事人依法行使行政诉权的若干意见》（法发〔2017〕25号）提出：要充分尊重和保护公民、法人或者其他组织的知情权，依法及时审理当事人提起的涉及申请政府信息公开的案件。但对于当事人明显违反《政府信息公开条例》立法目的，反复、大量提出政府信息公开申请进而提起行政诉讼，或者当事人提起的诉讼明显没有值得保护的与其自身合法权益相关的实际利益，人民法院依法不予立案。公民、法人或者其他组织申请公开已经公布或其已经知晓的政府信息，或者请求行政机关制作、搜集政府信息或对已有政府信息进行汇总、分析、加工等，不服行政机关作出的处理、答复或者未作处理等行为提起诉讼的，人民法院依法不予立案。

四、管理与监督

根据规定，监察机关对参与房屋征收与补偿工作的政府和有关部门或者单位及其工作人员进行监察。市、县级人民政府及其有关部门依法对建设活动进行监督管理，对违反城乡规划进行建设的，依法予以处理。审计机关对征收补偿费用管理和使用情况进行监督，并公布审计结果。

知识点：审计结果应当公开。

案例六：审计机关是否应当公开征收补偿的审计结果 ❶

2012年9月，张某要求F区审计局公开关于2009年度轨道交通F线B村拆迁工程资金跟踪审计结果。同年10月，F区审计局作出政府信息不予公开告知书，以张某申请公开的信息属个人隐私，公开可能导致对个人隐私权造成不当侵害为由，决定不予公开。张某遂申请行政复议，市审计局维持了F区审计局的决定。张某不服，将F区审计局诉之法院，请求撤销政府信息不予公开告知书。一审法院审理后认为，拆迁补偿汇总表部分涉及个人隐私，在第三方不同意公开的情况下，不予公开并无不当。但对涉及拆迁整体的跟踪审计部分，属于可以公开的政府信息范畴，应当予以公开，因此判决F区审计局对张某申请的事项重新作出处理。之后，F区审计局向张某送达了审计报告，其中反映了轨道交通F线拆迁工程整体的审计情况，但以全村补偿明细属个人隐私，决定不予提供。张某诉讼要求F区审计局向其公开F线拆迁工程资金跟踪审计中附件部分，包括资金来源及运用情况表、轨道工程拆迁资金拨付需用审定情况汇总表等。法院认为，张某申请公开的政府信息涉及个人隐私，第三方不同意公开，且张某对其出于特殊需要未做合理说明，因此终审驳回张某的上诉。

案例教学点提要：

（1）审计部门对于政府的征收补偿费用的使用具有审计监督义务，因此其应该跟踪审计工程资金，并掌握征收补偿款的具体使用状况，包括总体补偿情况和分户补偿情况。

（2）根据《政府信息公开条例》，征收属于政府应该主动公开的信息。2019年修改前的《政府信息公开条例》第11条规定，设区的市级人民政府、县级人民政府及其部门重点公开的政府信息包括征收或者征用土地、房

---

❶ 袁京：村民要求公开拆迁明细被驳回（http://house.people.com.cn/n/2014/0208/c164220-24295947.html），载人民网，2021年1月11日访问。

屋拆迁及其补偿、补助费用的发放、使用情况。但是对于涉及个人补偿情况的分户补偿信息是否可以公开，并无具体规定，只是规定不能公开涉及个人隐私的信息。但 2019 年 4 月《政府信息公开条例》修改并重新发布，该内容被修改，新修改的《政府信息公开条例》对于补偿、补助费用的发放、使用情况没有提及，但规定征收属于设区的市级、县级人民政府及其部门应该主动公开的信息，具体内容由行政机关确定。本案发生在《政府信息公开条例》修改前，那么相关的补偿费用的信息应该主动公开。

（3）从本案的情况看，有关部门显然没有依法主动公开相关补偿信息，因此，张某向负责监督资金使用的审计部门提出了信息公开的申请。当然，张某也可以向具体负责征收补偿的政府部门提出公开征收补偿信息的申请。

（4）修改前的《政府信息公开条例》第 14 条规定：行政机关不得公开涉及国家秘密、商业秘密、个人隐私的政府信息。但是，经权利人同意公开或者行政机关认为不公开可能对公共利益造成重大影响的涉及商业秘密、个人隐私的政府信息，可以予以公开。修改后的该规定除依然保留涉及国家秘密的政府信息不得公开外，对于涉及商业秘密、个人隐私等公开会对第三方合法权益造成损害的政府信息，规定行政机关不得公开。但是，第三方同意公开或者行政机关认为不公开会对公共利益造成重大影响的，予以公开。基本上改动不大，主要是权利人的说法改为第三方。因此，修改后的《政府信息公开条例》涉及的主体应该不局限于权利人，而是更宽泛的第三方。

（5）本案属于信息公开行政诉讼案件，法院主要适用《政府信息公开条例》，没有适用征收补偿的有关规定。

思考题：征收补偿款是否纳入审计监督？征收补偿款是否属于信息公开的范围？

五、房屋征收决定

征收决定除须符合公共利益要求，还要依据"四规划一计划"。四规划指国民经济和社会发展规划、土地利用总体规划、城乡规划和专项规划。一计划是指市、县级国民经济和社会发展年度计划。所有的规划和计划均应当广泛征求社会公众意见，经过科学论证。

根据《国有土地上房屋征收与补偿条例》，征收方案的决定程序及公告涉及环节如下：(1) 拟定方案并论证、公布。房屋征收部门拟定征收补偿方案，报市、县级人民政府。市、县级人民政府应当组织有关部门对征收补偿方案进行论证并予以公布，征求公众意见。征求意见期限不得少于30日。市、县级人民政府应当将征求意见情况和根据公众意见修改的情况及时公布。(2) 听证。旧城区改建需要征收房屋，多数被征收人认为征收补偿方案不符合条例规定的，市、县级人民政府应当组织由被征收人和公众代表参加的听证会，并根据听证会情况修改方案。(3) 风险评估及政府常务会议讨论决定。市、县级人民政府作出房屋征收决定前，应当按照有关规定进行社会稳定风险评估；房屋征收决定涉及被征收人数量较多的，应当经政府常务会议讨论决定。(4) 补偿款充足。作出房屋征收决定前，征收补偿费用应当足额到位、专户存储、专款专用。(5) 公告。市、县级人民政府作出房屋征收决定后应当及时公告。公告应当载明征收补偿方案和行政复议、行政诉讼权利等事项。告知被征收人权利，即告知被征收人对市、县级人民政府作出的房屋征收决定不服的，可以依法申请行政复议，也可以依法提起行政诉讼。

知识点：征收决定及补偿方案需经法定程序公告发布。

案例七：征收决定公告违法[1]

W区政府B棚户区改造项目建设指挥部成立社会稳定风险评估领导小组，对B小区二期拆迁项目进行社会风险评估。市棚户区改造办公室确认B小区改造列入市棚户区改造建设项目。经W区政府常务会议研究，W区政府于2016年5月发布《关于进行征求公众意见及实施预征收的公告》。2016年6月，W区政府发布《关于B小区二期棚户区改造项目房屋预征收补偿安置方案（征求意见稿）修改论证情况的公示》。2016年10月，W区政府作出《W区人民政府关于B小区二期区域棚户区国有土地上房屋征收的决定》，并发布《W区人民政府国有土地上房屋征收公告》。因W区政府未提

---

[1] 河南省高级人民法院（2019）豫行终856号。

供征收补偿费用足额到位的相关证据,法院确认该公告违法。后 W 区政府于 2017 年 12 月作出决定,撤销对 B 小区二期棚户区改造项目规划范围内的房屋的征收,即撤销《W 区人民政府国有土地上房屋征收公告》。W 区政府 2018 年 7 月重新启动征收活动,发布征收决定并公告,同时发布征收补偿安置方案。靳某等人作为被征收人,不服上述征收公告,提起诉讼。一审法院认为 W 区政府就涉案项目成立改造建设指挥部后,经过一系列法定的程序决定征收,因此对于原告的请求不予支持。

二审法院认为:涉案的征收项目符合法律规定的条件。W 区政府所发布的补偿方案,征求了公众意见,并根据公众意见进行了修改,对项目进行了社会稳定风险评估,召开政府常务会议进行讨论,履行了法定程序。但到位的征收补偿资金仅为 1000 万元,对作为涉及征收 1000 多户的项目来说,该资金尚不足以支付 3 年过渡期中 1 年的临时安置补助费,应推定其难以保证征收项目的顺利进行,涉案征收决定的主要条件不具备,可予撤销。同时,考虑到大部分居民已经搬迁及楼房已经拆除或正在拆除的事实及项目的各项手续已基本办理完毕,安置房正在原地进行建设,项目实施势在必行,征收项目的如期实施涉及公共利益,撤销征收决定将会对公共利益造成重大损失,依照《中华人民共和国行政诉讼法》的规定,确认涉案的征收决定违法。W 区政府应当采取补救措施,据此撤销一审行政判决。确认 W 区人民政府于 2018 年 7 月所发布的《关于 W 区国有土地上房屋征收的公告》违法,责令 W 区人民政府补足相应的房屋补偿费用。

案例教学点提要:

(1)本案程序是否合法。本案是旧城改造项目,符合公共利益要求。法院一审、二审均认定征收决定做出的程序合法,即征收符合国家规定的程序:有规划和计划,方案经论证并修改,经过社会稳定风险评估、征求意见,也进行了区域土地权属调查,并就征收补偿安置方案公布《征求意见稿》,后经过有关单位论证及召开座谈会征求被征收人意见后,对《征求意见稿》进行了修改并公示。由于涉及较多人,政府常务会议进行了讨论、决定,所有的环节全部符合征收的程序要件。但欠缺一个环节:进入专户的补偿款到位。显然本案补偿款进入了专用账户,但资金缺口太大,不足以全面启动征收。

(2)公告的条件是否具备。一审和二审的分歧在于:一审认为程序合法,补偿到位,所以征收公告合法。二审认为补偿款不到位,征收启动的主要条件不具备,因此具备撤销公告的条件。本案原告是不服征收公告,请求撤销公告,而不是要求确认征收决定违法。案由是政府征收公告。二审认定一审适用法律错误,认定征收决定违法,判决确认征收公告违法,还是围绕公告判决。

(3)本案表现的是实体问题,也是程序问题。本案虽然是原告要求认定征收公告违法并撤销,但依据有关法律规定,征收决定和公告都符合规定的程序,主要是补偿款没有足额到位,因此征收不具备启动条件而违法。那么,本案的问题是实体问题还是程序问题?表面上看政府不具备启动征收的实质性条件,是实体问题。但是征收决定做出的程序中有一个重要环节:补偿款足额到位。本案有补偿款存入专户,但达不到足额的要求。因此,程序上也是有欠缺的。实践中,很多地方政府往往在资金未筹集到位的情况下匆匆启动征收,导致后续资金短缺无法补偿安置,引发纠纷甚至导致群体性上访事件。亦有政府找开发企业垫付征收补偿款,一旦企业出现问题也可能导致征收补偿无法进行。

思考题:征收补偿决定的条件和程序是什么?

六、征收补偿的实施

征收补偿决定做出并公告后,就可以开始征收实施。征收补偿的实施亦有程序规范。首先需要对被征收的房地产进行调查认定,对于被征收房屋的价值进行评估确认。其次确定补偿的范围和补偿方式,双方签订补偿协议。如果达不成协议的,则政府可以直接做出补偿决定。对决定不服,可以提起行政复议或者行政诉讼。拒不搬迁的,可以申请法院强制执行。

补偿的范围是:被征收房屋价值;因征收房屋造成的搬迁、临时安置费用;如果被征收的是营业用房,那么应对征收房屋造成的停产停业损失给予补偿。此外还包括政府给予的搬迁补助和奖励。征收个人住宅,被征收人符合住房困难条件的,应当优先给予住房保障,即被征收人可以申请保障性住房。

征收补偿中是否包括地价?理论上看,征收的是房屋,土地只是使用权。但国家提前收回土地应该给予补偿,退还土地剩余年限的土地出让金。因此,补偿的房屋价格不是房屋本身的价值,而是该被征收房屋的市场价值,即该房屋的市值,也就是连房带地的价值,补偿的价值特指征收决定做出之日类似房地产的市场价格。因此对于房屋基本情况的调查与确认决定着房屋的补偿价值。

知识点:征收补偿房屋的调查与确认。

案例八:庭院是否在补偿范围内[1]

S市Y区人民政府于2013年7月公布某地块《房屋征收补偿方案》。辛某等人共用部位房屋X号10室属于征收范围内。房地产权证记载该房屋建筑面积为20.39平方米,经调查认定共同使用部位分摊建筑面积21.45平方米,合计房屋建筑面积为41.84平方米。辛某要求对50平方米左右的无证房屋面积予以认定,对公共土地面积与街道占用的房屋进行补偿,征收双方在签约期内未能达成房屋征收补偿协议。2016年4月,Y区政府对此直接作出房屋征收补偿决定,以房屋产权调换的方式补偿被征收人辛某84.16平方米、97.4平方米房屋两套,并将决定书送达被征收人和负责征收实施的Y区房管局。辛某对征收补偿决定不满,诉诸法院。法院一审认定征收程序合法、认定事实清楚。辛某认为没有包括被征收房屋所占土地使用权的因素,缺乏依据。评估机构评估符合规定和技术规范,辛某对房屋评估价格如果有异议,依法可以申请复估和鉴定。但其未在规定的期限内就被征收房屋及共有共用部位的分户评估报告申请复估、鉴定。反而是Y区住房保障局向专家委员会申请了鉴定,因辛某拒绝鉴定,专家无法进入房屋查勘而致鉴定终止,因此判决驳回辛某的诉讼请求。

---

[1] 上海市高级人民法院(2018)沪行终513号、(2019)最高法行申615号。

二审查明，X号共13号（1—13室）房屋，土地使用面积749.1平方米，房屋建筑面积431.09平方米。其中私有居住部位房屋建筑面积259.49平方米，共有共用部位建筑面积171.6平方米。后因X号房屋遗产、析产纠纷，1986年Y区人民法院作出民事判决对上述房屋产权进行了分割，分别办理了8份国有土地使用权证和8份房屋所有权证，明确了各自所有房屋的占地面积和建筑面积。辛某于1998年取得X号10室的房地产权证。本案的争议焦点在于是否将辛某合法享有国有土地使用权的院落、空地面积纳入评估范围，并按照征收时的房地产市场价格，一并予以征收补偿。

二审法院最后认为，根据已有的民事判决和Y区房地产交易中心提供的材料记载，X号房屋共有共用部位建筑面积171.6平方米按8份进行面积分摊，计算得出每户分摊建筑面积21.45平方米，并无不当。辛某提出"文革"期间街道借用其户土地建造的房屋在本次征收中应一并予以补偿的主张，亦缺乏依据。因此驳回上诉。

辛某向最高人民法院提起再审申请。最高人民法院认定辛某拥有的土地使用权面积为76平方米，房屋建筑面积为41.84（20.39+21.45）平方米，Y区政府对涉案房屋价值进行评估时根据《国有土地上房屋征收评估办法》第14条的规定考虑了占地面积的因素而上浮12%左右。虽然依据有关规定应当对空地、院落一并进行补偿，但由于《国有土地上房屋征收评估办法》《S市国有土地上房屋征收评估技术规范》均没有明确空地、院落的补偿标准，直接导致了纠纷的产生和法律适用的困难。再审审查期间，最高院组织了Y区政府和辛某调解，Y区政府提供了调解方案，辛某不同意接受。参照类似案件的补偿标准，法院认为该方案整体上保障了辛某的实体权利，区政府承诺如辛某同意拆迁，仍可按该调解方案进行补偿，因此没有再审的必要。

案例教学点提要：

（1）本案的征收补偿范围。理论上，被征收房屋所占用的院落、空地依法应该给予补偿，因为被征收房屋的价值是指房地产的市场价值，应该包括房屋及其占用范围内的土地。根据《国有土地上房屋征收评估办法》第14条，被征收房屋价值评估应当考虑被征收房屋的区位、用途、建筑结构、新旧程度、建筑面积以及占地面积、土地使用权等影响被征收房屋价值的因素，即土地及土地使用权是评估影响因素。但在具体操作规范和标准上，按照现行的国有土地上房屋征收的评估技术规范，尚没有关于空地、院落的评估技术标准，因此评估机构未将该部分列入评估。基于历史形成原因，做了一些技术处理，上浮评估价格。该做法虽然合理，但应承认，在法律适用上还是没有完全保障当事人的权利，在评估中也没有明确地表示对该部分价值的处理。最高院认为本案有法律适用上的困难。法院认为其事后的补救措施基本能够做到大致保障当事人的权利，这是从安置房屋两套考量，基于价值衡量，认为基本上与其应该取得的利益相差不大。

（2）征收中涉及的历史遗留问题的处理。关于"文革"期间被占用的土地房屋，属于历史遗留的落实政策问题，该问题非征收部门所能够解决，且非征收部门的职能权限范围，当事人应该另行向有关部门反映。关于此类问题，早在20世纪80年代各地均有对此类私房进行落实政策，有关部门成立了落实私房政策办公室专门处理此类历史遗留问题。根据最高院的有关规定，此类纠纷不属于法院管辖范围，法院不予受理，当事人应向有关政府部门寻求解决。

（3）本案系征收部门主动提起评估复核申请。本案特别之处是被征收人对评估结果实际上是不认可的，但其没有依据程序规定申请对评估进行专家复核鉴定。根据《国有土地上房屋征收评估办法》，双方都可以申请复核，本案征收部门提出了复核鉴定。实践中征收部门提起复核比较少，大多数案件均是被征收人因为对征收补偿的评估结果有异议而提起复核申请。

（4）按照现行的征收补偿规定，双方达不成协议，政府可以直接作出征收补偿决定，对决定不服的，被征收人可以申请行政复议或者提起行政诉讼。本案即是区政府直接做出征补决定。

（5）关于补偿的标准问题。从本案的处理可以看出，法院注重实际结果，在确认程序合法的前提下，在实体问题上出于价值平衡、利益衡量的角度做出裁决。最终达到保障基本公平和当事人利益不受损。

思考题：征收补偿的房屋面积如何确定？

知识延伸：最高人民法院对于山东高院的答复《关于征收国有土地上房

屋时是否应当对被征收人未经登记的空地和院落予以补偿的答复》(〔2012〕行他字第16号)规定,对土地公有制之前,通过购买房屋方式使用私有的土地,土地转为国有后迄今仍继续使用,未经确权登记的,亦应确定现使用者的国有土地使用权。该答复对于处理历史遗留问题有相对明确的结论,本案当事人的情况与该答复所明确的情况类似,因此应将当事人合法享有国有土地使用权的院落、空地面积纳入评估范围,按照征收时的房地产市场价格确定补偿标准。

知识点:征收范围确定后不允许改变确定的现状。

案例九:安置面积与人口认定❶

冯某承租的公有房屋列入某市 H 区人民政府的征收范围。该房屋内原有户籍人口 14 人,冯某为该公有房屋的承租人,即公有房屋的使用权人为冯某。2016 年 1 月,H 区旧区改造和房屋征收居住困难认定小组认定 14 人中的冯某、温某、冯某英等 11 人符合居住困难户认定条件,因此增加货币补贴款人民币 202 万元。冯某与 H 区住房保障和房屋管理局订立了国有土地上房屋征收补偿协议。2016 年 2 月,该房屋被拆除。同年 10 月,冯某英等人向 H 区法院起诉温某等人分家析产诉讼。在本案审理中,各方均表示协议有效。2016 年 12 月,冯某过世。温某认为补偿协议认定的居住困难人口中有多人不符合居住困难认定条件,损害了国家利益,侵犯了自身的合法权益,因此提起行政诉讼,请求确认补偿协议无效。案件审理过程中,H 区居住困难认定小组对居住困难人口进行了重新审核和认定,发现不符合居住困难认定条件的 5 人,更正居住困难人口为 6 人。法院一审认为征收补偿协议不存在法定无效的情形,因此驳回温某的该项诉讼请求。但补偿协议对冯某房屋居住困难人口认定确有错误,确认 H 区居住困难人口重新认定符合法律、法规及相关政策的规定。H 区房管局要求返还错误增加的补贴,法院确认居住困难户实际增加的货币补贴款人民币 42 万元。温某等其他人员不

---

❶ 最高人民法院发布 10 起行政协议典型案例(第一批)之二:温红芝诉上海市虹口区住房保障和房屋管理局请求确认房屋征收补偿协议无效案,【法宝引证码】CLI.C.316742528。

服，提起上诉，二审法院判决驳回上诉。

案例教学点提要：

（1）本案是因安置补偿人数发生的争议，当事人提起行政诉讼要求确认补偿协议无效。实际上本案是因征收补偿部门对于居住困难人数认定错误导致的补偿款分配问题而发生的。在实践中，曾出现过十几平方米的房屋，户口人数多达十几人的情况，造成补偿认定的困难。

（2）征收补偿协议是行政协议。按照《行政诉讼法》和《最高人民法院关于审理行政协议案件若干问题的规定》，国有土地上房屋征收补偿协议属于行政协议，因此发生纠纷，被征收人可以提起行政诉讼。

（3）法院在审理房屋征收补偿行政案件时，对于征收补偿决定和征收补偿协议首先进行合法性审查。本案属于征收部门工作失误造成多出认定居住困难人口5人，实际上应该因居住困难的被补偿对象只有6人。按照当地的规定，区（县）住房保障机构对居住困难户进行认定，并将经认定符合条件的居住困难户及其人数在征收范围内公示，公示期为15日。公示期内有异议的，由区（县）住房保障机构在15日内进行核查和公布。显然在公示期间，温某未提出异议。该错误认定是在后续发生的被征收人之间的民事争议中显现出来的。因本案原告提出认定有误，在行政诉讼期间，房屋征收部门进行了重新认定。这体现了法院审理中不仅关注行政机关行为的合法性，在本案中也实际上促成了行政机关重新审核。

（4）本案的被征收人均是公房的共同居住人，即他们是公有住房的使用人，这是原来福利分房制度下留存的情况。根据各地不同的规定，公房承租人在征收时，可以享受和产权人几乎同等待遇，如有的地方视同产权人补偿安置；有的地方规定公房承租人可以取得80%~90%的补偿款。

（5）根据一些地方政府的有关规定，被征收房屋中的户籍人口也是安置补偿对象，如依据上海市的征收补偿政策，即俗称的"数砖头+数人头"，按户进行补偿。因此不仅原居住面积影响补偿，人口也是重要因素。面积和户口均是征收补偿的重要因素，由此亦引发不少争议和纠纷。

思考题：公有住房承租人是否是被补偿对象？

知识延伸：公有住房承租。自1949年以后，住房开始逐步实行福利分配制。后形成统一建设、统一分配、统一管理、低租金制度。承租人具有永久承租居住的权利，且合法承租人死亡，其同户同住人可以继续承租。主要有两类公有住房：一是直管公房，即由住房建设部门建设并分配、管理的住房，通常由当地的房产管理部门代表政府负责收取租金并承担维修责任。二是自管公房，即由政府机关、国有企事业单位自己建设并分配给职工居住的住房，产权归所在单位所有，由所在单位收取租金并负责维修。

改革开放后，随着人口不断增加，居住矛盾越来越大。自20世纪80年代开始，随着土地使用制度改革，住房制度改革也逐步启动，符合出售条件的公有住房开始以成本价逐步出售给公房承租人。1998年7月3日《国务院关于进一步深化城镇住房制度改革加快住房建设的通知》（国发〔1998〕23号）发布，明确1998年下半年开始停止住房实物分配，逐步实行住房分配货币化。但迄今为止，仍然有部分公房出于各种原因无法出售，如非成套、产权有纠纷或者其他不符合出售条件的，仍然继续保持原有的公房承租关系。这类房屋中的直管公房一般可以在市场上进行承租权利转让（俗称"使用权"转让），在热点城市，由于该类房屋位于市中心核心区，配套成熟，交通便利，学校超市一应俱全，房屋的价格与产权房价格几乎不相上下（因为征收也是如此补偿），一些城市还将该类房屋承租权利的转让列入了限购范围（如上海）。但对于自管公房，则需要根据所在单位与承租人的合同约定情况，一般所在单位因为管理问题，不会同意承租房屋通过市场转让给非本单位的他人。

知识点：征收补偿中房屋所有权的认定。

案例十：对无建设审批手续的房屋认定[1]

薛某、吴某的房屋在X县人民政府征收范围内，但其未能与征收部门签订征收补偿协议。2018年11月，房屋被强制拆除。薛某、吴某持有的土地权属证书载明地上附属物面积为36.9平方米，被拆房屋实际面积为229.47

---

[1] 安徽省高级人民法院（2019）皖行赔终232号，（2020）最高法行赔申1385号。

平方米，系 2011 年翻建，未取得建房批准手续和权属证明。根据该项目补偿安置方案的规定，2008 年 6 月航拍图上未标注且无有效权属证明、无有效建房批准手续的房屋不予补偿。对于此类房屋，第一时段签约的给予面积 50% 的奖励。薛某、吴某起诉 X 县人民政府强拆行为违法并同时要求行政赔偿，法院一审判决确认 X 县人民政府强拆行为违法。一审法院将不予补偿的房屋面积按照 50% 折算成可予补偿的房屋面积，确定房屋安置面积为 133.185 平方米。酌定房屋装潢及屋内物品损失 18 万元、租金按 800 元 / 月计算，参照补偿安置方案中空地 300 元 / 平方米的标准确定院内空地损失。二审法院认为虽然强拆行为违法，但征收决定还是有效的，应参照该补偿方案予以认定，维持一审判决。

薛某、吴某不服，向最高人民法院申请再审。薛某、吴某认为原审法院混淆行政赔偿与行政补偿，在行政赔偿案件中参照拆迁安置补偿方案确定申请人的损失错误，拆迁安置补偿方案违法且确定的标准过低。原审法院判决 X 县政府赔偿 133.185 平方米安置房，侵害了自己的合法权益。货币赔偿标准过低，应采用被拆房屋同地段房屋的评估价。装潢及屋内物品损失酌定数额过低，院内空地赔偿标准也过低，租金损失应按每月 16 元 / 平方米的标准计算，请求撤销一审、二审赔偿判决。

最高院认定本案为行政赔偿案件，行政赔偿以填补直接损失为原则，一审法院结合征收项目补偿安置方案的有关规定认定损失赔偿数额，并无不当。驳回再审申请。

案例教学点提要：

（1）征收中对于已建成的房屋，其性质、用途和建筑面积一般以房屋权属证书和房屋登记簿的记载为准。房屋权属证书与房屋登记簿的记载不一致的，除有证据证明房屋登记簿确有错误外，以房屋登记簿为准。根据《国有土地上房屋征收评估办法》规定，对于未经登记的建筑，应当按照市、县级人民政府的认定、处理结果进行评估。

（2）对于无证照的房屋，征收前需要进行调查认定。房屋征收部门、被征收人和注册房地产估价师对于实地查勘结果进行记录，对于结果，应该由被征收人签章确认。被征收人拒绝签章的,应当在评估报告中说明,并由房屋征收部门、注册房地产估价师和无利害关系的第三人见证。该房屋的价值评估时点为房屋征收决定公告之日,本案一审法院向 X 县房地产管理局查询了项目同等地段同时段住宅交易均价,经双方当事人同意,以此作为本案房屋的赔偿标准。因此,在有关部门询价的基础上,双方协商一致。本案按照违法面积 50% 奖励,尚属合理,即征收部门并未对于无证房屋认定为全部违法。

(3)本案所涉部分房屋无建房审批手续和权属证书,显然不是合法建造。且建造年代为 2011 年,当时有关房屋建设相关的法律规定均比较完善,因此不属于历史遗留的违法建设房屋,涉案房屋应该属于违法建筑。

(4)对于被征收房屋室内装饰装修价值、机器设备、物资等搬迁费用,以及停产停业损失等补偿,由征收当事人协商确定;协商不成的,可以委托房地产价格评估机构通过评估确定。本案法院根据双方举证情况,并结合当地生活水平、居住人口及物品折旧情况等确定装修及空地补偿价值。

(5)关于行政补偿与行政赔偿。行政补偿是以行政机关或者工作人员的合法行为为前提的,是对于损害当事人合法权益的弥补,如征收补偿是行政补偿。行政赔偿则是以行政机关违法行为损害当事人的合法权益为前提的,承担的是国家的赔偿责任。本案因原告首先要求确认行政机关强拆行为违法,并要求行政赔偿,提起的是行政赔偿之诉,因此赔偿的原则和补偿的原则是不同的。

(6)关于行政赔偿数额。法院认为行政赔偿是填补直接损失,只要能够弥补当事人的直接经济损失就是适当的。本案适用了安置补偿标准,理论上不会低于行政赔偿标准。

思考题: 在征收中对于违法建筑、无权属证明的房屋如何认定补偿?

知识延伸: 实务操作中,对于 1990 年《城市规划法》实施前未办理相关审批手续建设的房屋,基于法律不溯及既往,在征收补偿时可以适当给予补偿。

知识点：补偿标的物认定。

案例十一：对于无证房屋的补偿认定[1]

某市政府决定对某片区实施棚户区改造并启动征收。某实业公司大厦未办理产权登记，市住房和城乡建设局依据土地房屋登记卡、测绘报告及房屋分户面积明细表，复函某实业公司，认定其实业公司大厦第四层自行加建面积为203.78平方米，第五层自行加建面积为929.93平方米，对自行加建部分按照建安成本给予补偿。该实业公司不服，认为第四层的203.78平方米和第五层中的187.26平方米是规划许可允许建造，系经过法院裁定、判决而合法受让，因此诉之法院请求确认复函违法并撤销，确认争议部分建筑合法并按非住宅房屋价值给予补偿。

2016年8月，法院认为由于该大厦无产权证，应当根据规划许可的建筑面积认定。根据土地房屋登记卡记载的面积及第四层和第五层的争议面积，共计5560.55平方米，未超过规划许可证件载明的面积5674.62平方米，应当认定争议建筑具有合法效力。某测绘公司2011年11月受法院委托，对涉案大厦进行测绘后出具了测绘报告，认定大厦面积计5674.62平方米，被市中级人民法院另案判决采信在先，其证明效力应当优于房屋分户面积明细表，因此对市住房和城乡建设局复函依据的房屋分户面积明细表不予采信。判决确认市住房和城乡建设局复函违法，责令其对争议部分建筑按非住宅房屋的补偿标准给予安置补偿或者货币补偿。

2018年4月，该市人民检察院发现本案判决可能存在错误，非住宅补偿标准（每平方米约3万元）与建安成本（每平方米约2000元）差距巨大，依职权启动监督程序。

市规划委员会证明：涉案大厦建筑规划许可总建筑面积为5074.62平方米。实业公司提供的规划许可证件等3份文件复印件中5674.62平方米的面积系经涂改。检察院审查认为区法院行政判决认定事实的主要证据系变造，

---

[1] 某实业公司诉某市住房和城乡建设局征收补偿认定纠纷抗诉案，最高人民检察院指导性案例第57号（2019年）。

且事实认定和法律适用存在错误。根据有关证据，应当认定第四层、第五层存在擅自加建。2019年3月，市中级人民法院认定实业公司提交的涉案大厦规划许可证件等文件中5674.62平方米是经涂改后的面积，规划许可建筑面积应为5074.62平方米。实业公司对法院认定的上述事实无异议。本案最终判决驳回实业公司的诉讼请求。对变造证据行为的责任追究，另案处理。

案例教学点提要：

（1）本案为2019年最高人民检察院发布的行政诉讼监督指导性案例。检察监督指导案例发布的主要目的是监督人民法院依法审判和执行，促进行政机关依法行政，维护国家利益和社会公平正义。本案一审判决后，双方当事人均未提起上诉，也未申请再审。本案系检察院根据信访发现问题后依职权主动介入监督的案件，具有一定的典型意义。这类案件实践中并不少见，笔者曾经在工作中接触过类似案件，查处有一定难度。

（2）征收时对于合法登记的房屋，以房屋所有权证书记载面积为准。对于未登记的房屋，由有关部门依法对征收范围内未经登记的建筑进行调查、认定和处理。本案市住房和城乡建设局依据自己产权档案中的土地房屋登记卡、测绘报告和分户明细表认定有部分面积为违法建设。作为房屋权属管理的职能部门，房屋建设的原始资料基本上都可以查询到，因此，其资料应该是真实可信的，在诉讼中一般具有较强的证明力。

（3）无证部分（即没有办理过产权登记）的调查认定是以规划部门规划许可证件为准，即对于无证部分，只要有规划审批手续，可以给予补偿。该实业公司正是基于此规定和实际操作，通过涂改规划许可复印件，骗取违法建设部分的补偿款。本案也暴露出法院在证据认定上存在的问题，根据《最高人民法院关于行政诉讼证据若干问题的规定》，书证应当提供原件。提供原件确有困难的，可以提供与原件核对无误的复印件。根据《民事诉讼法》，书证应当提供原件，复印件不能直接作为证据使用，何况有关部门持有原始资料，不存在查证困难。本案只需法院要求提供原件并核对原件，或者咨询规划部门即可。而且政府与住房和城乡建设局提供的登记资料证明力显然强于复印件，因此法院采信以复印件为基础的材料，不符合证据规则。

（4）一审法院依据测绘报告及先前依据该测绘报告认定面积，似乎是前一判决问题。但分析全案，测绘报告的依据是什么？如果是依据现状的测绘结果当然是包括违法建筑的，因为测绘是物理性的测量，并不是产权认定，法院对于测绘报告是否审查？不加以审查，直接以此否定住房和城乡建设局的结论，等于根据现状决定补偿，法院何以做出如此判定？这也是值得反思的。

思考题：无权属证明的房屋如何处理认定？

知识点：违法建筑的认定与补偿。

案例十二：行政处罚不是违法建筑合法化的补偿依据[1]

L市吴某1998年在原有房屋上加建第三、第四层建筑，1999年因擅自加建被处以每平方米80元的罚款，处罚后吴某未补办建设工程规划许可证和房屋所有权证，后该房屋被征收。征收部门参照该市农村村民建房审批建筑层次不超过三层的规定，认定吴某在国有土地上加建的第三层为住宅，第四层保留使用。经查档，同时期该市因违法加建处罚补办建设工程规划许可证的案件，在罚款、补交配套费后，可以补办许可证，而吴某处罚档案中没有上述内容。法院认为从该市城市规划变迁，农民（非农户）建设审批标准的历史沿革及当地类似建筑被征收处置形成的惯例出发，认定不超过三层的建筑为住宅，具有公平性、合法性、合理性。吴某对此不服，认为第四层经过行政处罚，符合合法建筑的认定补偿条件，提起房屋征收行政确认之诉。一审、二审均败诉，遂申请最高人民法院再审。

最高院认为行政机关曾对吴某未经批准加建的第三、第四层建筑处以罚款，吴某未补办手续。通过罚款认定为合法建筑的理由，依据不足。最高院函询规划行政主管部门，涉案房屋是否符合补办规划确认手续，规划部门的意见为不再办理规划确认相关手续。由于相关法律、法规及地方规范性文件并未对城镇个人建房层次作出具体规定，L市政府根据涉案房屋第三、第四层建筑的建设、处罚材料，结合城市规划及当地类似建筑被征收处置认定原

---

[1]（2020）最高法行申2615号。

则，其补偿决定已经保障了吴某的征收补偿合法权益，因此驳回吴某的再审申请。

案例教学点提要：

（1）本案中的违法建筑形成于《城市规划法》出台之后，不属于历史形成的违法建筑，属于新建违法建筑，并且建成后不久即被处罚，其违法建筑的性质很明确。过去虽然曾经有过罚款后合法化的案例，但仅罚款并非合法化的条件，不能通过罚款方式使违法建筑合法。

（2）早些年的违法建筑很多是通过罚款，然后补办规划和建设手续，最后可以领取产权证，即通过处罚并补办手续合法化，这种做法曾经一段时间在某些地方较普遍。本案发生地也有此类情况，即罚款、补交配套费后，可以补办规划许可证，然后领取产权证。但近些年随着对违法建筑处罚力度的加强，基本上都是限期拆除，即不可能再通过罚款保留违法建筑。本案房屋虽然是经过罚款，但未办审批手续，所以仍然属于违法建筑。

（3）各地政府对于征收中涉及的违法建筑，一般根据本地对违法建筑认定和处理的历史和现状，有不同的处理办法。对于处罚过的违法建筑在征收时可能给予适当补偿，但并非全额补偿。

（4）许多违法建筑存在多年，如无人举报，管理部门可能并不知情。这类建筑在征收时，根据《国有土地上房屋征收与补偿条例》的规定，对征收的房屋进行调查认定。如果是《城市规划法》颁布以后建设的，且未经处理认定为合法，那么在征收时不予认定。但实际上各地亦有自己的具体处理办法，对此法院一般均予以尊重。对于该类案件，行政机关对于违法建筑的认定意见非常重要，本案从最高院函询规划部门即可以看出。

（5）吴某是城市居民，当地对于城市居民自建房没有具体标准。农民宅基地上建房的标准是各地自定的，该市政府对吴某适用对于农村住房的处理方式，已属放宽处理标准。因为农民建房的面积标准普遍比城市宽松，所以法院认为已经保障其合法权益。

（6）原告提起的是征收确认之诉，主要是对于政府的认定结果不服。最高院总结的争议焦点为政府的认定结果是否合法。

思考题：违法建筑征收补偿时如何认定与处理？

知识点：征收补偿房屋价值的确定。

按照规定，被征收房屋的价值，由具有相应资质的房地产价格评估机构依法评估确定。房屋价值的补偿不得低于房屋征收决定公告之日被征收房屋类似房地产的市场价格。即房屋的价值不仅是房屋本身的价值，还应包括地段价值，即房地产的市场价。

案例十三：评估程序违法❶

李某等11名原告对房屋评估机构出具的评估结果不服提起诉讼，请求确认某市Q区人民政府房屋征收评估程序违法并撤销无效的评估结果。一审法院认为《国有土地上房屋征收与补偿条例》规定了复核、专家委员会鉴定等救济途径，评估不属于人民法院的受案范围，驳回起诉。李某等9名上诉人（11名原告中9名原告）不服一审裁定，提起上诉。Q区人民政府认为征收评估程序是预备性或阶段性行为，尚未对被征收人的补偿权益产生处分的法律效果，不具有可诉性。此外，房屋征收过程中涉及评估事宜，由Q区房屋征收部门负责实施，李某等将Q区人民政府列为被告，属错列被告。被征收人对于评估有异议可以申请复核评估。对复核结果有异议的，可以向房地产价格评估专家委员会申请鉴定。

二审法院认为，《国有土地上房屋征收与补偿条例》《国有土地上房屋征收评估办法》明确规定了争议的救济渠道。法律、法规没有规定人民法院可以受理公民、法人或其他组织对"确认房屋征收评估程序违法或撤销无效的评估结果"提起的行政诉讼，驳回上诉。

案例教学点提要：

（1）评估本身是个技术问题，不是行政行为。政府对于评估结果的认定是行政行为，但在征收中评估及评估结果的认定不是一个独立的法律程序，即很多法院在审理中（包括行政机关自己也是如此认定的）将其认定为过程

---

❶ 武汉市中级人民法院（2015）鄂武汉中行终字第00509号。

性的行政行为，如本案被告Q区人民政府认为征收评估程序是预备性或阶段性行为，尚未产生法律后果。本案原告其实不是针对评估本身，而是对评估结果的认定和使用有异议。正是基于此，法院按照《行政诉讼法》的规定驳回起诉。

（2）国有土地上房屋的征收补偿通常是由县以上人民政府做出征收决定，房屋征收部门具体实施，各地政府在住房和城乡建设局中设有征收补偿办公室（部门）具体负责。因此，Q区人民政府认为其并不具体操作评估事宜，不应该作为被告。即政府是征收决定的做出者，征收补偿的实施者通常是征收补偿实施部门，最高人民法院对于其在行政诉讼中的地位有明确规定。最高人民法院《关于适用〈中华人民共和国行政诉讼法〉的解释》第25条规定：市、县级人民政府确定的房屋征收部门组织实施房屋征收与补偿工作过程中作出行政行为，被征收人不服提起诉讼的，以房屋征收部门为被告。征收实施单位受房屋征收部门委托，在委托范围内从事的行为，被征收人不服提起诉讼的，应当以房屋征收部门为被告。本案被告是Q区人民政府，实际上政府是征收决定机关，不是实施部门。评估是征收实施中的一个环节，不是政府组织实施的，因此做出征收决定的政府与评估无关。

（3）对于评估争议，《国有土地上房屋征收与补偿条例》规定的救济方式是复核、鉴定。因为评估更多的是技术问题，不是法律问题。《国有土地上房屋征收与补偿条例》已经对被征收人不服评估结果规定了复核等合法的救济渠道，因此很多地方不将评估争议列入法院行政诉讼受理范围。

（4）关于本案原告诉讼请求的法律依据。评估程序问题不是法律程序问题，不存在无效和撤销问题，即对于评估价格的争议不是法律问题，是技术问题、事实问题，因此行政诉讼中并无该类诉讼的规定。

（5）实践中大部分法院对于征收中评估争议性质的认识是比较一致的，一般在征收补偿中以评估机构单独作为被告或者将评估机构与征收部门作为共同被告的行政诉讼，或者就评估问题单独起诉政府、征收实施部门的，大多是驳回起诉，但是亦有一并审理并做出裁决的。

（6）实践中对于征收评估价值有异议的被征收人除提起行政诉讼外，也有提起民事诉讼的，案由也是各有不同。

思考题：对于征收房屋评估价值有意见如何进行救济？

案例十四：评估结果争议不属于民事受案范围 [1]

李某、孙某提起民事诉讼，请求某市 T 土地房地产资产评估造价咨询有限公司、房屋征收办公室对于评估报告审查整改，对于漏项（装饰装修及附属物）补充完整。他们认为 T 公司评估报告附件中房屋面积认定单缺少测绘部门出具的测绘报告及相关材料，面积认定理由及实施依据不足，要求某市房屋征收评估专家委员会去现场查看，重新严格审查评估报告，并要求 T 评估公司和市房屋征收补偿办公室两被告共同赔偿原告相关损失 2 万元。

法院认为依据《国有土地上房屋征收与补偿条例》和《国有土地上房屋征收评估办法》的规定，被征收人如对于评估结论有异议，应依照规定先向被告申请复核评估，如对复核结果有异议，可以向房地产价格评估专家委员会申请鉴定，如仍有异议，按照《国有土地上房屋征收与补偿条例》第 26 条规定处理。据此法院认为该纠纷不属于人民法院受理民事诉讼的范围，驳回起诉。

案例教学点提要：

（1）与前案当事人提出的行政诉讼不同，本案被征收人提起的为民事诉讼——侵权责任之诉。实际上被征收人认为由于评估机构的评估结论不正确，导致征收部门据此补偿错误，因此将征收部门列第二被告，认为两者共同导致其财产权益受到侵害。

（2）国有土地上房屋征收补偿纠纷通常当事人提起行政诉讼居多，但实践中单独起诉评估机构的很少见，通常将其与征收部门作为共同被告，本案也是如此。也有采取民事诉讼方式的，或者行政诉讼亦有法院将评估机构列为第三人的，但本案原告提起的是民事诉讼。

（3）评估机构是受征收部门委托进行评估的，其和征收部门签订评估委托合同，他们之间是民事合同关系。除按照合同履行义务之外，按照规定，房地产价格评估机构、房地产估价师、房地产价格评估专家委员会成员应当

---

[1] 江苏省徐州市云龙区人民法院（2021）苏 0303 民初 1413 号。

独立、客观、公正地开展房屋征收评估、鉴定工作，并对出具的评估、鉴定意见负责。法院对于被征收人因补偿评估结果争议起诉估价机构的处理，大多采取的是驳回起诉方式。

（4）房地产估价有一套成熟的技术标准和方法，关于征收补偿中的评估有专门的评估技术规范，评估机构出具的评估报告也需要由注册房地产估价师签字盖章并承担责任。基于估价更大程度上是一个技术问题，因此《国有土地上房屋征收与补偿条例》对于由此产生争议的处理也是技术性的程序，即复核、专家鉴定。房地产估价是一个纯粹的技术问题，应由评估专家解决。法院审判人员并非估价技术专家，无法从技术上做出准确判断。基于此，很多法院对于该类纠纷或者不受理或者驳回起诉。

思考题：对于估价结果有意见是否可以提起民事诉讼？

知识延伸：为保证评估合法、公开、公正、透明，房地产价格评估机构一般由被征收人协商选定。很多地方规定，首先进行协商，协商不成的，由房屋征收部门通过组织被征收人投票决定，或者由房屋征收部门或者被征收人采取摇号、抽签等随机方式确定。

知识点：征收补偿面积的认定。

案例十五：测绘面积和补偿面积的区别[1]

高某等2013年1月取得C市D街2号建筑面积为22平方米的非住宅权属证书，土地证地类（用途）为城镇住宅用地，使用权类型为划拨，使用权面积为22平方米。2017年6月，市政府发布房屋征收的公告，该房屋位于征收范围内。2017年11月，市政府作出棚户区改造项目房屋征收决定的公告。2017年6月，L测绘有限公司（以下简称L公司）出具高某房屋测绘成果报告书。2017年9月，H房地产评估有限公司出具房地产征收补偿估价结果，并备注违章部分按成本补偿，补偿比例暂定可调整。高某针对土地面积测绘报告，向C市国土资源局提出异议申请，2018年2月，C市国土资源局对高某的异议作出"该宗土地使用权面积以证载面积22平方米为准"

---

[1] 云南省楚雄彝族自治州中级人民法院（2019）云23行初29号。

的回复。在签约期限内，高某与棚户区改造指挥部未能达成补偿协议。

2018年10月，H房地产评估有限公司（以下简称H公司）向征收部门出具房屋征收估价报告，分别两次向高某等送达了涉案估价报告和送达通知书，告知其对评估有异议的，可以10日内向H公司申请复核；对复核结果有异议的，10日内向省房地产价格评估专家委员会申请鉴定。因高某等未在估价报告送达回证上签字，征收部门报纸刊登房屋征收估价报告送达公告。H公司出具的估价报告中认定高某被征收房屋的面积为23.38平方米，并以此为依据确认被征收房屋的征收补偿价值。公告期满后，市政府作出征补决定，并向高某等送达决定，后市政府又在报纸刊登房屋征收补偿决定送达公告。高某不服决定，并认为C市未设立房地产价格评估专家委员会，剥夺了自己申请复核和鉴定的权利。2019年8月起诉C市人民政府、H公司等，要求撤销征补决定，要求市政府按照实际测绘房屋面积43.22平方米进行征收补偿。

法院审理后认为，市政府发布征收补偿安置方案对被征收房屋面积的认定主要依据是以房屋所有权证登记面积为准。未办理产权登记或者有部分手续房屋的认定，由被征收人提出申请后，房屋征收实施单位会同住建部门、国土部门、城管部门、镇人民政府及相关社区对房屋合法性、面积和用途进行认定。如房屋测绘面积与证载面积不符的，依据面积大的结果确认补偿。征收部门委托L公司对原告被征收房屋出具的测绘报告显示，原告被征收土地上的房屋测绘面积为43.22平方米，其中土地使用权22平方米上的房屋测绘面积23.38平方米作为被征收房屋的实际测绘面积，另外19.84平方米的构筑物因高某未能提供该部分房屋属于合法建筑的权属凭证，缺乏建设用地规划许可证、建设工程规划许可证等相关依据，高某房屋所有权证中未包含上述19.84平方米的房屋，地籍调查图亦无显示，因此H公司最后结合C市国土资源局对原告被征收国有土地使用权面积的回复，认定被征收房屋的实际测绘面积为23.38平方米。市政府认定原告土地上19.84平方米的构筑物为违法建筑，不给予补偿。法院认为房屋征收估价报告送达公告中所告知的内容，均已充分告知和保障本案全部被征收人申请复核、鉴定的权利和期限，并未损害其对被征收房屋评估价值异议救济的权利。H公司已对涉案估价报告的合理性、科学性作出了合理的解释和说明，高某等出于自身原因对救济权利放弃，现涉案估价报告已生效，应由其承担相应的法律后果。市政府依据生效的估价报告作出征补决定事实清楚，证据充分，程序合法，适用法律正确，驳回其诉讼请求。

案例教学点提要：

（1）本案是行政诉讼，C市政府是合格的行政诉讼被告主体，但B公司、H公司均非行政机关，不是适格的行政诉讼被告。高某一并起诉，法院将B、H公司列为第三人。实际上B、H公司均是接受政府委托参与征收实施工作，本身不应该作为行政诉讼的被告。按照《行政诉讼法》第29条的规定，公民、法人或者其他组织同被诉行政行为有利害关系但没有提起诉讼，或者同案件处理结果有利害关系的，可以作为第三人申请参加诉讼，或者由人民法院通知参加诉讼。

（2）面积认定问题。H公司根据房产证、土地证情况，结合安置补偿规定，进行了面积认定和价格评估。对于无任何证明文件面积，不予计算。通常情况下，在1990年《城市规划法》出台前的无证建筑，在征收补偿时，本着法不溯及既往的原则，可以给以适当补偿。

（3）测绘面积和评估认定面积不同。L公司对于涉案房屋进行了面积测绘认定，这是实际测量面积，其中包括合法与违法面积，是对现状的记录。H公司根据实测面积，对于其中的面积进行认定。根据历史和现状，只认定了其中部分面积合法。

（4）评估问题。评估机构通过法定程序产生，按照规定，评估结果可以申请复核、鉴定。被征收人或者房屋征收部门对评估报告有疑问的，出具评估报告的房地产价格评估机构应当向其作出解释和说明。对评估确定的被征收房屋价值有异议的，可以向房地产价格评估机构申请复核评估。对复核结果有异议的，可以向房地产价格评估专家委员会申请鉴定。高某认为市政府未按法律规定设立"C市房地产评估专家鉴定委员会"，剥夺了其申请复核和申请房地产价格评估专家委员会鉴定的权利。但有关部门通知其向省专家委员会申请鉴定，本市没有专家委员会并不影响其权利。当然，本地应该有专家委员会，但可能出于种种原因未设立，在这方面政府显然有失职。

（5）征收中的产权面积、实测面积、评估认定面积的不同。毋庸置疑，产权面积一般是可以合法补偿的面积，也是评估的基础资料。实测面积是对现状的客观记载和描述，其中可能包括有证面积和无证面积。当然，无证面积并非都是违法建筑，可能是合法建设，但出于各种原因未及时办理审批手续和权属证书。评估认定面积首先包括权属证书记载的面积；其次，对于无证面积，根据是否合法进行认定，如是否有审批手续、是否有特殊的历史原因等，在评估报告中都会体现。对于未经登记的建筑，按照市级、县级人民政府的认定、处理结果进行评估。因此，只有评估认定面积被征收部门确认，才是认定的补偿面积。

思考题：实测面积等同于征收补偿面积吗？

相关规定：根据《国有土地上房屋征收与补偿条例》和《国有土地上房屋征收评估办法》的规定，房地产价格评估机构应当独立、客观、公正地开展房屋征收评估工作，任何单位和个人不得干预。

按照《国有土地上房屋征收与补偿条例》规定，市级、县级人民政府作出房屋征收决定前，应当组织有关部门依法对征收范围内未经登记的建筑进行调查、认定和处理。对认定为合法建筑和未超过批准期限的临时建筑的，应当给予补偿；对认定为违法建筑和超过批准期限的临时建筑的，不予补偿。房屋征收范围确定后不得在房屋征收范围内实施新建、扩建、改建房屋和改变房屋用途等不当增加补偿费用的行为；违反规定实施的，不予补偿。征收部门应当对房屋征收范围内房屋的权属、区位、用途、建筑面积等情况组织调查登记，被征收人应当予以配合。调查结果应当在房屋征收范围内向被征收人公布。

知识点：被征收人有权选择补偿方式。

《国有土地上房屋征收与补偿条例》规定的补偿方式有两种，被征收人有权选择。一种方式是房屋产权调换。被征收人如果选择房屋产权调换的，政府应当提供用于产权调换的房屋，但需要结清被征收房屋价值与用于产权调换房屋价值的差价，即如政府提供的房屋超出补偿价值，被征收人需要补交价款。如果提供的房屋小于补偿价值，则政府应该补足补偿款。按照规定，因旧城区改建征收个人住宅，被征收人有权要求在改建地段进行房屋产权调换，征收部门应当提供改建地段或者就近地段的房屋。另一种方式是货币补偿，按照评估价值进行价款补偿。补偿费用中还有搬迁补偿，即因征收房屋造成搬迁的，房屋征收部门应当向被征收人支付搬迁费。选择房屋产权调换的，安置房屋交付前，房屋征收部门应当支付临时安置费或者提供周转用房。

案例十六：产权调换应符合对价和公平要求 [1]

2018年1月，Y区政府发布《房屋征收的公告》，告知了征收范围、征收主体、征收部门、签约期限以及复议权和诉权等内容；同时公告附了征收补偿方案以及安置房源明细表。涂某房屋属本次征收范围。在经过公开投票方式未能确定评估机构情况下，采取现场抽签方式确定评估机构并将结果予以公示。Y区政府将《房屋征收项目安置补偿方案》（征求意见稿）在征收范围内进行了公示，并将修改后的《征收项目安置补偿方案》进行了公示。评估公司作出《房屋征收评估结果报告》，并送达涂某，涂某对补偿单价不服，申请复估。评估公司出具回复意见，维持原评估结果。因涂某与Y区房管局未达成补偿协议，Y区政府作出征收补偿决定。涂某不服该征收补偿决定，提起诉讼。一审法院认为Y区政府具有依法作出本案被诉《征收补偿决定》的法定职权和职责。但Y区政府向涂某提供的产权调换房屋存在虽然建筑面积大于被征收房屋的建筑面积，但其实际使用面积小于被征收房屋的实际使用面积。不符合等值对价原则和产权调换公平补偿方式的实质要求，没有充分保障被征收人涂某的产权调换补偿权。因此Y区政府作出的《征收补偿决定》，适用法律错误，依法应予撤销。责令Y区政府重新作出行政行为。二审维持一审判决。涂某不服一、二审判决，向最高人民法院申请再审。其理由有：Y区政府提供的产权调换房屋距离远，产权调换房源未经公示公告，《征收项目安置补偿方案》、房屋征收项目安置房情况表未经公示公告，安置补偿方案没有协商听证。政府征收补偿不符合就近安置、原地安置的法

---

[1] （2021）最高法行申753号。

律规定和先公示后补偿的基本原则。被征收房屋的实际价值明显与房屋评估价值不符，Y区政府剥夺其复估和申请鉴定的权利，被征收房屋的装修价值未依法评估。

最高院经审查认为，区政府决定实施征收项目后，房屋征收部门对申请参与征收评估的房地产价格评估机构予以审查公示，并在经过公开投票方式未能确定评估机构的情况下，采取现场抽签方式确定了相关征收评估机构。《房屋征收评估结果报告》系由具有相应资质的评估机构作出的，因此是合法的征收补偿依据。《房屋征收项目安置补偿方案》（征求意见稿）在征收范围内公示，经方案论证和征求意见后将修改的安置补偿方案和房屋征收项目安置房情况表等在征收范围内进行了公示。涉案产权调换房屋系《房屋征收项目安置补偿方案》所确定的安置房源之一，评估机构针对被征收房屋作出《房屋征收评估结果报告》，针对产权调换安置房作出《房地产估价报告》，分别予以了送达。涂某在签约期限内未能与房屋征收部门达成协议，Y区政府直接作出《征收补偿决定》，因此实施程序并未违反相关规定。但Y区政府作出的征收补偿决定中确定的产权调换房建筑面积虽然大于原告被征收房屋建筑面积，但在房屋实际使用面积上反而减小，不符合等值对价原则和产权调换公平补偿方式的实质要求。因此，支持原审法院判决撤销该《征收补偿决定》、责令Y区政府重新作出行政行为，驳回涂某再审申请。

案例教学点提要：

（1）本案征收实施程序并不违法，而是安置房屋本身有问题，违反了征收补偿的基本原则——公平原则。即产权调换房屋建筑面积虽然大于被征收房屋建筑面积，但在房屋实际使用面积上反而减小，不符合等值对价原则和产权调换公平补偿方式的实质要求。目前我国的房屋面积大部分是按照建筑面积计算。同样建筑面积，由于分摊系数不同，导致实际套内使用面积有差异，即可能出现本案的情况：建筑面积大于被征收的，但实际使用面积减少。这可能是因为过去的老房子（如多层住宅、平房等）分摊面积很少，而安置的房屋多为高层建筑或者小高层建筑，即便是多层建筑，分摊也比过去的老房子多，因此按照同样建筑面积安置，就可能出现使用面积缩水的情况。

（2）《国有土地上房屋征收与补偿条例》第21条规定：因旧城区改建征收个人住宅，被征收人选择在改建地段进行房屋产权调换的，作出房屋征收决定的市级、县级人民政府应当提供改建地段或者就近地段的房屋。但是就近的具体标准是什么？各地有不同的规定，各人有不同的理解。往往纠纷产生的原因就是没有明确的标准，但对于安置房源距离远的问题，本案法院没有回应，只是说明房源是征收补偿方案确定的，并经修改、公示。言外之意，得到了被征收人的同意。

（3）在实践中一直存在的争议是：征收补偿是否仅仅是补偿对价？抑或具有改善居住条件的功能和目的？对此各有不同观点。但就中国最近三十多年的实践，尤其是在一线城市和沿海大城市中，通过征收补偿改善居住条件，已经成为老百姓的共同认识。国家还规定对于符合住房保障要求的被征收人，应该优先提供保障住房。因此，无论如何，征收不能保障原来的居住面积、降低被征收人的居住水平，这不仅违反征收补偿的原则，也是违反公平原则的。

（4）本案征收补偿决定作出的程序完全符合法律规定，所有的步骤均到位，程序是合法的，但实质性的补偿有问题。即针对原告的房屋作出的补偿决定内容是不符合法律原则的，但整个征收补偿实施程序并不违法。这也说明，程序公正不等于实体公正。

思考题：公平补偿的具体含义是什么？

知识延伸：关于旧城改造提供改建地段或者就近地段的房屋，其就近的具体的标准是由各地自行规定的。随着城市规模的不断扩大，就近的范围也越来越大，由此引发不少争议。一些地方明确了就近的标准，有一定的合理性，也便于透明操作。如上海市明确规定：被征收房屋位于外环线以内的，就近地段范围可以为被征收房屋所在的行政区域或者相邻行政区域范围内；由于外环区域比较大，如被征收房屋位于外环线以外的，就近地段范围一般为被征收房屋所在的街道、镇（乡）行政区域范围内。

知识点：承租人不属于征收补偿的利害关系人。

案例十七：产权人应补偿承租人的经营损失 ❶

刘某、马某系某处住房的房屋所有权人，其将住房出租给黄某等作为经营使用，并与黄某以合伙形式办理该房屋为经营场所的营业执照和税务登记等手续。但未办理非居住审批手续。后该处房屋被征收，刘某等获得门店补贴费125万元。刘某、马某认为"住宅改作经营门店补贴费"与"停产停业经营损失"是两种不同性质的补偿。前者是对房屋所有权人住宅改作非住宅的政策性补贴，与房屋承租人的经营行为无关。后者是征收商业住房，系对商业住房经营人造成的停产停业损失的补偿。因黄某等承租房屋为非商业门面，征收主管部门并没有给予直接的停产停业损失。法院将本属于房屋所有权人应得的住宅改非住宅补贴分割给黄某等，损害了产权人的合法权益，因此提出再审。

再审法院认为，本案争议焦点为产权人刘某、马某应否补偿黄某等的经营损失。再审法院认为由于黄某承租的房屋系非经营用房，因此无法直接获得停产停业损失补偿费。但是根据该房屋是否实际进行经营的状况，按照取得营业执照等经营手续、税务登记证、纳税记录的年限，在普通住宅补偿标准的基础上增加了一定的补偿，并据此补偿刘某等住宅改做经营门店补贴125万元。从补偿的目的来看，政府之所以将住宅改做经营门面的补偿标准单列且高于普通住宅，就是考虑了住宅改作门面之后有一定经营收益的因素。因此该项补偿，不能简单理解为全部对所有人的补偿，还应包括对办理了长期经营手续的承租人经营损失的适当补偿。否则，将造成当事人的利益失衡，有违公平原则。刘某等认为住宅改作经营门面补贴仅是对房屋所有人的补偿，黄某等人不应获得经营补偿的理由没有事实和法律依据。驳回其再审申请。

---

❶ 湖南省高级人民法院（2021）湘民申1182号。

案例教学点提要：

（1）住宅改为非住宅是需要办理一定手续的。通常情况下，征收时按照产权证所载房屋性质给以补偿，即产权证记载是住宅，按照住宅补偿。但本案中，政府基于经营的事实，按照经营用房给与补偿。

（2）实践中对历史形成的一些住宅作为非住宅使用的情况，在征收补偿时会适当考虑历史与现状，酌情给以补偿。各地有不同规定，标准也不统一。本案即是典型。

（3）与住宅相比，非住宅补偿主要多了一块停产停业损失补偿，这部分补偿款的标准各地规定不同，如有按照营业额、纳税情况等为依据的，执行中争议比较大。在有的地方标准比较高，如有些地方可以达到补偿总额的10%（如上海）。为此，居住房改非居住房屋在征收补偿时往往会产生比较大的矛盾。

（4）经营损失究竟补偿给谁？从规范角度看，承租人显然不属于被征收补偿的对象。那么其是否是利害关系人？通常也不会认定其为利害关系人。本案因为产权人之一是经营者的合伙人，因此仅产权人作为经营者得到了补偿。基于此，承租人也是合伙经营者应该分享其补偿一部分。

（5）法律上看，一般情况下承租人不会单独得到补偿。无论是住宅或者非住宅，补偿对象是产权人。承租人如有损失，应该要求产权人补偿。如本案，补偿时已经考虑承租人和产权人的经营状况。但实际补偿时并不直接补偿给承租人，而是补偿给产权人，由其与承租人协商处理。目前，大部分地方政府制定的房屋租赁合同示范文本均有关于出租房屋被征收的处理条款，这种情况下，依据合同约定处理即可。

思考题：征收时是否应该补偿该房屋的承租人？

相关规定：国务院办公厅发布的《关于认真做好城镇房屋拆迁工作维护社会稳定的紧急通知》（国办发明电〔2003〕42号）明确：对拆迁范围内产权性质为住宅，但已依法取得营业执照经营性用房的补偿，各地根据其经营情况、经营年限及纳税情况等实际情况给予适当补偿。

虽然该通知发布于《国有土地上房屋征收与补偿条例》发布前，但是该规定目前仍然有效,有些做法一直延续下来。因征收房屋造成停产停业损失的补偿,可以根据房屋被征收前的效益、停产停业期限等因素确定,具体项目及确定的原则各地均有规定。

知识点:补偿协议及执行。

补偿协议的内容一般各地均有政府制定的规范文本,主要内容包括:补偿方式、补偿金额和支付期限、用于产权调换房屋的地点和面积、搬迁费、临时安置费或者周转用房、停产停业损失、搬迁期限、过渡方式和过渡期限等事项。

如果双方达不成协议,或者被征收房屋所有权人不明确的,由市级、县级人民政府按照征收补偿方案直接作出补偿决定,并在房屋征收范围内予以公告。政府在决定中应当告知被征收人诉权:对补偿决定不服的,可以依法申请行政复议或者提起行政诉讼。

案例十八:强制拆除程序[1]

程某从 2009 年至 2013 年租赁李某房屋做生意,2013 年由于道路拓宽,程某又与李某于 2013 年 5 月重新签订了房屋租赁合同,租赁时间自 2013 年 5 月 1 日至 2018 年 5 月 1 日止,约定程某自行负责建设构筑物。合同签订后,程某因经营需要建造了杂屋及钢棚。2015 年 4 月,市人民政府召开 C 建设项目社会稳定评估暨房屋征收补偿方案论证会。市房产局出具了房屋征收社会稳定风险评估报告,发布 C 项目国有土地上房屋征收补偿方案(征求意见稿),并就拟征收范围进行了公告,同时在市房产局的政府网站上进行了公示。市房产局召开 C 项目及补偿方案征求意见会听取被征收人意见,又召开了房屋征收补偿方案征求意见修改论证会,于 2015 年 6 月作出 C 项目房屋征收补偿方案征求意见修改情况公告,并在市房产局网站进行公示。2015 年 8 月,市人民政府做出 C 项目国有土地上房屋征收决定的通告。之后市人民政府将该通告在拟征地范围内进行了张贴,程某承租李某的房屋在此次征收范围内。市房产局在征收过程中经过公证抽取了 B 房地产评估经

---

[1] 湖南省高级人民法院(2018)湘行终 1736 号,(2019)最高法行申 11656 号。

纪有限公司为此次拆迁的房屋评估机构。后市房产局与李某签订房屋产权调换协议,协议约定产权人最后腾房时间为 2015 年 9 月 12 日前。鉴于该房屋目前正在经营,决定对停产停业损失进行补偿,市房产局与李某签订补充协议,补偿房屋的停产停业损失,承租人程某的停产停业损失费包含在李某的补偿费中款项已经支付给李某。2015 年 10 月,程某以李某、市房产局等为被告提起租赁合同纠纷之诉,请求责令李某返还拆迁补偿款;责令市房产局等承担补偿其损失和停产、停业以及搬迁职工工资等各项损失。在民事诉讼过程中,市人民法院经程某申请委托市价格认证中心就程某相关设备设施及预期停产停业损失进行价值评估。但搬迁补偿费用未达成一致。程某与市房产局及相关部门就搬迁和停产停业损失补偿进行了协商,但因双方分歧较大,协商未果。法院一审民事判决程某与李某之间的房屋租赁合同因政府依法征收而解除。另外,程某从事经营活动时搭建的杂屋和钢棚,由李某在其征收补偿款中补偿给程某,李某将取得的停产停业损失补偿费的 90% 支付给程某。程某不服该判决上诉,二审法院驳回上诉。

　　2015 年 10 月,市房产局及相关部门按照与李某签订的相关协议,拟将房屋进行拆除,并对其进行了停水、停电。

　　2016 年 11 月 10 日,程某又提起行政诉讼,请求确认市人民政府 C 项目拆迁过程中行为违法并要求赔偿其各项损失。法院判决认为程某作为承租人不是被征收人,对房屋征收决定不具有诉讼主体资格。征收行为符合公益利益需要,征收程序符合法律规定,市房产局与房屋产权人李某达成了房屋征收补偿协议,征收行为合法,搬迁行为是合法进行的。二审维持原判。

　　2017 年 6 月,市房产局组织相关部门对涉案房屋进行拆除,并对程某的机器设备及物品进行搬迁并录像,程某在现场见证搬迁过程,涉案房屋被拆除。不久,街道办事处和程某签订和谐搬迁房屋拆除相关事宜和解协议书,达成和解,后又就设备及搬迁补偿签订补充协议。2017 年 6 月 7 日,程某领取共计 35 万元补偿款。程某机械设备及物品仍未搬走。

　　程某向最高院申请再审,请求撤销上述 2016 年 11 月提起的行政诉讼之一审、二审判决,确认市政府强制搬迁行为违法。最高院认为该市房产局在实施拆迁行为前,与被征收房屋产权人李某协商达成一致,对征收房屋造成的各项损失包括停产停业损失达成补偿协议,并已实际支付协议约定的补偿费用。承租人并不是被征收房屋的所有者,其能获得因拆迁导致经营阻断产生的停产停业损失和搬迁等其他合理补偿。在房屋产权人与征收实施部门协调一致并实际领取补偿款情形下,不属于人民法院强制执行的情形。一审、二审法院认定市房产局实施的拆除行为不属于强制拆除,并无不当。程某因房屋征收造成的损失已得到充分保障。其主张在原有补偿基础上增加补偿,缺乏事实和法律依据,驳回程某的再审申请。

案例教学点提要:

(1)本案地方政府在征收中程序完整、规范,全过程论证、修改、风险评估、评估机构确定、公示、公告均按照规范的程序进行。最终拆除房屋是与所有权人达成协议后的拆除,是依据程序正常进行的拆除,所以不是强制拆除。承租人由于没有达成目的,拒绝搬迁,诉之强制拆除。理论上拆除房屋并不需要承租人同意,本案产权人已经和征收部门达成协议,可以进行拆除。但一般征收部门均会在出租人处理好承租关系之后才进行拆除。

(2)营业用房被征收,除房屋本身的补偿之外,还有搬迁和停业停产损失补偿,程某通过民事、行政救济就是为此而来。但是,根据《国有土地上房屋征收与补偿条例》,对征收房屋的所有权人应给以公平的补偿。程某是承租人,也是租赁房屋的经营者,显然不是法律规定的被征收房屋补偿对象。对于经营房屋的搬迁和停业停产损失补偿,如果是所有权人自己经营,则补偿给所有权人。如果租赁给他人经营,实践中有补偿给房屋所有权人的,由其补偿给实际经营者,特殊情况下也有补偿给承租人的。本案是由产权人补偿给承租人。

(3)补偿方式可以是货币补偿,也可以是产权调换。本案中,所有权人选择了产权调换。产权人需要自己负责协调与承租人的关系,包括可以建立新的租赁关系,也可以提前解约并给以对方补偿等。由于被拆迁房屋是由程某使用并经营,因此征收部门将有关的搬迁补偿和停产停业的损失补偿给产权人,已经充分考虑房屋的实际使用状况。

(4)在整个征收过程中,承租人不是安置对象,因此征收部门不会与承租人签订征收补偿协议。这也是法院认定其不具有行政诉讼主体资格的理由。因此,即使承租人拒不搬迁,也不会成为强制执行的对象。本案中由于产权人已经和政府达成协议,不存在强拆问题。从法律关系上看,应该由产权人负责清理租赁关系并要求承租人搬迁。

(5)现在大部分管理部门制作的房屋租赁合同示范文本都在合同中对房屋征收后租赁关系的处理有约定。如果没有约定,程某应该与产权人协商处理,协商不成可以提起民事诉讼。本案由承租人先提起民事诉讼,其对于民事补偿不满意,继而提起行政诉讼。

思考题:征收拆除需要经过哪些程序?

相关规定:根据《国有土地上房屋征收与补偿条例》第27条、第28条的规定,作出房屋征收决定的市级、县级人民政府对被征收人给予补偿后,被征收人应当在补偿协议约定或者补偿决定确定的搬迁期限内完成搬迁。被征收人在法定期限内不申请行政复议或者不提起行政诉讼,在补偿决定规定的期限内又不搬迁的,由作出房屋征收决定的市级、县级人民政府依法申请人民法院强制执行。

知识延伸:根据《国有土地上房屋征收与补偿条例》第26条的规定,房屋征收部门与被征收人签订安置补偿协议后,一方当事人不履行的,另一方当事人可以起诉。显然这里是指民事诉讼。因为没有规定是被征收人起诉,而是双方都可以诉讼。有些地方法院的做法是签约前行政诉讼,签约后民事诉讼。

知识点:先补偿,后搬迁。

案例十九:未达成协议强拆违法 [1]

张某为S省J市某区中医院原职工,2006年因病去世,其配偶田某一直在该医院福利分配的公房内居住。2018年,某区人民政府决定对田某居住

---

[1] 田某、张某诉山东省济南市某区住房和城乡建设局行政强制拆除行为违法检察监督案。参见聚焦群众住房利益,最高检发布"检察为民办实事"——行政检察与民同行系列典型案例(第二批)(https://www.spp.gov.cn/xwfbh/wsfbt/202110/t20211025_533330.shtml#1),载最高人民检察院门户网,2021年10月25日访问。

房屋所在地的国有土地上房屋实施征收。2018年9月，区中医院分别与房屋征收部门签订房屋征收补偿协议，补偿形式为货币补偿，田某未得到任何补偿。2019年1月，田某居住房屋被强制拆除。2019年5月，田某起诉至某区人民法院，请求确认某区住房和城乡建设局强制拆除行为违法。2019年8月，区人民法院以田某与本案的拆除行为无利害关系为由，裁定驳回田某起诉。田某提出上诉、申请再审，均未获支持，遂向检察院申请监督。

J市人民检察院受理后，经审查认为，法院裁定认定田某与该案房屋拆除行为无利害关系不当。根据《S省国有土地上房屋征收与补偿条例》和《J市国有土地上房屋征收与补偿办法》的规定，被征收房屋属于单位自管住宅公房的，在租赁关系存续期间，被征收人未与承租人达成解除租赁协议，但符合房屋承租规定的，应当对被征收人实行房屋产权调换的补偿方式，原租赁关系不变。《J市住房保障和房产管理局关于直管公房经营管理有关问题的通知》规定，原承租人去世的，其配偶可申请承租人自然变更。自管公房承租关系的认定可参照直管公房承租关系的认定。根据上述规定，田某享有居住利益。田某无其他房屋，诉讼目的是作为承租人被安置。后双方签订和解协议，协议约定由区中医院提供一套建筑面积71平方米的保障性住房，双方建立公房租赁关系。

案例教学点提要：

（1）征收实施应该是先补偿、后搬迁。补偿应该包括安置，因此本案应该先补偿、安置，再搬迁。但征收部门仅与产权单位签订补偿协议，没有安置具有居住权的居住人，就实施了强制拆除，违反法律规定。本案定性为强制拆除，说明没有达成补偿安置协议。因此是强制拆除。

（2）田某原住房性质。被征收的房屋产权属于国有事业单位，因此属于公有住房中的自管公房。田某不是被征收房屋的承租人，其已故配偶是承租人。由于公房分配的福利性质，作为承租人的共同居住人享有居住的权利，并且在承租人死亡后有继续承租的权利。

（3）关于公有房屋承租人已经去世如何处理，各地的规定不一样。大部分地方规定同户同住（有的地方设定年限或者户籍要求）可以继续承租，不少地方允许变更承租人（尤其是直管公房）。由于自管公房涉及不同单位，有些涉及历史遗留问题，因此处理起来比较复杂。各单位也有不同的规定，但基本上各地均规定原同住人或者合法继承人可以维持现状，继续居住于房屋内。本案田某虽然不是承租人，但仍然是实际居住人，具有居住的权利。

（4）征收房屋涉及自管公房承租人，各地规定不同。本案所涉地方规定：被征收人未与承租人达成解除租赁协议但符合房屋承租规定的，应当对被征收人实行房屋产权调换的补偿方式，原租赁关系不变。就是仍然安置居住，公有住房福利性租赁性质不变。但有些地方是直接将承租人视同产权人安置。具体根据项目情况、单位情况不同而定。

（5）全国大部分城市规定征收公有住房须安置公房承租人。很多地方规定公房承租人死亡，其同户共同居住人有权继续承租，一些城市甚至规定不同户居住的法定继承人也可以继续承租。本案产权单位明显违反当地的规定，没有保障当事人的居住权，没有办理原房屋的继续承租手续，也没有安置被征收人，侵害了当事人的合法权利。

（6）特别需要注意：对于福利分配制度下的公房承租人，其享有的权利是与市场租赁完全不同的。通过市场途径承租房屋，承租人不是征收补偿的对象，不享有安置补偿的权利，具体问题由租赁双方通过民事途径自行协商解决。

思考题：公有住房承租人是否是安置对象？

知识延伸：先补偿，后搬迁是指协议签订之后，做出房屋征收决定的市级、县级人民政府对被征收人给予补偿后，被征收人应当在补偿协议约定或者补偿决定确定的搬迁期限内搬迁。但如被征收人在法定期限内不申请行政复议或者提起行政诉讼，在规定的期限内又不搬迁的，政府可以依法申请房屋所在地基层人民法院强制执行。

目前很多地方实行"裁执分离"，即人民法院裁定准予执行后，可以由做出征收决定的政府组织实施。当然，法院自己执行也是可以的。

七、农村集体土地上的房屋征收与补偿

农村集体土地上的房屋征收与补偿，适用《土地管理法》《土地管理法实施条例》的规定。征收决定和征收实施的具体内容和程序不同于国有土地上房屋征收补偿。这是我国城乡二元体制所决定的。

<u>知识点：先补偿，后征收。</u>

<u>案例二十：签订安置协议后征收</u>❶

某管委会于 2018 年 12 月发出通告，对道路拓宽项目所涉村民宅基地上的房屋实施拆迁。刘某受其家庭成员委托于同年 12 月 7 日向 A 棚户区改造项目拆迁指挥部递交申请，表示同意搬迁安置方案并自愿签订搬迁安置协议。同年 12 月 28 日，刘某与某管委会结算安置费用，管委会应付其搬迁安置补偿费共计 323 余万元。同时刘某与某管委会签订某市 A 区房屋搬迁改造项目搬迁安置协议书（以下简称安置协议）。2019 年 9 月，省人民政府作出批复将涉案集体土地征收为国有。后刘某请求法院确认其与某管委会签订的安置协议无效。❷二审法院认定，安置协议不具有导致行政行为无效的重大且明显违法情形，亦无证据证明存在合同法规定的无效情形，因此驳回其诉讼请求。后刘某向最高人民法院申请再审，最高院亦驳回再审申请。

<u>案例教学点提要：</u>

（1）从征收农村集体土地的合法性看，该征收是为了拓宽道路，符合法定的征收条件——公共利益的需求。《土地管理法》第 45 条规定："为了公共利益的需要，有下列情形之一，确需征收农民集体所有的土地的，可以依法实施征收：（一）军事和外交需要用地的；（二）由政府组织实施的能源、

---

❶ （2020）最高法行申 14942 号。
❷ 本案刘某拥有不止一处宅基地。根据当地征收补偿规定，一户有多处宅基地的，依法只能认定一处宅基地作为安置依据。刘某其中一处宅基地实际已按综合补偿方式获得货币补偿安置，并签订了补充协议。后刘某上诉称其不能代表全部产权人签订拆迁安置协议，主张其与家人已经在派出所分户。即刘某签约后又认为其家庭不是一户，认为某管委会不应将已分户的家人合并为一户安置，因此对之前签约反悔。

交通、水利、通信、邮政等基础设施建设需要用地的;(三)由政府组织实施的科技、教育、文化、卫生、体育、生态环境和资源保护、防灾减灾、文物保护、社区综合服务、社会福利、市政公用、优抚安置、英烈保护等公共事业需要用地的;(四)由政府组织实施的扶贫搬迁、保障性安居工程建设需要用地的;(五)在土地利用总体规划确定的城镇建设用地范围内,经省级以上人民政府批准由县级以上地方人民政府组织实施的成片开发建设需要用地的;(六)法律规定为公共利益需要可以征收农民集体所有的土地的其他情形。"本案显然符合规定。

(2)从程序看,先发布通告(预公告),然后刘某受家庭委托签订补偿协议,之后,省级人民政府作出征地批复,符合农村集体土地征收先补偿后申请征收的程序。

(3)农村宅基地上的房屋是以户为单位的,法律规定"一户一宅"。征收时也是以"户"为安置补偿对象。二审法院认定刘某作为户主签字行为代表该户全部家庭成员,对此,刘某不认可,其认为法院审查不清。实际上这反映了农村征收中的普遍性问题,即可能是家庭内部矛盾,导致户主签字后反悔。刘某受家庭委托签订协议,并且已经确定取得补偿款,而在时隔近一年后请求协议无效,不排除家庭矛盾导致的反悔。这类矛盾纠纷在农村征地中比较多见,实际上是家庭内部的民事纠纷引发的。当然作为被征收人可以提起行政诉讼,也可以就民事争议提起民事诉讼,当事人有权利选择救济方式。

思考题:农村征地的被征收人如何确定?

知识点:征收农村集体土地的目的——公共利益。

案例二十一:农村拆迁是否是行政征收 [1]

A村某宅基地上房屋户主为王某。2012年,J镇政府委托评估单位对王某宅基地房屋进行查勘现场并初步评估,王某在查勘现场资料上签字确认。

---

[1] 上海市第二中级人民法院(2020)沪01民终2238号,上海市高级人民法院(2020)沪民申1274号。

2018年3月由C公司出具评估报告，后J镇政府与王某签订征收集体所有土地房屋补偿协议和房屋动迁补偿清单，王某拒绝履行协议，王某及其多位家人并共同提起诉讼。

J镇政府确认涉案拆迁系协议拆迁，并非行政拆迁，协议由双方当事人经过长时间协商后自愿签订，王某一方均是知情并同意的。一审法院认为：2012年初步评估意见至2018年出具正式评估报告，前后历时多年，部分当事人签字确认评估资料，王某代表家庭签订协议，其余家庭成员均未提出异议，因此可推定其他家庭成员对此应当是明知并同意的，相关合同合法有效。二审维持了一审判决。

王某等共同申请再审，理由是：评估报告未经合法程序出具；J镇政府征收无任何法律手续。只有国家为了公共利益才可以按照法定程序进行征收，本案系争协议应当适用《土地管理法》，本案征收集体所有土地房屋补偿协议因违反我国法律的强制性法律规定而属于无效合同。

再审法院认为户主王某作为家庭代表与J镇政府签订协议，是签约各方的真实意思表示，应属合法有效协议。本案补偿协议是以户为单位进行协议拆迁，因此王某签约行为产生的合同效力对其他权利人具有约束力。故王某与其他权利人的内部关系不影响外部协议的效力。法院称注意到J镇政府确认拆迁并非行政拆迁，因此驳回王某等的再审申请。

案例教学点提要：

（1）本案为民事诉讼，法院并没有使用"征收"一词，而是使用了拆迁，案由是拆迁安置补偿合同纠纷。虽然当事人双方签订的合同名称是征收集体所有土地房屋补偿协议，但政府及法院均认定为非行政性征收，说明本案不是因政府的行政征收行为引发的纠纷。最高人民法院2020年公布的最新民事案由中列有"民事主体间房屋拆迁补偿合同纠纷"。同时根据最高院《关于审理行政协议案件若干问题的规定》，土地房屋征收补偿协议属于行政协议，则应该通过行政复议、行政诉讼救济。此处关键点是用词区别：征收补偿协议是行政协议；拆迁补偿协议是民事合同。虽然民间对于这两个词是混用的，但法律上是严格区分的。如1991年公布的《城市房屋拆迁管理条例》，其规定的拆迁主体是取得拆迁许可证的建设单位和个人。而2011年发布的《国有土地上房屋征收与补偿条例》则规定市级、县级人民政府决定征收，负责征收补偿工作。可以看出，拆迁可以是民事主体，征收一定是行政主体。

（2）适用法律问题。在征收适用法律上，城市和农村是二元化的。城市征收房屋适用《国有土地上房屋征收与补偿条例》，农村房屋及宅基地征收适用《土地管理法》《土地管理法实施条例》。《土地管理法》属于行政法律，要求适用该法也是本案原告的诉求之一。但法院并没有适用《土地管理法》审理此案，而是适用民事法律规范，如《合同法》，认定该农村宅基地上房屋拆迁协议为民事合同，不是行政协议，且本案是作为民事诉讼审理的。

（3）诉讼主体和拆迁协议的主体。诉讼主体是王某等家庭成员，协议的签订者是王某。至于王某是否取得了其他人的同意，是另外的法律关系。就拆迁协议而言，王某是法定的家庭代表。因为依据有关宅基地管理的法律规定，农村宅基地是以户为单位，一户一宅。因此涉及宅基地及其房屋的处理，一定是由户主或者家庭公推一位家庭成员作为代表。

（4）本案拆迁亦非公共利益需要，因此镇政府和法院认定不属于征收，而是经协商达成协议的拆迁。按照规定，征收由省级政府批准，依法应由县级以上人民政府实施，镇政府无权做出征收决定。而本案是由镇政府和当事人协商进行的拆迁，并非依据行政程序进行。

思考题：征收农村集体土地必须符合的条件是什么？

相关规定：依据《土地管理法》的规定，征收农村集体土地，是因为公共利益的需要，而且是确需征收的，才可以依法实施征收。法律采取了列举加兜底的方式规定，此外还需要符合国民经济和社会发展规划、土地利用总体规划、城乡规划和专项规划；扶贫搬迁、保障性安居工程和成片开发建设，还应当纳入国民经济和社会发展年度计划；成片开发并应当符合国务院自然资源主管部门规定的标准。

知识点：征收农村集体土地的权限。

征收土地的权限是受到严格控制的。按照法律规定，省级以上政府才能批准征地，批准后由县级以上政府组织实施。

案例二十二：省级人民政府的征收决定是否可诉 ❶

戴某等以 H 省人民政府作出的 2205 号 H 省人民政府农用地转用、土地征收审批单批准征收的土地四界不清、征收土地的位置不详、程序违法、省政府涉嫌改变土地用途等起诉省政府，法院一审不予立案，二审驳回上诉。许某、戴某等 25 人不服，申请最高人民法院再审。最高院认为依据《行政诉讼法》，法院不受理公民、法人或者其他组织对法律规定由行政机关最终裁决的行政行为提起的诉讼。被诉的 2205 号审批单是由 H 省人民政府批准作出的征用土地行为，属于行政机关作出的最终裁决行为，依法不属于人民法院行政诉讼的受案范围，驳回许某、戴某等 25 人的再审申请。

案例教学点提要：

（1）土地征收权限有严格限制。即除法律明文规定的由国务院审批外，征收土地须由省级以上人民政府审批，市级、县级政府组织实施，其他部门无权审批。所以本案是省政府审批征地。

（2）本案原告是就省政府的征地审批行为提起行政诉讼。依据法律规定，省级以上政府的征收土地决定是最终行政裁决行为，不具有可诉性。最高人民法院印发的《关于行政案由的暂行规定》（法发〔2020〕44 号）也将最终裁决行为列为不可诉案件。

（3）《最高人民法院关于适用〈中华人民共和国行政复议法〉第三十条第二款有关问题的答复》规定，最终裁决应当包括两种情况：一是国务院或者省级人民政府对行政区划的勘定、调整或者征用土地的决定；二是省级人民政府据此确认自然资源的所有权或者使用权的行政复议决定。根据上述法律及司法解释的规定，省级人民政府征用土地的决定属于最终裁决行为，省级人民政府对征用土地决定作出的行政复议决定亦属于最终裁决行为。❷

（4）依据《土地管理法》第 46 条的规定，征收永久基本农田、永久基本农田以外的耕地超过三十五公顷的、其他土地超过七十公顷的，由国务院

---

❶ 湖南省高级人民法院（2017）湘行终 959 号，（2018）最高法行申 6613 号。
❷ 《行政复议法》修改（2024 年 1 月 1 日起施行）后，原第 30 条规定的内容已取消。但至截稿时，该答复依然有效。下同，不再赘述。

批准。除此以外的土地征收，由省、自治区、直辖市人民政府批准。根据《国务院关于授权和委托用地审批权的决定》(国发〔2020〕4号)，国务院将永久基本农田以外的农用地转为建设用地审批事项授权各省、自治区、直辖市人民政府批准。试点将永久基本农田转为建设用地和国务院批准土地征收审批事项委托部分省、自治区、直辖市人民政府批准。首批试点省份为北京、天津、上海、江苏、浙江、安徽、广东、重庆，试点期限1年。即国务院通过授权和委托，将国务院的相关审批权限下放到省级政府，而且明文要求：各省、自治区、直辖市人民政府不得将承接的用地审批权进一步授权或委托。

思考题：征收土地的权限有何限制？

相关规定：《行政复议法》第30条规定，根据国务院或者省、自治区、直辖市人民政府对行政区划的勘定、调整或者征用土地的决定，省、自治区、直辖市人民政府确认土地、矿藏、水流、森林、山岭、草原、荒地、滩涂、海域等自然资源的所有权或者使用权的行政复议决定为最终裁决。

知识点：集体土地征收的具体程序。

根据《土地管理法》和《土地管理法实施条例》，土地征收有严格的程序性规范，实行先补后征。主要步骤是：(1)发布土地征收预公告；(2)开展土地现状调查；(3)开展社会稳定风险评估；(4)拟定征地补偿安置方案；(5)发布征地补偿安置方案公告，根据情况决定是否组织听证；(6)办理征地补偿登记；(7)签订征地补偿安置协议；(8)申请土地征收审批；(9)发布土地征收公告。对个别未达成征地补偿安置协议，作出征地补偿决定。对于违法阻挠国家建设征收土地的，责令交出土地。被征地人在法定期限内不申请行政复议或者提起行政诉讼，仍拒不交出土地，可以申请法院强制执行。

案例二十三：征地程序是否合法[1]

2019年7月，L区政府召开常务会议，会议听取L区住建局关于《安置

---

[1] 济南铁路运输中级人民法院（2021）鲁71行终266号。

补偿方案》起草情况的汇报。2019年9月，L区政府下发《关于印发〈安置补偿方案〉的通知》，10月初，邹高庄村召开村民代表大会，对L区政府制定的《安置补偿方案》（征求意见稿）进行讨论、研究，并一致同意。后邹高庄村村民委员会摘抄了《安置补偿方案》中与邹高庄村有关的内容，入户发放，征集村民意见，并根据村民反馈形成《关于〈安置补偿方案〉的反馈意见》，显示无反对意见。10月14日，L区政府发布〔2019〕40号拟征收土地公告，邹某户口所在的邹高庄在拟征收土地范围内，公告主要载明安置补偿依据和具体土地征收补偿安置方案。次日，K镇政府将《安置补偿方案》进行了公告。2020年2月，L区政府发布〔2020〕19号土地征收启动公告，决定征收邹高庄村相关土地，并定于2月24—28日由L区自然资源局组织有关部门进行勘测定界和清点确认。3月，L区政府发布征补公告〔2020〕24、26号《关于K镇邹高庄村拟征收土地补偿安置公告》。前述三份公告均在邹高庄村进行了张贴公示，且均载明被征地农村集体经济组织、土地承包户或者其他权利人所享有的申请听证或提起行政复议的权利和期限。邹某不服L区政府作出的《安置补偿方案》，2020年4月向J市政府申请行政复议，请求撤销涉案《安置补偿方案》。J市政府复议决定维持L区政府作出的《安置补偿方案》。一审法院认为邹某要求撤销《安置补偿方案》和复议决定的诉讼请求不能成立。

邹某上诉，提出该方案未遵守《土地管理法》及《土地管理法实施条例》规定的程序。该安置补偿方案由L区政府未经法定程序径直以红头文件的方式下发至乡（镇）、街道办事处，也未依法公告，虽然K镇人民政府于2019年10月对该安置补偿方案进行了公告，根据《土地管理法》《土地管理法实施条例》和《土地征收公告管理办法》的规定，市级、县级人民政府才是该安置补偿方案公告的主体，K镇镇政府不具有公告该安置补偿方案的主体资格。

二审法院认为，邹某上诉并未对涉案安置补偿方案提出异议，L区政府通过当地乡（镇）政府、街道办事处、村民委员会等政府部门和基层组织对安置补偿方案的内容进行不同形式的公告和告知，符合征收片区行政管理的实际状况，不违反《土地征收公告管理办法》有关规定。安置补偿方案已经依法进行公告，邹某对安置补偿方案已经知晓，并据此提起行政复议及行政诉讼，公告行为对其合法权利并未产生实际影响。复议决定认定事实清楚，程序合法，适用法律正确。驳回其上诉。

案例教学点提要：

（1）按照《土地法实施条例》（2014年修订）规定，征收土地方案经依法批准后，由被征收土地所在地的市、县人民政府组织实施，并将批准征地机关、批准文号、征收土地的用途、范围、面积以及征地补偿标准、农业人员安置办法和办理征地补偿的期限等，在被征收土地所在地的乡（镇）、村予以公告。被征收土地的所有权人、使用权人应当在公告规定的期限内，持土地权属证书到公告指定的人民政府土地行政主管部门办理征地补偿登记。市、县人民政府土地行政主管部门根据经批准的征收土地方案，会同有关部门拟订征地补偿、安置方案，在被征收土地所在地的乡（镇）、村予以公告，听取被征收土地的农村集体经济组织和农民的意见。征地补偿、安置方案报市、县人民政府批准后，由市、县人民政府土地行政主管部门组织实施。本案基本上遵循了征地的程序：预征、补偿方案、调查确认、征地公告、听取意见等程序，公告为区政府发布，基本符合征地前期的程序。

（2）本案尚未进入正式的审批实施阶段。实际上尚处于预征阶段，对于补偿方案公告征求意见。邹某在公告期间并未对补偿方案提出意见，而是直接提起行政诉讼，要求撤销补偿方案。

（3）农村集体土地征收程序中没有召开区政府常务会议的要求。国有土地上房屋征收涉及被征收人数较多的，应该经政府常务会议讨论决定。如上海市规定涉及50户以上的，须经区政府常务会议讨论决定。本案区政府进行了讨论，表明对此是比较谨慎和重视的。

（4）本案涉及的是批前程序。在办理征地补偿登记、签订征地补偿安置协议后，才能申请土地征收审批，然后发布正式的土地征收公告。因此本案所涉及公告均是补偿安置公告，不是征地公告，符合先补偿后征收的要求。

思考题：征地的程序特点？

相关规定：《土地管理法》第47条规定了征地的程序：国家征收土地

的，依照法定程序批准后，由县级以上地方人民政府予以公告并组织实施。县级以上地方人民政府拟申请征收土地的，应当开展拟征收土地现状调查和社会稳定风险评估，并将征收范围、土地现状、征收目的、补偿标准、安置方式和社会保障等在拟征收土地所在的乡（镇）和村、村民小组范围内公告至少三十日，听取被征地的农村集体经济组织及其成员、村民委员会和其他利害关系人的意见。多数被征地的农村集体经济组织成员认为征地补偿安置方案不符合法律、法规规定的，县级以上地方人民政府应当组织召开听证会，并根据法律、法规的规定和听证会情况修改方案。拟征收土地的所有权人、使用权人应当在公告规定期限内，持不动产权属证明材料办理补偿登记。县级以上地方人民政府应当组织有关部门测算并落实有关费用，保证足额到位，与拟征收土地的所有权人、使用权人就补偿、安置等签订协议；个别确实难以达成协议的，应当在申请征收土地时如实说明。相关前期工作完成后，县级以上地方人民政府方可申请征收土地。

2021年修订的《土地管理法实施条例》第28条规定：征地补偿安置方案拟定后，县级以上地方人民政府应当在拟征收土地所在的乡（镇）和村、村民小组范围内公告，公告时间不少于三十日。

根据规定，如果多数被征地的农民认为补偿安置方案不合法，则县级以上人民政府应当组织听证。

知识点：征收土地应当给予公平、合理的补偿。

案例二十四：农村集体土地征收如何确定补偿价值 [1]

S县人民政府实施对包括耿某所住房屋在内的K街集体土地进行征收，S县国土资源局于2015年9月在K街张贴关于选定房地产评估机构的公告，后耿某等十七名被征收人向S县国土资源局寄送了选定B房地产评估有限公司的回复，S县国土资源局与B房地产评估有限公司签订房屋征收评估委托合同。B房地产评估有限公司于2015年10月在K街张贴片区房屋拆迁咨询性估价。耿某不服，向S县国土资源局提出政府信息公开申请，要求公开房

---

[1] 山东省济宁市中级人民法院（2017）鲁08行终65号。

屋征收评估委托合同、分户评估报告及评估技术报告，S县国土资源局作出政府信息不予公开告知书，耿某不服，起诉至法院。一审法院责令S县国土资源局按照其申请内容和形式向耿某公开信息。2016年6月，S县国土资源局作出政府信息告知书，向耿某公开房屋征收评估委托合同，并告知其所申请公开的分户评估报告、评估技术报告不存在。耿某认为S县将所作的片区房屋拆迁咨询性估价适用于其被征收房屋违法，就征收评估行为违法提起行政诉讼。

一审法院认为，S县国土资源局委托B房地产评估有限公司作出的片区房屋拆迁咨询性估价在张贴公布时，并未告知耿某诉权，耿某所属房屋的土地性质为集体土地，目前我国法律并没有对集体土地上房屋征收出台相关的房屋价值评估办法，但是根据国家征地拆迁实施精神，可以参照《国有土地上房屋征收评估办法》对被征收土地上房屋进行评估。S县国土资源局委托B房地产评估有限公司对原告所属房屋进行评估，并没有出具房屋征收评估委托书，仅出具了房屋征收评估委托合同，且该合同内容相对欠缺，不符合委托合同应载明事项。对于评估结果，B房地产评估有限公司出具片区房屋拆迁咨询性估价作为征收房屋的参考价值，并未向被征收人出具分户评估报告，不符合房屋征收评估办法的规定。法院确认S县国土资源局委托B房地产评估有限公司所作片区房屋拆迁咨询性估价违法。

耿某上诉认为S县实施的片区房屋拆迁咨询性估价，不是协商，而是强制，实施对象包括全体拆迁户。S县国土资源局辩称没有将片区房屋拆迁咨询性估价适用于耿某。二审法院认为S县国土资源局以片区房屋拆迁咨询性估价为基础，与耿某协商，但是并没有将片区房屋拆迁咨询性估价强制实施于耿某。本案诉讼标的是征收评估行为，因此驳回其上诉请求。

案例教学点提要：

（1）本案案由是耿某诉S县国土资源局征收评估行为违法。本案是涉及集体土地征收引发的评估的争议，但本案的案由是征收评估行为违法。征收评估是行政行为吗？很显然不是，案例中也说明S县国土资源局与评估公司签订的是委托合同。显然评估是民事合同行为，至多是国土资源局对评估价格的确认是属于行政行为。但更有意思的是，法院确认S县国土资源局委托B房地产评估有限公司所作片区房屋拆迁咨询性估价违法。究竟是委托行为违法还是评估行为违法？实际上委托是民事行为，评估是履行合同行为。

（2）农村集体土地征收应该适用《土地管理法》及《土地管理法实施条例》，住建部2011年发布《国有土地上房屋征收评估办法》，但关于集体土地征收评估没有专门的规定。大多数地方均参照适用《国有土地上房屋征收评估办法》，法院也给以了确认。

（3）案件审理时，《土地管理法》及《土地管理法实施条例》尚未修订。法条修订前，有关集体土地征收与国有土地上房屋征收的安置补偿标准在实际操作中差别比较大，引发纠纷比较普遍。本案一审法院援引中共中央办公厅、监察部办公厅的文件判定参照国有土地征收补偿。根据中共中央办公厅、监察部办公厅印发的《关于加强监督检查进一步规范征地拆迁行为的通知》规定，《土地管理法》修订之前，集体土地上房屋拆迁要参照《国有土地上房屋征收与补偿条例》的精神执行。法院由此并延伸到参照《国有土地上房屋征收评估办法》，但在本案中说理不充分。

（4）本案涉及国土资源局两个行为违法：一是不依法公开相关信息，根据《政府信息公开条例》，土地、房屋征收均属于地方政府应该主动公开的信息。二是征收补偿依据缺乏评估报告。S县国土资源局一审后告知原告其所申请公开的分户评估报告、评估技术报告不存在。为什么不存在？是否进行过检索后发现不存在？

（5）本案征收评估机构选定程序没有问题，但评估机构不出具评估报告，不符合评估技术规范。《城镇土地估价规程》（GB/T 18508—2014）和《房地产估价规范》（GB/T 50291—2015）均为国家标准，均要求估价结果需要出具估价报告。但理论上这属于评估机构违反操作技术规程，不是法院审查的要点。但既然实行了评估，就应该遵守评估规范。二审诉讼中，S县国土资源局仍然以此咨询报告与耿某协商，显然没有废止该咨询报告。咨询报告不能作为估价结果，更不能作为补偿依据。

思考题：农村集体土地征收评估的依据是什么？

相关规定：按照2019年修订的《土地管理法》第48条，征收农用地的土地补偿费、安置补助费标准由省、自治区、直辖市通过制定公布区片综合地价确定。制定区片综合地价应当综合考虑土地原用途、土地资源条件、土地产值、土地区位、土地供求关系、人口以及经济社会发展水平等因素，并至少每三年调整或者重新公布一次。征收农用地以外的其他土地、地上附着物和青苗等的补偿标准，由省、自治区、直辖市制定。对其中的农村村民住宅，应当按照先补偿后搬迁、居住条件有改善的原则，尊重农村村民意愿，采取重新安排宅基地建房、提供安置房或者货币补偿等方式给予公平、合理的补偿，并对因征收造成的搬迁、临时安置等费用予以补偿，保障农村村民居住的权利和合法的住房财产权益。

《最高人民法院关于审理涉及农村集体土地行政案件若干问题的规定》明确：征收农村集体土地时未就被征收土地上的房屋及其他不动产进行安置补偿，补偿安置时房屋所在地已纳入城市规划区，土地权利人请求参照执行国有土地上房屋征收补偿标准的，人民法院一般应予支持，但应当扣除已经取得的土地补偿费（因为土地补偿费归集体所有）。

《国有土地上房屋征收评估办法》第16条、第17条规定，房地产价格评估机构应当按照房屋征收评估委托书或者委托合同的约定，向房屋征收部门提供分户的初步评估结果。分户的初步评估结果应当包括评估对象的构成及其基本情况和评估价值。房屋征收部门应当将分户的初步评估结果在征收范围内向被征收人公示。公示期间，房地产价格评估机构应当安排注册房地产估价师对分户的初步评估结果进行现场说明解释。存在错误的，房地产价格评估机构应当修正。分户初步评估结果公示期满后，房地产价格评估机构应当向房屋征收部门提供委托评估范围内被征收房屋的整体评估报告和分户评估报告。房屋征收部门应当向被征收人转交分户评估报告。

本案评估机构不出具评估报告和分户评估报告，显然违反规定。

知识点：农村集体土地征收补偿协议的性质。

案例二十五：补偿条款争议是否适用民法 ❶

王某与 J 区 X 村合村并城项目指挥部签订补偿协议，该协议约定：预计安置人口 1 人，预计安置面积 200 平方米，同时约定该人口数不作为安置人口的最终认定，只作为房屋置换基数使用，最终安置人口数要依据相关文件经相关程序并公示无异议后确定。补偿协议签订时，王某为单身，按照规定可享受安置 200 平方米的优惠政策。其后王某娶妻生子，王某可安置人口由一人增加为三人，按照合村并城方案的规定，王某可安置面积变更为每人 100 平方米，共 300 平方米。J 区政府按照规定，将该处宅基地安置人口由一人增加为三人，将安置总面积调整为 300 平方米。王某认为政府不履行行政协议的法定职责，诉之法院。一审、二审均维持了政府的决定。王某认为法院对补偿协议的理解错误，若该协议存在两种解释，也要考虑协议系格式条款的相关情况，作出有利于对被征收人有利的解释，于是申请最高人民法院再审。

最高人民法院认为对行政协议案件的审理首先应当适用《行政诉讼法》的相关规定，在不违反《行政诉讼法》的情况下参照民事合同的相关规定。协议的签订双方地位并不完全平等，对征收补偿协议的条款存在争议时，对条款的理解既不能损害被征收人的合法权益，也不能简单地一概作有利于被征收人的解释，损害社会公共利益。按照协议条款、协议目的及诚实信用原则等，以征收补偿法律规范、征收补偿安置方案等为基础，依法进行裁判。据此认定 J 区政府并不存在不履行行政协议和降低补偿标准、减少补偿面积问题。王某的妻子、儿子仍属于其家庭成员，仍应与王某按照同户适用补偿标准。最终裁定驳回王某的再审申请。

案例教学点提要：

（1）本案土地征收为集体土地征收，王某是农村村民身份。农村集体土

---

❶ （2019）最高法行申 13327 号。

地征收适用《土地管理法》。本案判决做出是2019年12月，是在《土地法管理》修订之后。

（2）依据《土地管理法》，农村宅基地以户计算，一户一宅，因此补偿安置均按照户为安置补偿单位。

（3）关于补偿协议，《最高人民法院关于审理行政协议案件若干问题的规定》明确为行政协议。鉴于此，首先是适用行政法律规范，关于协议本身条款的具体理解，可以参考《合同法》（现已废止）的规定。本案在对合同条款的理解上即适用了《合同法》进行阐释，遵循了民法的诚实信用原则。

（4）行政协议当事人之间地位不平等，通常法院在裁量时应考虑对行政相对人的保护。本案中，由于合同约定是预定的安置面积，且说明以最终文件和程序为准，政府按照文件规定安置，符合先前合同的约定。

（5）是否需要特殊保护，最高院说明了既要保护当事人，也不能损害公共利益。如按照人均100平方米，一户三人，计300平方米。王某要求本人按照预先约定安置200平方米，再加2人，各100平方米，计400平方米，显然不是按照计户安置的，违反了安置的规定和合同的约定。如此，则其他人也可以通过各种途径调整户口和婚姻状况增加补偿，这种情况在城市和农村的征收补偿中均比较多见，不仅破坏了补偿原则，有违公平，也损害了公共利益，甚至影响了社会公序良俗。虽然本案当事人不属于这种情况，但法院一定会考虑判决的社会效果、公平原则和对社会公序良俗的影响，以免判决出现负面效应，侵害公共利益，导致社会分配不公。

思考题：征收补偿协议的性质？如何解决条款的不同理解问题？

案例二十六：是否可以查询他人的补偿协议 [1]

纪某为J村的被征收人，其向R区管委会申请公开"J村2010年1月至2015年4月之间的拆迁户每户的拆迁补偿安置协议"。管委会作出《政府信息公开答复书》，告知其经查询J村期间搬迁户共有498户，其要求公开J村在此期间498户的搬迁补偿安置协议无据。如果因为生产、生活、科研需要某一户的房屋搬迁补偿协议，须说明具体户主姓名和申请理由，管委会

---

[1] 江苏省高级人民法院（2017）苏行申1410号。

将征求该户的意见后再进行答复。一审、二审法院均驳回其起诉。纪某提起再审。再审法院认为上述信息涉及他人隐私，管委会表明在征求意见后再答复，已履行政府信息公开法定职责。因此驳回纪某的再审申请。

案例教学点提要：

（1）《政府信息公开条例》规定，设区的市级、县级人民政府及其部门应当根据本地方的具体情况，主动公开涉及土地征收、房屋征收等方面的信息。本案法院审理的实体法依据是《政府信息公开条例》。

（2）法院两个理由：不符合"三需要"原则和涉及他人隐私。本案再审时间在《政府信息公开条例》（2019年）修改前，因此适用"三需要"原则。2019年《政府信息公开条例》修改时取消了"三需要"原则。由于农村土地征收适用《土地管理法》《土地管理法实施条例》，本案在判决中并未适用《国有土地上房屋征收与补偿条例》的有关规定。

（3）《国有土地上房屋征收与补偿条例》规定补偿结果应公布。房屋征收部门应当依法建立房屋征收补偿档案，并将分户补偿情况在房屋征收范围内向被征收人公布。2019年修正的《土地管理法》第49条规定，被征地的农村集体经济组织应当将征收土地的补偿费用的收支状况向本集体经济组织的成员公布，接受监督。

（4）根据本案发生地江苏省2013年《江苏省国有土地上房屋征收与补偿条例（草案）》第52条（补偿结果公开）：房屋征收部门应当在达成补偿协议后20个工作日内，通过在征收现场办公场所张贴的方式，向房屋征收范围内的被征收人公布，公布时间不少于五个工作日。房屋征收范围内人员申请查询他人分户补偿情况的，应当提供房屋权属证明和本人身份证明。房屋征收范围外人员申请查询分户补偿情况的，需经被征收人同意；法律法规另有规定的，从其规定。该条例第54条（不宜公开的内容）规定：房屋征收社会稳定风险评估报告涉及机密和个人隐私，不得公开。该草案对于查询规定十分明确，被征收人提供证明就可以查询他人分户补偿情况，只有非被征收人查询分户补偿情况需要被征收人同意。

本案判决做出时间是2018年8月，三个月后，最高院的判决（2018）

最高法行再 180 号，改变了观点。

思考题：《政府信息公开条例》和《国有土地上房屋征收与补偿条例》有关征收信息公开的规定在适用中是否有不同？为什么？

<u>知识点：征收补偿信息须公开。</u>

案例二十七：分户补偿信息是否公开❶

2017 年，刘某等 3 人申请公开 P 县某镇铁炉村所有村民的土地征收补偿费用、土地征收补助费用、房屋拆迁补偿费、房屋拆迁补助费用发放情况的具体明细。P 县政府作出答复称：除刘某三人外其他村民房屋拆迁补偿费用、其他村民土地征收补偿费用发放情况明细的内容属于个人隐私，或者公开可能导致对个人隐私权造成不当侵害。根据《政府信息公开条例》，对该部分信息不予公开。刘某等不服，提起行政诉讼，请求 P 县政府对刘某等三人公开某镇铁炉村所有村民的房屋拆迁补偿费用、土地征收补偿费用发放情况的具体明细。

一审法院认为：三人申请公开其他村民的信息不属于其生产、生活、科研等需要，P 县政府对涉及其他村民的信息不予公开并无不当。三人不服，提起上诉。二审法院认为：P 县政府对于涉及刘某三人的相关信息已经予以公开，三人申请公开其他村民土地征收补偿费用、房屋拆迁补偿费用发放情况的具体明细，不属于其生产、生活、科研等需要，驳回上诉。

三人向最高院申请再审称：征收或者征用土地、房屋拆迁及其补偿、补助费用的发放、使用情况属于再审被申请人必须主动公开的范围，涉案政府信息与再审申请人的生活息息相关。作为被拆迁人，房屋已被强拆，至今未与拆迁方就拆迁补偿问题达成一致。申请政府信息公开是为了了解拆迁补偿标准是否在已搬迁的村民那里得到落实，是否有已搬迁的村民获得的拆迁补偿款超出规定的标准从而对其他村民造成不公正的结果，政府在涉案征收补偿工作中是否做到公平、公正、公开、透明。

最高院认为：《最高人民法院关于审理政府信息公开行政案件若干问题

---

❶ （2018）最高法行再 180 号。

《的规定》有比较严格的适用条件和范围。本案一审和二审法院判决驳回其诉讼请求，不符合前述司法解释的规定。本案虽然是集体土地征收，但对于分户补偿情况是否应予公开，集体土地与国有土地上房屋征收不应有所差别，可以参照适用。再审申请人作为土地征收范围内的村民，有权知道分户补偿情况，分户补偿情况尽管一定程度涉及其他户的个人隐私，但为了保证征收补偿的公开和公平，消除被征收人不公平补偿的疑虑和担心，法律对这类个人隐私进行了一定的让渡。因此撤销两审法院判决，责令P县人民政府向刘某等三人提供其所申请公开的政府信息。

案例教学点提要：

（1）本案发生在《政府信息公开条例》修改之前。2019年修改后的《政府信息公开条例》已经取消"三需要"原则。最高院认为对于"三需要"的"合理说明"，并不是一种证明责任，即原告不需要提供证据证明其是否符合"三需要"。

（2）关于征收补偿中他人的补偿安置信息是否属于个人隐私、是否应该公开，一直存在争议。很多情况下政府是不公开的，且不少法院是支持政府的做法的，如该案一审、二审。在本案中，最高院认为《政府信息公开条例》规定了在涉及第三方个人隐私的情况下应当书面征求第三方意见的程序，本案政府却并未举证证明其已履行书面征求第三方意见的程序。在此情况下，其径行以此为由决定不予公开，不符合上述法规的规定。在涉及第三方的情况下，政府信息是否公开，并不单纯取决于第三方是否同意，更要看是否确实涉及个人隐私以及是否因为公共利益的考虑而使个人隐私权进行必要的让渡。《政府信息公开条例》和《国有土地上房屋征收与补偿条例》都规定了补偿情况和补偿费用的发放属于政府公开、公布的范围。即两审法院均没有依照法律规定审查政府是否依法履行了相关程序。

（3）《国有土地上房屋征收与补偿条例》第29条第1款规定："房屋征收部门应当依法建立房屋征收补偿档案，并将分户补偿情况在房屋征收范围内向被征收人公布。"但究竟是向所有的被征收人公开还是仅对本人公开，显然两审法院和最高院有不同看法。一审、二审法院均认为涉及刘某三人的补偿情况向其公开，他人的情况不予公开。对本人公开可以基于该条规定，但要求公开他人的情况，两审法院适用的是《政府信息公开条例》的关于涉及个人隐私的规定，并没有适用《国有土地上房屋征收与补偿条例》第29条的规定。如何处理信息公开和个人隐私权的保护，在理论和实务界一直有不同看法，法院的判决也是各不相同，对此法院运用了价值衡量和价值判断做出不同的判决。

（4）最高院的判决认为，分户补偿情况尽管一定程度涉及其他户的个人隐私，但为了保证征收补偿的公开和公平，消除被征收人不公平补偿的疑虑和担心，法律对这类个人隐私进行了一定的让渡。即最高院认为法律已明确规定应该向所有被征收人公开，这是立法权衡后出于公平正义的考量。因此最高院依据《政府信息公开条例》《国有土地上房屋征收与补偿条例》做出应当公开的判决。

思考题：个人补偿情况是否属于个人隐私？是否应该公开？

第四章 房地产转让

一、房地产转让形式

房地产转让的方式是多样化的，主要形式有买卖、赠与、交换。也包括以房地产作价入股，与他人成立企业法人；或者一方提供土地使用权，另一方或者多方提供资金，合资、合作开发经营房地产；以及企业被收购、兼并或合并；以房地产抵债等形式。这些形式的转让，其最本质的特征是房地产权属发生转移，即权利主体发生变化。

知识点：房地产转让的形式多种多样，买卖赠与是典型方式。

案例一：买卖或赠与 [1]

王某系任氏姐弟的母亲，任某与任某翔系姐弟关系，潘某系任某翔的妻子。2011年1月，王某与儿媳潘某签订房地产买卖合同，约定王某将房屋转让给潘某，面积34平方米，转让价款为54万元，双方于2011年1月31日之前共同向房地产交易中心申请办理转让过户手续。该份合同关于交房时间、违约责任、补充条款、付款协议等条款均为空白。合同签订后，潘某并未实际支付房款，但房屋于2011年2月转移登记至潘某名下。王某的女儿任某认为，潘某理应支付该房屋房款给王某。现王某已经去世，王某享有的房屋转让款为债权，自己作为女儿有权继承，要求潘某支付房款，因此诉之法院。潘某认为因为自己和丈夫长期照顾婆婆王某，所以婆婆将房屋赠与自己。合同约定的房价远低于市场价，在没有给付钱款的情况下即办理了过

---

[1] 上海市浦东新区人民法院（2012）浦民一（民）初字第4122号。

户手续。买卖合同签订于王某弥留之际,之前王某曾转给女儿任某 37 万元,半个月内又将房屋过户给了儿媳潘某,表明是王某临终前对财产的处分。买卖合同签订后,王某及任某均未向潘某夫妇催讨过房款。因此法院认为房屋买卖合同只是以买卖的形式办理过户,实际上是赠与。

案例教学点提要:

(1)近年来,不少长辈在处理财产时,会将名下的房屋过户给晚辈。而老人在转让过户房产时会在税费上大动脑筋,试图寻求最节省成本的方式将房屋转让给子女。转让过户方式主要有买卖、赠与和继承等,继承房产支付的费用相对较低,目前没有任何税费。但作为法定继承人或者遗嘱继承人,必须在被继承人死亡后才可办理。如通过遗嘱继承将房产给与某一继承人,则一般需要遗嘱公证或者自书遗嘱(需要相关手续,口头遗嘱需要有证明人)。如通过法定继承,则需每个继承人同意并签字确认或放弃等,办理起来比较复杂。而赠与手续也较烦琐,且税费不少。相比之下,如果老人生前意欲将房屋给与子女,从程序便利及税费的复杂程度、将来处置等方面而言,签订房屋买卖合同是选择最多的方式。

(2)合同本应是当事人真实意志的体现,但是,出于某些原因,合同的内容与形式常常与实际情况不符。此时就应探求当事人的真实意思,以此确定双方真实的权利义务关系。如实践中大量存在的父母子女之间名为买卖实为赠与的合同等,若是实际体现双方当事人意志的合同并不存在法定的无效事由,则应以当事人的真实意思表示为准。

本案中,潘某与王某签订的合同,形式上是房屋买卖合同,但仔细审查,与一般买卖合同相比,具有很多特殊性。除了房屋的基本信息外,交房时间、付款方式与期限、违约责任等条款均未约定,即并未约定买受人的义务,实际上合同的内容是不完全的,甚至缺乏重要条款。且房屋买卖合同签订不久,涉案房屋就过户到潘某名下,买卖合同约定的房价明显低于市场价格,王某从未向潘某索要过购房款,由此可见王某的本意是将房屋赠与潘某,法院应该审查的是该行为是否损害其他人的合法权益。

(3)买卖和赠与都是房地产转让的形式之一,赠与合同与买卖合同均为双方法律行为，都是以转移合同标的物的所有权归属为目的。两者最主要的区别是：买卖合同是商品交换的典型的法律形式，买受人取得标的物的所有权必然要支付对价，即买卖合同是双务有偿合同；而赠与合同是单方无偿地把自己的所有物赠与另一方，另一方取得所有物的所有权但不支付对价，即赠与合同是单务合同。受赠人无义务可言，但受赠房屋将来一旦出售，可能在税费计算如所得税、增值税方面的计算方式与买卖不同，缴纳的税费可能会远高于买卖取得的房屋（当然在许多房地产热点城市，出卖人往往要求购房人承担全部税费，即使如此，也在客观上推高了出卖价格，在市场上降低了价格竞争力）。因此，实务中许多亲属之间更愿意采取买卖形式办理赠与。

思考题：房地产转让的形式有哪些？赠与是否属于房地产转让？

案例二：中介公司股东购买房屋[1]

张某购买骆某位于某市A花园小区房屋，以总价款580万元达成交易，并向骆某支付50万元的定金，骆某出具一份收条，并约定次日在中介公司签订房屋买卖合同。骆某收取定金后，却拒绝与张某签订房屋买卖合同。张某认为双方在前日已就合同主要内容达成合意，骆某的行为已构成违约，依法应双倍返还定金，并承担相应的赔偿责任。请求法院判令骆某双倍返还定金100万元；赔偿张某中介费损失14万元，该中介费曾由张某支付给自己担任股东的某中介公司。骆某则认为当事人签订的只是预约合同，该定金的性质应为订约定金。且自己拒绝签订房屋买卖合同，主要的争议是关于张某让李某（涉案房屋的承租人，与张某同为某中介公司股东）出具放弃优先购买权的证明，但李某拒绝该要求，因此双方未能达成一致意见。另外，骆某未与中介公司订立居间合同，双方也未就居间费用协商一致。

法院认为双方当事人对于争讼房屋买卖的付款方式、付款时间、房屋交付时间等实质性合同条款并没有约定，收款收据针对的也仅是房屋的位置及总价。骆某拒绝签订买卖合同，是由于承租人拒绝出具放弃优先购买权的证明。骆某未与中介公司订立居间合同，双方也未就居间费用协商一致。张某

---

[1] 福建省厦门市湖里区人民法院（2011）湖民初字第1819号，福建省厦门市中级人民法院（2011）厦民终字第2841号。

与李某同为某中介公司股东，对于中介费的支付无法证明，张某请求赔偿中介费没有合法依据。

案例教学点提要：

（1）预约合同是约定将来订立房屋买卖合同的合同，预约是为本约做准备，以将来与相对人签订特定合同为目的。预约从本质上而言，虽然被称为合同，但该合同缺乏买卖合同主要条款和关键性的内容。一般而言，如房屋买卖预约合同未包含买卖合同的主要条款，双方当事人只是进入初步磋商阶段，对于买卖合同的具体条款未有具体的约定，而是留待进一步协商。预约合同在房地产交易实践中较为常见，通常表现为意向书、草契、认购书等形式。房地产交易过户时要求签订政府制定的示范合同文本，在此之前，往往双方会在开发公司或者中介公司签订一份买卖合同，如果合同具备买卖合同的主要内容，可以视为买卖合同。达成本案此种预约合同的双方当事人，仅负有诚信协商的义务，而未负有将来一定要达成合同的义务，即使最后一方不履行缔约义务，另一方也不能主张实际履行和要求履行利益的损害赔偿。

（2）《最高人民法院关于审理买卖合同纠纷案件适用法律问题的解释》（2020年修订）规定："商品房的认购、订购、预订等协议具备《商品房销售管理办法》第十六条规定的商品房买卖合同的主要内容，并且出卖人已经按照约定收受购房款的，该协议应当认定为商品房买卖合同。"虽然该解释是针对商品房的，但从中可以看出，最高人民法院已经明确预约合同性质，除非预约中已经包含本约的主要条款。有些法院在判决中也说明虽然最高人民法院解释是针对商品房的，但存量房买卖也是同理，经说明后亦适用该条款处理存量房买卖合同。

（3）在房屋买卖合同中，主要事项应当包括当事人信息、交易房屋信息、房屋价款、交房时间、付款方式、付款期限、税费的承担以及办理过户登记等方面。衡量双方是否就房屋买卖达成一致意见，可依是否具备上述因素进行考量。本案中，定金收条仅仅表明双方对房产买卖价款达成一致，对交房时间及付款方式、付款期限、中介费和税费的承担等条款上，并无书面证据证明双方已经达成一致意见，因此应属于预约合同性质。

（4）对于未能订立合同的责任承担，参看最高人民法院《关于审理商品房买卖合同纠纷案件适用法律若干问题的解释》第4条规定："出卖人通过认购、订购、预订等方式向买受人收受定金作为订立商品房买卖合同担保的，如果因当事人一方原因未能订立商品房买卖合同，应当按照法律关于定金的规定处理；因不可归责于当事人双方的事由，导致商品房买卖合同未能订立的，出卖人应当将定金返还买受人。"如参照该规定，可以判定若不是出于一方原因导致合同未能订立，则不适用定金罚则。本案中，骆某要求案外人李某出具放弃优先购买权的书面证明，因未能达成一致意见，导致双方房屋买卖合同未能订立，双方并未无故阻止合同的成立。买卖中，对于房屋租赁关系的处理也十分重要，因为承租人不仅具有优先购买权，并且"买卖不破租赁"。因此，双方当事人就本合同的内容进行磋商，最终未能达成合意，不可归责于任何一方，骆某不应当承担责任。

（5）关于中介费。张某既是购买人，又是促成交易的中介公司的股东，其自述自己支付了中介费给自己任股东的公司。按照《房地产经纪管理办法》，房地产经纪机构签订房地产经纪服务合同前，应当向委托人说明是否与委托房屋有利害关系。本案中，购买人是中介公司的股东，应该在一开始予以说明。按照2013年制定的《房地产经纪执业规则》规定，不得对委托人隐瞒与交易有关的重要事项，房地产经纪机构和人员不得将自己的房地产出售或者出租给自己提供经纪服务的委托人。从这一点看，张某及其公司亦有违反执业规范的情况。但本案为民事案件，法院不会主动处理行政违法和行业违规行为。

思考题：预约和本约的主要区别是什么？房地产中介可以将自己居间服务的房屋出售或者出租给自己的委托人吗？

相关规定：《商品房销售管理办法》第16条规定的商品房买卖合同主要条款是："（一）当事人名称或者姓名和住所；（二）商品房基本状况；（三）商品房的销售方式；（四）商品房价款的确定方式及总价款、付款方式、付款时间；（五）交付使用条件及日期；（六）装饰、设备标准承诺；（七）供水、供电、供热、燃气、通讯、道路、绿化等配套基础设施和公共设施的交付承诺和有关权益、责任；（八）公共配套建筑的产权归属；（九）

面积差异的处理方式；（十）办理产权登记有关事宜；（十一）解决争议的方法；（十二）违约责任；（十三）双方约定的其他事项。"

二、在建工程转让

在建工程转让在实务中也称项目转让，指开发单位通过出让方式取得土地使用权后，按照出让合同约定进行开发，将符合一定开发条件，但工程尚未竣工的正在建设的工程项目转让给他人。

知识点：在建工程转让须符合法定的条件。

案例三：土地使用权转让或在建工程转让 [1]

2006年4月，某油田房地产公司与某市D区国土资源局签订国有土地使用权出让合同，油田房地产公司通过出让取得某地块1.4万平方米。合同约定，油田房地产公司投资在达到总投资的25%后，有权将本合同项下的全部或部分地块的余期使用权转让、出租，项目应在2008年5月1日前竣工。2010年11月，油田房地产公司与D区国土资源局签订补充合同，约定油田房地产公司应在2012年12月31日之前，就该项目下宗地内的全部建设项目竣工并取得建设工程规划验收合格证，油田房地产公司在该地块建设名都商业街项目。2017年7月，油田房地产公司转让项目于D公司，约定转让净得总价款4780万元，双方应于协议生效后45个自然日内完成与项目有关的资料交接手续，并将施工许可证办理至D公司指定的施工单位名下。D公司投资建设达到法律法规规定的允许转让的条件（投入25%）时，油田房地产公司配合办理转让手续。2017年9月之后，D公司组织施工，基本达到总投资的25%。在D公司组织施工期间，区建设工程质量安全监督管理支队于2017年4月向施工公司等下发责令整改通知书，后下发责令暂停施工通知书。2018年12月，D公司委托某工程咨询管理有限公司对已完工工程质量进行鉴定。结论为施工质量符合设计要求，达到工程合格标准。D公司

---

[1] 天津市第二中级人民法院（2019）津02民初261号。

于 2019 年 3 月起诉，请求继续履行合同。2019 年 4 月，油田房地产公司发送解除合同通知书。

法院认为，双方均主张对方未按合同约定履行，构成违约。双方在签订相关转让协议之时，并未达到转让要求。故在名都商业街项目上，客观上不具备按协议约定的时间办理各项转让手续的条件，但没有按照协议约定履行，不可归责于单方，故 D 公司主张油田房地产公司承担违约责任，不予支持。至起诉前，名都项目商业街已经达到项目投资总额的 25% 以上，具备项目转让条件。D 公司已经向油田房地产公司支付转让费 4780 万元，完成合同主要义务，故该项目转让协议应继续履行。判决油田房地产公司按协议约定办理名都商业街项目转让手续，D 公司予以配合。

案例教学点提要：

（1）本案为在建项目转让纠纷。依照法律规定，按照出让合同约定进行投资开发，完成开发投资总额的 25% 以上，才可以办理项目转让。油田房地产公司在转让项目时并不符合条件，即尚未达到投入 25% 的转让要求。为了规避 25% 的投资要求，行转让土地之实，油田房地产公司拟让 D 公司出资建设到符合 25% 的转让条件，再补办理项目转让手续，因此本案最初涉及土地转让，到诉讼时符合在建工程转让条件。

（2）本案从拿地到发生诉讼经历十几年，其中，油田房地产公司没有按照出让合同约定进行开发，也未按照合同约定的时间竣工，也是土地出让合同的违约方。

（3）油田房地产公司转让项目时，由于项目建设未达到转让要求，所以约定的所有项目转让更名手续均无法办理。因此在转让前，即使是 D 公司出资，但项目名义上仍然属于油田房地产公司所有，实际上是 D 公司出资替油田房地产公司投入开发。

（4）法院认为在名都商业街项目上没有按照协议约定履行，不可归责于单方。实际上指的是 D 公司知道转让不符合条件，但自愿承担风险。而且投入达到 25% 是需要 D 公司去实际完成的，即该项目转让双方是互相牵制的，合同的履行均需要对方配合，因此不可归责于单方。但实际上首先是油田房地产公司违反国家规定和出让合同约定转让，对 D 公司而言，达不到转让条件，客观上无法办理转让手续。

（5）诉讼时项目已经达到在建工程转让条件，因此法院不支持油田房地产公司解除合同。实践中，有不少通过房地产作为股权转让甚至破产等方式办理手续，这样就规避了投入达到 25% 的投资要求。

思考题：在建项目转让的条件是什么？

知识延伸：在建工程（项目）转让的条件是：按照出让合同约定已经支付全部土地使用权出让金，并取得土地使用权证书；按照出让合同约定进行投资开发，属于房屋建设工程的，完成开发投资总额的 25% 以上，属于成片开发土地的，依照规划对土地进行开发建设，完成供排水、供电、供热、道路交通、通信等市政基础设施、公用设施的建设，达到场地平整，形成工业用地或者其他建设用地条件。但是按照最高院第八次民事商事审判工作会议纪要的精神，上述规定并非效力性、强制性规定，当事人仅以转让国有土地使用权未达到该项规定条件为由，请求确认转让合同无效的，法院不予支持。

三、合作开发

合作开发，实务中也称为联建。一般是一方投入土地，一方投入资金，联合开发房地产，双方通过合同约定具体的开发事宜和利益分享方式。其本质特征是共同投资，利益共享、风险共担。

知识点：合作开发房地产需要双方共同投资，共享利润、共担风险。

案例四：合作开发或者合伙经营[1]

原告李某作为受让方，香港 J 公司作为转让方，签订股权转让合同，J 公司将名下的全部股权和 J 公司在某巷建设项目中所享有的权利义务转让给李某。2011 年 4 月，原告李某、被告张某及第三人陈某签订合作协议书，

---

[1] 陕西省高级人民法院（2020）陕民终 590 号，最高法民申 238 号。

约定三人合作开发某市某巷房地产项目。公司股权各占1/3，经全体协商一致，李某是法定代表人。三人又于2011年9月协议约定陈某、张某退出公司股权及项目。被告张某因未实际退出某巷项目，向原告李某出具欠款支付承诺书，承诺向原告李某支付项目前期费用及利息1500万元，并承诺于2015年该项目转出第一笔转让款到账三日内一次性支付。一审法院认定该承诺系附条件的民事法律行为，但原告李某未提供相应证据证明该条件已经成就，不支持李某要求被告张某赔偿损失款1500万元并支付利息的诉讼请求。

二审法院认为依据李某与张某签订的欠款支付承诺书，应当确定双方之间1500万元债权债务关系存在。该承诺属于附条件的民事法律行为，但还款所附条件成就的时间无法确定，所以还款义务的履行时间应属于约定不明。依据法律规定，债权人有权随时要求债务人履行，但应当给对方必要的准备时间。二审法院认为一审判决适用法律不当，支持了李某1500万元请求。

后张某因不服二审民事判决，向最高人民法院提起再审。主张本案当事人均未取得土地使用权，不具有房地产开发经营资质，认为二审法院将本案所涉合伙协议的法律关系认定为合资、合作开发房地产合同纠纷属适用法律错误。最高院认为：合同的性质应当根据合同的双方当事人约定的具体内容予以认定，张某主张本案为合伙合同纠纷，其主张与所查明的基本事实不符，驳回张某的再审申请。

案例教学点提要：

（1）本案原项目土地使用权为J公司所有，后通过股权转让方式，将该地块作价为公司股份全部转给原告李某。因为股权转让可以回避土地使用权转让的有关限制，实践中常常是土地转让的一种规避方式。

（2）李某与张某、陈某合作开发，两人对合作还是合伙产生了不同看法。显然李某持有土地，张某、陈某出资，后张某、陈某决定退出。实际上张某并没有退出，因此承诺欠款，即拟通过转让其开发权利所得支付欠款。所以，这是典型的一方投入土地（李某），另一方投入资金（陈某、张某），合作开发房地产。

（3）本案开发各方当事人均没有开发资质，可能导致合同无效。《最高人民法院关于审理涉及国有土地使用权合同纠纷案件适用法律问题的解释》规定："当事人双方均不具备房地产开发经营资质的，应当认定合同无效。但起诉前当事人一方已经取得房地产开发经营资质或者已依法合作成立具有房地产开发经营资质的房地产开发企业的，应当认定合同有效。"但本案当事人未请求确认合同效力，法院自然不会主动审理。按照最高院的观点，合作开发房地产合同的当事人一方具备房地产开发经营资质的，应当认定合同有效。但本案最高院认为合作开发没有交易形式的特别限制，合同效力与是否存在合作法律关系不是肯定性的联系。

（4）合作开发房地产合同的特点是提供出让土地使用权、资金等作为共同投资，共享利润、共担风险，合作开发房地产为基本内容。但本案双方合同的基本内容显然是土地、资金的投资合作。

（5）本案实际上是以股权转让方式转让土地使用权，以此规避出让土地再转让的法律限制（法律设定限制条件主要是为了规制炒卖地皮，即不投入不能转让土地。如果投入25%，符合商品房预售条件的资金投入条件，对于土地使用权人来说，可以有其他更好选择，则不一定转让土地）。实践中屡屡看到不符合转让条件的地块转让，大多是通过这种股权转让、合作开发、破产清算等方式转让不符合转让条件的土地。

思考题：合作开发的特点是什么？

知识延伸：根据《最高人民法院关于审理涉及国有土地使用权合同纠纷案件适用法律问题的解释》，对于违背合作合同共同投资，共享利润、共担风险的本质特征的，法院并不当然认定合同无效，而是根据其合同性质作出认定。如提供土地使用权的当事人不承担经营风险，只收取固定利益，认定为土地使用权转让。提供资金的当事人不承担经营风险，只分配固定数量房屋，认定为房屋买卖。提供资金的当事人不承担经营风险，只收取固定数额货币的，认定为借款合同。提供资金的当事人不承担经营风险，只以租赁或者其他形式使用房屋的，认定为房屋租赁。法院从稳定市场交易秩序的角度衡量，尽量维持合同的稳定，保护交易安全。这也显示法院将合同效力和是否是合作开发区别开，即不符合合作开发的特征和性质，不等于合同无效。本案就体现了这种裁判思路。

四、商品房销售

商品房销售分为商品房预售和现售，预售是指房地产开发企业将正在建设、未通过竣工验收的房屋出售给承购人，由承购人支付定金或房价款。现售是开发商将已经通过竣工验收的商品房出售给买受人。

知识点：开发商预售商品房必须符合法定的条件，取得预售许可证。

案例五：无许可证预售商品房 ❶

某市B房地产开发有限公司C分公司与B房地产开发有限公司是挂靠关系。九龙大厦C栋三层楼房系该C分公司开发建设。该楼房建成后，C分公司将该楼整体出售给倪某，双方签订商品房买卖合同，倪某当时付清购房款，楼房已经实际交付，并由倪某出租给他人使用。

一年后，案外人张某申请执行B公司借贷及劳务纠纷案中，法院作出民事裁定书，查封了上述房屋。倪某得知后提出异议，法院又在一年后作出民事裁定书，驳回了倪某提出的异议。倪某认为其与该执行案件没有任何关系，查封的房屋系自己合法所有，应当停止对该房屋的执行，解除查封。故诉至法院，请求依法确认九龙大厦C栋三层楼房系自己所有。申请执行人张某认为涉案房屋未办理商品房预售许可证，依据《最高人民法院关于审理商品房买卖合同纠纷案件的解释》第2条，出卖人未取得商品房预售许可证的，合同应当认定无效，因此倪某尚不是涉案房屋的所有权人，无权主张房屋权利。

案例教学点提要：

（1）商品房销售包括商品房现售和商品房预售。商品房现售，是指房地

---

❶ 宿迁市宿城区人民法院（2010）宿城民初字第2473号判决，宿迁市中级人民法院（2011）宿中民终字第0748号判决。

产开发企业将竣工验收合格的商品房出售给买受人,并由买受人支付房价款的行为。商品房预售,是指房地产开发企业将正在建设中的商品房预先出售给买受人,并由买受人支付定金或者房价款的行为。商品房在预售时,真正的房屋尚未完全形成,国家因此加强了对商品房预售市场的规范。《城市房地产管理法》第45条规定,房地产开发企业必须已经向县级以上人民政府房产管理部门办理预售登记,取得商品房预售许可证明,才可以进行商品房预售。《城市商品房预售管理办法》第6条规定:商品房预售实行许可制度。开发企业进行商品房预售,应当向房地产管理部门申请预售许可,取得商品房预售许可证。未取得商品房预售许可证的,不得进行商品房预售。

(2)本案中,倪某声称购买的涉案房屋在签订合同时已经竣工,但由于未经竣工验收合格,不能称为现房销售,且其提供的商品房买卖合同第2条载明了虚假的商品房预售许可证号,说明买卖双方均认可该房系预售房。《最高人民法院关于审理商品房买卖合同纠纷案件适用法律若干问题的解释》第2条规定:"出卖人未取得商品房预售许可证明,与买受人订立的商品房预售合同,应当认定无效,但是在起诉前取得商品房预售许可证明的,可以认定有效。"在倪某起诉之前,C分公司尚未取得该商品房项目的商品房预售许可证明,因此购房人与C分公司订立的商品房预售合同,应当认定无效。但实践中,法院的判决并不一致,即在有些案件中,法院并不认为无许可证销售,合同就当然无效。

(3)B公司称与C公司事先签订挂靠协议,约定C公司须债务自理,B公司不参与C公司经营,C公司的债权债务与B公司无关,因此B公司主张其对于倪某的购房合同(向C公司购买房屋)不负责任。

关于此问题,需要分析C公司是否有独立的法人营业执照和开发资质,如果没有相应法人执照和开发资质,则其项目在法律上属于B公司。本案C公司只有B分公司执照,为非法人执照。即便双方事先签订C公司债务自理,B公司仍须为C公司的售房行为承担责任。C公司出售给倪某的房屋在法律上仍然是属于B公司所有,本案已经说明C公司挂靠B公司,那么如果倪某因为房屋被执行,要求B公司承担赔偿责任,则B公司不能置身事外。

(4)本案中,涉案的是商业大楼,房屋竣工交付后并未办理房产登记手续，当然是由于其前期项目的手续欠缺。项目可能存在违法建设、违法销售的情况，因此也不可能办理登记手续。即使倪某实际占有使用房屋，也不能作为取得涉案房屋所有权的依据。因此，对于涉案房屋的查封行为，购房人不能对抗。

思考题：商品房预售的条件是什么？

知识延伸：商品房预售条件有四：已交付全部土地使用权出让金，取得土地使用权证书；持有建设工程规划许可证；按提供预售的商品房计算，投入开发建设的资金达到工程建设总投资的25%以上，并已经确定施工进度和竣工交付日期；向县级以上人民政府房产管理部门办理预售登记，取得商品房预售许可证明。

按照住建部《商品房预售管理办法》的规定：未取得商品房预售许可证的，不得进行商品房预售。

由于理论界有不少要求商品房实施现售或者提高预售条件的，因此各地都在进行尝试。从规定看，25%是最低要求，高于此条件并不违法。

为防止风险，购房人购买预售商品房前，应该查询房地产管理部门的网站，了解许可证的发放情况。各地交易管理部门对于取得许可证的项目均会在官网公布，并且公布销售项目的楼盘表。购房人可以清晰地查找所购楼盘的销售、抵押、限制情况。

知识点：商品房预售资金监管。

按照《城市房地产管理法》的规定，开发商预售所得款项必须用于工程建设。因此住建部推行商品房预售资金监管，多地制定了商品房预售资金监管的具体办法。

案例六：共有产权房预售资金是否需要监管 [1]

2020年12月18日，某市H区房屋管理局发布了本区J家园和R家园

---

[1] 315丨海淀瑞泽家园维权事件进展：房管局已介入（https://ihouse.ifeng.com/news/2021_02_09-53830002_0.shtml），载凤凰网房产，2021年2月9日访问；北京市住房和城乡建设委员会：市住房城乡建设委联合海淀区房屋管理局对两个共有产权住房项目开展专项检查（https://www.beijing.gov.cn/ywdt/gzdt/202101/t20210117_2221289.html），载北京市人民政府门户网站，2021年1月17日访问。

两个共有产权住房项目摇号公告，12月26日起R家园项目开始进行集中选房，购房人按要求交了首付款并签订了认购书。H区共有产权房R家园项目购房人与开发商在预售合同部分条款上分歧较大。购房人所缴纳的定金并未按要求被存入指定的监管账户。市住建委及H区房管局联合对H区J家园和R家园两个共有产权住房项目进行了专项检查，要求开发建设单位严格贯彻落实本市《商品房预售资金监督管理办法》，必须将购房款直接存入专用账户，不得擅自更改摇号公告内已公示的共有产权住房预售合同各项条款。针对检查发现的预售资金未存入监管账户及预售合同存在不合理条款等问题，市住建委向开发建设单位下发了责令整改通知书并提出相关整改要求。有关部门要求监管银行尽快公示预售资金监管账户的入账明细，修改完善合同并向全体业主公示。因发现J家园公司未按要求收存预售资金的违规行为，暂停J家园项目剩余未签约房屋的网上签约，待整改后再行恢复。要求监管银行对J家园项目预售资金监管账户内的资金暂时冻结使用。

案例教学点提要：

（1）共有产权房本质上属于商品房。得益于政府提供一些政策支持或者享受政策优惠，该类项目销售价格低于同地段、同品质商品住房价格，并限定使用和处分权利，政府与购房人按份共有产权，属于政策性商品住房。各地对此有不同规定，一般共有产权住房购房人取得不动产权证满5年，可按市场价格转让所购房屋产权份额。

（2）共有产权房从开发到销售均遵循商品房开发程序，只是购买人有条件限制，购入产权情况比较特殊，但本质上仍属于商品房。如北京市的共有产权住房属于产权类住房，在落户、入学方面和购买其他普通商品住房政策一致。因此在销售对象确定后，签订的是商品房买卖合同。

（3）共有产权房管理按照商品房开发销售管理的路径，符合预售条件的，需要领取预售许可证，取得许可证后才可以（摇号）申购。购房合同须使用示范文本，在申购同时，房管部门也同时公示合同范本，预售资金必须进入监管账户。

（4）因为销售合同是政府的示范文本，因此本案合同的争议主要是当事人双方另行签订的预售合同补充协议。如 R 家园项目在签订示范文本前，双方亦有约定（称之草签合同）：乙方在签署草签合同后，不得拒绝签订预售合同，否则按解除合同处理，并且提出解除合同的一方，需向守约方支付房屋总价款的 10% 作为赔偿。在补充协议中，亦有不平等条款。可见，开发商拟通过另定合同条款逃避政府的示范文本有关条款的适用。

（5）该事件反映了商品房监管上的普遍问题，即资金监管不到位。由于大部分城市普遍由商业银行进行资金监管，银行出于业务竞争关系，往往疏于监管。部分地方虽然规定银行监管，但开发商使用预售资金需要房管部门审查，而执行中亦存在问题，银行和管理部门也存在需要协调的问题。近几年开发商预售资金监管不到位引发的纠纷也较多，监管制度在实际执行中面临许多问题，银行、政府主管部门均有很多需要改进的地方。

思考题：共有产权房是否是商品房？预售所得资金是否应该纳入资金监管？

相关规定：《城市房地产管理法》规定：商品房预售人应当按照国家有关规定将预售合同报县级以上人民政府房产管理部门和土地管理部门登记备案。商品房预售所得款项，必须用于有关的工程建设。

知识点：房屋交易必须实名制。

案例七：姓名不一致无法交易[1]

2020 年，张某赟看中了某市的一套商品房，签订了商品房预售合同。张某赟是其身份证上的名字，但其本人在日常生活中名字中的"赟""贇"经常混用。其在商品房预售合同署名"张某贇"。张某赟支付了 54 万余元首付款，其后他申请公积金贷款。公积金中心告之贷款无法办理，因为合同署名与身份证名字不一致，无法办理公积金贷款。如此一来，按照购房实名制的要求，张某赟将来也不能办理不动产权证。万般无奈，张某赟要求房地产公司退房、退款，并赔偿自己的损失。房地产公司以预售合同已备案为由，拒

---

[1] 上海金山法院：购房合同写错名，开发商竟让他改名……（https://mp.weixin.qq.com/s/EQaxBnBBiTkprd8zLwDmFA），载微信公众号"上海高院"，2021 年 7 月 27 日访问。

绝张某赟的要求，提出张某赟可通过改名来取得产权证。双方协商不成，张某赟将房地产公司诉至法院，认为房地产公司工作人员严重失职，在合同签订时未尽到严格审查义务，要求解除商品房预售合同，退还54万余元的购房款，并赔偿因房价上涨造成的损失30万元。房地产公司认为，张某赟自身存在重大过错，应该承担主要责任，同意解除双方签订的合同并退还购房款，但对于张某赟要求赔偿30万元损失不予认可。本案双方签订的备案合同名字错误，导致买卖合同无法继续履行，合同目的不能实现，因此合同解除，房地产公司应当返还购房款。至于原告张某赟要求房地产公司赔偿30万元损失，由于张某赟未提供相应证据，法院不予认可。

案例教学点提要：

（1）购房人姓名是合同的重要条款，必须与身份证件记载完全一致。否则无法证明购房人和身份证记载的是同一人，导致合同无法履行。

（2）购房人签名必须使用所持身份证的名字，实名签约。如果出现不一致，则必须解除原合同，重新签署合同。如果合同已经办理网签备案，则需要当事人双方共同申请房地产管理部门注销原备案合同，重新签订合同后再行备案。

（3）本案经法院调解，当事人双方达成解除合同的一致意见，因此合同不再履行。但是对于张某赟来说，仍然需要注意签名与身份证一致的问题，否则依然会产生法律纠纷。

（4）2005年5月，《国务院办公厅转发建设部等部门关于做好稳定住房价格工作意见的通知》提出，要切实整顿和规范市场秩序，严肃查处违法违规销售行为，并明确规定实行实名制购房，推行商品房预销售合同网上即时备案，防范私下交易行为。

（5）住建部与各地住建部门（住房保障部门）颁布的商品房预售合同示范文本均要求实名制，且要求身份信息真实。实务中，买卖双方均应该注意自己的信息与身份证信息核对无误。

思考题： 购房实名制指的是什么？

知识点：商品房预售合同须网签及登记备案。

按照规定，商品房预售人应当按照国家有关规定将预售合同报县级以上人民政府房产管理部门和土地管理部门登记备案。现在各地均依据住房与城乡建设部要求，实行商品房合同网签及登记备案。

案例八：预售合同登记备案的司法审查[1]

2013年5月，A置业有限公司将已取得预售许可证的C小区中的一套房屋预售给曹某，双方签订了预售合同并经房地产管理部门登记备案。一个月后，A公司向房地产管理部门提交网上备案合同撤销申请，并声明：买卖双方一致承诺上述合同撤销原因真实有效。该申请表上出卖人处加盖有A公司的公章和经手人（签章）的签名。买受人处载有曹某字样，后经查，该签名并非曹某本人所签。房地产管理部门在曹某未到现场的情况下，根据上述书面材料，撤销了预售合同的登记备案。后曹某诉至法院，请求确认撤销预售合同登记备案行为违法，并赔偿损失。

一审法院认为房地产管理部门在不能确定买受人曹某的签名是否为其本人所签的情形下，即作出撤销登记备案行为，主要依据不足，违反行政参与原则。A公司提供虚假材料，应对曹某的损失承担责任，房地产管理部门未尽审核义务，也负有一定的责任。二审法院认为曹某要求赔偿缺乏权利基础。撤销登记备案与曹某的损失无直接因果关系。预售合同登记备案是一种行政管理制度，对当事人履行合同不产生确定的效力，未使预售合同双方产生新的民事权利义务，也未使预购人获得物权公示及对抗第三人的效力，因此驳回上诉。

案例教学点提要：

（1）商品房预售合同备案虽然不影响合同的效力，但一旦合同办理过登记备案，则开发商不能就该已经备案的商品房再与他人办理合同备案，即该制度的设立可以有效地预防开发商的"一房二卖"或者"一房多卖"。本案

---

[1] 南通市中级人民法院（2016）苏06行终435号。

认定备案及其撤销的依据是住建部《关于进一步加强房地产市场监管完善商品房预售制度有关问题的通知》及购房所在省住房和城乡建设厅发布的《关于进一步加强商品房预售监管的通知》的规定，对于已经备案的合同，双方协商一致解除合同，需向房管部门递交申请，才可撤销登记备案。目前全国大部分城市均如此操作。

（2）商品房买卖中，办理备案登记的合同要求是管理部门（住房建设部门和市场监管部门）制定的示范文本，而在此类合同中，主管部门一般都制定了合同备案的时间及备案生效的条款。如果当事人选择示范文本或者约定了备案相关的条款，则备案就成为生效的条件。虽然没有物权公示效力，但一旦备案，将导致就同一房屋不能再行备案，也无法再次网签合同。

（3）本案由开发商A公司伪造签字引起，因此A公司应该承担主要责任。但房管部门也应该承担相应的责任。这里涉及房管部门对于合同备案的审查责任究竟是什么？是实质性审查还是形式审查？本案是行政案件，但判决回避了这个问题，二审也仅是从备案对合同和当事人的民事权利影响方面进行说理的。

（4）从备案行为的性质看，对其有不同的说法。有认为是具体行政行为的，也有认为是行政事实行为的，但目前没有法律上的定论。就合同备案看，其是不动产登记的前置程序，不备案不能办理不动产登记，因此其实质上不是可有可无的环节。实践中，只有取得预售许可证的项目才可以办理合同网签和备案，而房管部门对于拟销售的项目在申请办理许可证时，已经进行过全面审查，因此在办理备案时，只要双方当事人到场签字即可。加之适用的是主管部门的示范合同文本，一般不作特别审查就可以办理。换言之，实际操作中，就是形式审查。

（5）本案管理部门的问题在于违反办理登记备案的程序性规定，即在一方当事人未到场的情况下撤销备案，显然是有过错的。行政机关的责任不是审查的实质性问题，而是违反程序办理。法院认为备案对合同效力没有影响，当事人不能证明损失与备案的因果关系，所以房管部门不承担赔偿责任。试想如果合同约定了备案后生效，本案应该如何处理？

思考题：合同备案的性质与责任承担的原则是什么？

知识延伸：商品房预售合同现在普遍实行网上登记备案。根据最高人民法院《关于审理商品房买卖合同纠纷案件适用法律若干问题的解释》，当事人约定以办理登记备案手续为商品房预售合同生效条件的，从其约定，但当事人一方已经履行主要义务，对方接受的除外。住房和城乡建设部、工商行政管理总局联合发布的《商品房买卖合同（预售）示范文本》（GF—2014—0171）第19条规定："预售合同登记备案：（一）出卖人应当自本合同签订之日起【30日内】【＿＿日内】（不超过30日）办理商品房预售合同登记备案手续，并将本合同登记备案情况告知买受人。"各地有关部门制定的合同示范文本，均有类似备案生效的条款。即实际上签订了示范合同即接受了备案生效的条款，只是在备案时间的选择上可以由当事人自己选择。

知识点：商品房广告一定条件下可以构成要约。

商品房的销售广告和宣传资料通常被视为要约邀请，但是开发商就商品房开发规划范围内的房屋及相关设施所作的说明和允诺具体确定，并对商品房买卖合同的订立以及房屋价格的确定有重大影响的，构成要约。

案例九：违规发布"学区房"广告[1]

某区市场监督管理局接到5名购房者投诉举报，称B房地产开发有限公司在其一商业楼盘销售中使用印有"某某楼盘与某某学校仅咫尺之遥，居住于此，学校签约便可直接就读！优秀学区房，错过即是过错"的广告宣传，投诉人购买了5套住房，后发现小区住户的小孩无法入读楼盘广告上宣传的学校。市场监管局介入调查后遂依法对当事人作出责令停止发布广告，罚款3万元的处罚决定。

案例教学点提要：

（1）开发商虚假宣传应承担民事责任。根据《关于审理商品房买卖合同纠纷案件适用法律若干问题的解释》的规定，商品房的销售广告和宣传资

---

[1] 浙江省工商局发布查处侵害消费者权益十大典型案例之七：湖州某房地产开发有限公司虚假宣传纠纷案，【法宝引证码】CLI.C.60779317。

料，原则上应认定为要约邀请，但对于宣传广告中的内容符合"商品房开发规划范围的房屋及相关设施所作说明和允诺具体确定"及"对商品房买卖合同的订立以及房屋价格的确定确有重大影响"标准的，则应认定为要约。本案开发商关于"学区房"的说明和允诺具体确定，导致购房人冲着学区购买房屋，因此开发商应该承担违约责任。

（2）开发商违反房地产广告发布的有关规定，应该受到行政处罚。首先，《房地产广告发布规定》对于"学区房"宣传有特别规范，即不得含有广告主能够为入住者办理户口、就业、升学等事项的承诺。因此，开发商对于"学区房"的宣传是违规的。其次，该宣传是虚假的，即该楼盘所对应的学校不是广告宣传的学校，即该楼盘所在地小区并非所指学区，房地产公司利用"学区房"促销，因此依法被处罚。

（3）2021年4月30日中共中央政治局召开会议，强调要坚持"房子是用来住的、不是用来炒的"定位，提出增加保障性租赁住房和共有产权住房供给，防止以"学区房"等名义炒作房价。此后，对于"学区房"的宣传降温，且有关宣传方面不允许广告出现此类用语。

思考题：房地产广告可以将"学区房"作为卖点宣传吗？

知识点：房地产广告与虚假宣传的界分。

案例十：虚假宣传和违约 [1]

J公司的香缇雅苑住宅小区和南湖湾商业街同在一个售楼部。张某购买了J公司开发的香缇雅苑商品房住宅，并签订了商品房买卖合同。后双方签订补充协议约定：出卖人针对买受人所购商品房及其所在楼宇、项目做的销售资料及宣传资料仅供买受人购房时参考，并不视为正式要约之内容，出卖人不因上述广告、宣传资料而承担违约责任。上述广告、宣传资料与本合同及其附件内容不一致的，以本合同及其附件为准。出卖人展示的项目沙盘、户型模型、样板房等仅为布置参考，并非买卖双方约定的房屋交付标准，不构成要约，房屋的交付标准以双方合同及其补充协议的约定为准。且买受人

---

[1] 安徽省亳州市谯城区人民法院（2020）皖1602民初661号。

同意，出卖人的宣传资料对买受人的购买决定不产生重大影响。一年后，该住宅经竣工验收合格交付张某。后张某以该住宅项目捆绑于商业性质街区进行销售宣传，大量宣传资料以及现场销售宣传活动等将小区搭配运用南湖湾商业周边商圈、商业街区、财富空间等字样进行商业用地宣传，导致自己看到宣传资料后，误认为香缇雅苑小区周围均系商业街区，有升值空间，以高于当时同一时期周边小区每平方米近700元的价格购买了香缇雅苑小区。另外，J公司未严格按照建筑工程规划图施工，小区内绿化景观设计、排水、消防、电梯等设施与当初宣传的五重绿化高档纯洋房效果不一致，小区内景观石只有3块，设计图纸中有24块。张某遂以J公司虚假宣传，要求其承担违约责任诉至法院。

经张某投诉，开发商即接受市场监管局调查，经现场检查，该建设用地外围确实存在商业性质地块，市场监管局认定J公司不存在虚假宣传的行为。法院认为J公司所做的宣传资料及项目沙盘、户型模型等宣传，目的在于向公众介绍其楼盘，应属于销售广告，并未承诺小区建成后的绿化植树、景观石等的具体数量，且双方在补充协议中也有约定。香缇雅苑和南湖湾街是两个独立的业态。法院认为张某作为完全民事行为能力人在签订商品房买卖合同时应当预见商品房的销售价格会因各种因素存在价格的差异。至于张某所称J公司改变土地性质的问题，应属于行政部门职能管辖范畴。经审判委员会讨论决定驳回张某的诉讼请求。

案例教学点提要：

（1）本案张某可能觉得所购房屋交付实际情况与广告宣传有差距，同时觉得自己房屋买贵了，但其诉讼的理由是住宅捆绑商业项目销售，达不到升值预期，而恰恰这一点开发商并不违法违规。因为这两个项目确实是连在一起的，所有的规划、建设手续均可以证明其合法性。物业升值属于个人判断，并非开发商承诺，所以问题没有找准。

（2）民事诉讼不会审查行政法律问题。如本案张某称J公司用地违法问题，法院明确不予解决。这也是很多购房人在提起民事诉讼时常见的问题，即试图证明对方行为违反行政法律规范，从而要求其承担民事责任。实际上，在诉讼中对法院的判断影响不大，一般建议其向行政管理部门反映并寻求解决。

（3）双方约定J公司所有的广告宣传内容与合同不一致的，以合同为准。这意味着J公司预先排除了广告成为要约的情况。将广告和合同条款截然分开，有关广告的内容不会成为合同中的条款。在本案中可以看出开发商针对最高院的司法解释做足了功课，所以关于宣传广告的条款均事先排除了司法解释适用的情况。相较于购房人，开发商更具有优势地位，更注重自己的法律责任规避。

（4）关于J公司广告性质。一般来说，广告不是合同，也无法承担违约责任。但按照《最高人民法院关于审理商品房买卖合同纠纷案件适用法律若干问题的解释》的规定，认定广告宣传构成要约的是两个条件：一是开发规划范围内的房屋及相关设施所作的说明和允诺具体确定；二是对商品房买卖合同的订立以及房屋价格的确定有重大影响。这种情况即使未载入商品房买卖合同，亦应当视为合同内容。就本案看，开发商宣传肯定确实有名不副实的地方，如小区内绿化景观设计、排水、消防、电梯等设施与当初宣传的五重绿化高档纯洋房效果不一致等，但若认为本案不符合司法解释的这两个条件，依据是不充分的。

（5）关于本案的案由。二审法院认为虚假宣传纠纷属于反不正当竞争纠纷的下级案由，审理虚假宣传纠纷的主要法律依据是《反不正当竞争法》《广告法》及最高院的相关司法解释，其涉及的主体多是具有相互竞争关系的同业经营者。而本案起诉的主要事实和理由是J公司在销售房屋的过程中存在虚假宣传导致张某购买涉案房屋，案由应属于商品房销售合同纠纷。按照最高人民法院发布的《民事案件案由规定》（2000年修改），虚假宣传纠纷属于反不正当竞争纠纷的下级案由，即法院认为虚假宣传纠纷一般在经营者之间发生，这种观点是否准确是值得探讨的。当然，本案依据《最高人民法院关于审理商品房买卖合同纠纷案件适用法律若干问题的解释》进行审理，归之于商品房买卖合同纠纷也是符合规范的。

思考题：广告宣传中构成要约的条件是什么？

相关规定：根据《房地产广告发布规定》，房地产中表现项目位置，应以从该项目到达某一具体参照物的现有交通干道的实际距离表示，不得以所需时间来表示距离。项目位置示意图，应当准确、清楚，比例恰当。使用建筑设计效果图或者模型照片的，应当在广告中注明。

案例十一：宣传、销售违法项目[1]

张某向某市已注销的原 B 房产经纪有限公司法定代表人李某介绍该市"巴黎小镇"项目，称系自己开发，并承诺可以办理相关证照，并向李某提供了涉案集体工业用地土地证及相关房地产开发的合作协议。李某明知该项目未获得国有土地使用证及商品房开发所需各种证件，实际项目尚不存在，但为获取房地产中介电商费，未认真核实其所提供的房产开发信息的真实性，利用市面上购房难的情况，用虚假的鸟瞰图、户型图向购房者宣传售卖巴黎小镇项目。李某所在的 B 房地产经纪有限公司作为一级分销商，将"巴黎小镇"房地产项目的销售工作分包给该市 C 房地产企业策划服务有限公司、该市 D 房产经纪有限公司、该市已注销的原 E 房产经纪有限公司等三家公司，作为"巴黎小镇"房地产项目的二级分销商，在三家公司从事销售工作的马某、刘某、王某均通过广告方式销售上述房产，赚取电商费。法院认定已注销的原 B 房产经纪有限公司、已注销的原 E 房产经纪有限公司、C 房地产企业策划服务有限公司、D 房产经纪有限公司四家公司违反国家规定，发布售房广告进行虚假宣传，赚取电商费共计 420 余万元，情节严重，以上四家公司均已构成虚假广告罪。被告人李某、马某、刘某、王某作为单位直接负责的主管人员应当承担刑事责任。判处被告单位 C 房地产企业策划服务有限公司、被告单位 D 房产经纪有限公司构成虚假广告罪。被告人李某等四人构成虚假广告罪。

案例教学点提要：

（1）《刑法》第 222 条规定了虚假广告罪，《最高人民检察院、公安部关于公安机关管辖的刑事案件立案追诉标准的规定（二）》（2022 年修改）具体规定了利用广告对商品或者服务作虚假宣传应予立案追诉的情形。

（2）该开发项目并未取得合法的开发建设手续。其属于农村集体建设用

---

[1] 河北省保定市竞秀区人民法院（2019）冀 0602 刑初 590 号。

地，根据《城市房地产管理法》和《房地产开发经营管理条例》的规定，房地产开发只能在国有土地上进行，并且须是在出让方式取得的土地上（除保障性住房外）才能进行商品房开发。因此，该项目有关证照和合作协议都是违反国家相关的法律规定的，李某等人作为房地产中介专业人员明知该项目未取得任何合法手续，仍然违法销售虚构的项目。

（3）李某明知项目不可能合法，但是虚构事实通过广告进行销售并收取高额的中介费，影响面比较大，检察院据此以虚假广告罪提起公诉。当然，李某等被告和中介公司只需就虚假广告承担责任，对于项目违法建设等问题并不需要承担法律责任。

（4）由于B、E公司已经注销不存在，因此只有C、D公司构成单位犯罪。但所有涉案人员个人均构成虚假广告罪。

思考题：房地产广告宣传应该遵循的规定有哪些？

相关规定：《最高人民检察院、公安部关于公安机关管辖的刑事案件立案追诉标准的规定（二）》（2022年修改）第67条规定："虚假广告案（《刑法》第222条）广告主、广告经营者、广告发布者违反国家规定，利用广告对商品或者服务作虚假宣传，涉嫌下列情形之一的，应予立案追诉：（一）违法所得数额在十万元以上的；（二）假借预防、控制突发事件、传染病防治的名义，利用广告作虚假宣传，致使多人上当受骗，违法所得数额在三万元以上的；（三）利用广告对食品、药品作虚假宣传，违法所得数额在三万元以上的；（四）虽未达到上述数额标准，但二年内因利用广告作虚假宣传受过二次以上行政处罚，又利用广告作虚假宣传的；（五）造成严重危害后果或者恶劣社会影响的；（六）其他情节严重的情形。"

本案当事人符合上述追诉标准。

知识点：商品房预售和现售的区别。

案例十二：建成的商品房是否是现售 ❶

程某看中S房地产开发有限公司已经建成的楼盘，双方遂签订商品房买

---

❶ 安徽省宣城市中级人民法院（2014）宣中民四终字第00109号。

卖合同，S公司将房屋出卖给程某，总价款为59万元。合同约定S公司应当在商品房交付使用后60日内，向市房地产管理局备案，并提供办理产权登记所需的资料，如因S公司责任，买受人不能在规定期限内办理产权登记并取得房屋权属证书的，双方同意买受人退房；如买受人不退房，则出卖人向买受人支付违约金。合同签订当日，S房地产公司将房屋交付给程某。但是该房屋于一年后才验收合格。竣工验收后，S房地产公司将办证所需的资料报市房地产管理局备案。

一年后程某提起诉讼，要求S公司支付其逾期一年办理房屋产权证违约金9137元。

案例教学点提要：

（1）该房屋在签订合同时就现房交付了。但销售时没有通过竣工验收，即使已经建成，仍然属于商品房预售。买卖双方在合同中约定房屋产权登记手续应当在交付后60日内完成，确定何时为房屋交付时间是本案的关键。按照规定，未经验收合格的房屋，不能交付使用。因此买受人可拒绝受领。但是在合同签订的当日，S房地产公司就交付了房屋，买受人也受领了房屋。买受人可拒绝受领不代表不能受领，程某接受房屋的行为可视为交付已经完成。由于房屋经过一年后才经验收合格，S房地产公司明知房屋尚未验收合格，仍然将其交付给买受人，由此导致房屋买卖合同中的交付成立，其应当承担责任。S房地产公司未能在约定的期限内办理房屋产权登记手续，应当承担违约责任。

（2）民事法律行为重视当事人的意思自治，只要不违反法律法规的强制性规定、不违反公序良俗，当事人可以对合同内容进行自由约定。当事人在房屋买卖合同中的约定对双方均具有法律约束力，当事人应全面履行自己的义务。既然双方在合同中约定了被告应当在商品房交付使用后60日内，向市房地产管理局办理产权登记资料备案，开发商就应该依照约定履行。但开发商的问题是将预售房屋作为现售办理，无法办理产权手续，应当承担相应的责任。

（3）工程未经竣工验收合格不得交付使用，房屋买受人有权拒绝接受未经竣工验收合格的房屋。但买受人程某接受了该房屋，该房屋已经发生物理性转移，应视为房屋已经交付，只是权利没有交付。房屋交付及办理产权证是商品房买卖合同履行过程的两个最重要的环节，《城市房地产管理法》规定房地产开发项目竣工，经验收合格后，方可交付使用。《建筑法》也同样规定建筑工程竣工经验收合格后，方可交付使用，未经验收或者验收不合格的，不得交付使用。《城市房地产开发经营管理条例》也有相同的规定。

（4）商品房交付有两层含义：一是实物交付，即房屋的物理性交付，通常表现为交钥匙。二是权利交付，即办理所有权转移登记。本案房屋只完成了实物交付，未完成转移登记。

（5）实际上，在房屋竣工验收前，该房屋仍然是预售状态，S公司不可能协助程某办理房屋所有权登记。未通过竣工验收的房屋存在一定的安全风险，一旦出现问题，当然应该由开发商承担责任，购房人无须承担责任。程某在房屋没有竣工验收合格的情况下，本可以选择拒收房屋，但却收了房屋，作为没有专业知识的购房人可能不知道涉诉房屋在交付时并没有竣工验收合格，S公司不可能在此时协助自己办理房屋所有权登记，因此其无须承担责任。S公司明知合同中约定了以交房时间为基点的房屋产权登记办理时限，仍然在未竣工验收状态下交房，应当承担责任。

（6）《城市房地产开发经营管理条例》第32条规定：预售商品房的购买人应当自商品房交付使用之日起90日内，办理土地使用权变更和房屋所有权登记手续；现售商品房的购买人应当自销售合同签订之日起90日内，办理土地使用权变更和房屋所有权登记手续。房地产开发企业应当协助商品房购买人办理土地使用权变更和房屋所有权登记手续，并提供必要的证明文件。

办理房屋所有权登记手续应当有必要的证明文件，而房屋竣工验收合格是交付的必要条件，因此，房屋若没有经过竣工验收合格，便不能办理房屋所有权登记。

思考题：商品房现售最主要的条件是什么？

案例十三：现房逾期未交付❶

储某购买 F 房地产开发公司面积为 30 平方米的营业用房，双方签订了商品房买卖合同，同时约定 F 公司交付经验收合格的商品房的具体时间。后 F 公司未能依约向储某交付房屋，在合同约定的时间过去一年后，F 公司方才交付涉案房屋。双方办理房屋移交手续后，储某装修开业。开业后，储某发现所购商业用房所在商业街的状况与该公司广告宣传的情况相差甚远，遂与其他商铺业主一起要求该公司采取有效措施，兑现广告承诺。后 F 公司出具"关于 F 公司与项目业主达成共识"（以下简称共识），向包括储某在内的业主做出承诺，包括"最迟于 10 月 1 日某大街步行街开街，公司承诺步行街一楼开铺率未达到 80% 前按本年度银行贷款利率为依据，以各业主交款额计算予以赔偿；如在约定的时间步行街一楼开铺率达不到 80%，承诺所购商铺不按营业用房计价处理"等内容。后储某与该公司另行签订协议书，约定因大街商业步行街未能如期全面开街，使其所购商铺的经营受到影响，F 公司通过银行利息贴补的形式对储某进行补偿。后双方当事人因购房款金额产生纠纷。

案例教学点提要：

（1）本案签订的是商品房买卖合同，是现房销售。开发商承诺已竣工验收并约定了交房的具体时间，但开发商迟延交付。储某购买的现房已经到了可以开业营业的程度，后发现与广告宣传不符，储某未在共识上签字，而后与开发商签订协议约定了以银行利息贴补的形式进行补偿。共识中开发公司承诺对于商品房开铺率未达约定比率，不按商业用房计价处理。若涉案商品房开铺率达不到约定比例，应以何种标准计价，并没有做出更进一步的约定。本案的主要问题为：不按营业用房计价，应如何计价？共识对储某是否适用？协议书与共识之间是什么关系？开铺率的计算方式是什么？

（2）关于商品房买卖合同的效力。储某与 F 公司订立的商品房买卖合同是双方真实意思表示，其主体适格，内容不违反国家法律、行政法规的强制

---

❶ 根据江苏某市仲裁案件编写。

性规定,应认定为合法有效,双方当事人均应全面、适当履行。

（3）关于共识的效力。共识上没有储某或其代理人签名,但从标题及内容分析,共识所称之"业主",并不局限于在共识上签名的业主,而是泛指已购房的业主（含租赁户）。开发公司发放加盖其印章的共识,应视为向领取共识的已购房业主及租赁户作出承诺,共识应当适用于储某,F公司在其中所作出的承诺应当对储某有效。在现房或者交付阶段,通常称购房人为"业主"。

（4）关于协议书与共识的关系。协议书的签订在共识之后,开发公司在共识中承诺,步行街一楼开铺率未达到80%前按本年度银行商业贷款利率计算利息补偿,并要求储某于8月初试营业,是对共识的具体化,共识未被协议书取代。

（5）不按营业用房计价,以何种标准计价的问题。"不按营业用房计价处理"是模糊概念,双方对按什么标准计价并未能达成共识。储某认为不按营业用房就是按照非营业用房（如住宅）计价,根据涉案房屋所在地的房地产行情,以当时非营业用房价格尚未超过6000元/平方米来计价,与本案所涉房屋的单价21000元/平方米价差较大,有失偏颇,实际上这也是争议的焦点。近些年,很多地方住宅价格贵过同地段商铺（一般指同地段新建商铺,非市中心成熟旺铺）,本案这种价格悬殊,是争议的核心问题。

思考题：现房销售应该符合什么条件？开发商承诺是否符合规定？

相关规定：商品房现售的条件高于预售,也要求更高。住建部发布的《商品房销售管理办法》规定：（1）现售商品房的房地产开发企业应当具有企业法人营业执照和房地产开发企业资质证书；（2）取得土地使用权证书或者使用土地的批准文件；（3）持有建设工程规划许可证和施工许可证；（4）已通过竣工验收；（5）拆迁安置已经落实；（6）供水、供电、供热、燃气、通讯等配套基础设施具备交付使用条件,其他配套基础设施和公共设施具备交付使用条件或者已确定施工进度和交付日期；（7）物业管理方案已经落实。在现售前开发商需要将开发项目手册和符合现售条件的证明资料送主管部门备案。

知识点：违法返本销售和售后包租。

根据《商品房销售管理办法》的规定，房地产开发企业不得采取返本销售或者变相返本销售的方式销售商品房，不得采取售后包租或者变相售后包租的方式销售未竣工商品房。

案例十四：售后包租合同是否有效 ❶

某市J实业有限公司于2010年10月开发建设了"翡翠城"商铺项目，2013年9月，J公司在项目尚未竣工的情况下，将若干商铺预售给范某并签订了预售合同，同时双方签订了商品房预售合同之补充协议，约定范某将上述未竣工的商铺回租给J公司，租期为6个月，J公司已支付部分租金。后范某于2014年3月向法院起诉，要求J公司履行商品房预售合同之补充协议的约定，并向其承担违约责任。

与此同时，根据J公司在商品房未竣工的情况下售后包租销售的违法事实和相关证据，县住房和城乡建设局认定J公司采取售后包租方式销售未竣工商品房的行为违反了《商品房销售管理办法》第11条的规定，责令J公司改正违法行为，并处以罚款人民币2万元的行政处罚。行政处罚决定作出后，J公司在法定期间内未缴纳行政罚款，也未申请行政复议或提起行政诉讼。随后，县住房和城乡建设局向J公司送达督促履行行政决定催告书，J公司仍未履行，于是县住房和城乡建设局向人民法院申请强制执行。

而同时某区人民法院在审理范某与J公司合同纠纷一案中认为，范某与J公司签署的商品房预售合同之补充协议实质上为售后包租合同，虽然房地产开发企业针对未竣工商品房进行售后包租的销售模式违反了《商品房销售管理办法》，但该法在效力上仅属于部门规章，不属于国家法律、行政法规的强制性规定，不影响合同效力。因此，售后包租合同合法有效。

---

❶ 浙江省桐庐县住建局桐建罚字〔2014〕第6号行政处罚决定书、杭州市拱墅区人民法院〔2014〕杭拱民初字第733号。

案例教学点提要：

（1）开发商违反部门规章的相关规定，导致受到行政处罚，与本案合同的效力属于两个不同的法律问题。一个是行政违法问题，一个是民事行为是否有效问题，法院和行政执法部门看问题视角不同。

（2）本案判决显示，司法和行政执法是两分的。因此，处罚并不意味着合同无效，因为其适用不同的法律规范。行政处罚的依据是行政法律规范，民事合同效力适用的是当时的《合同法》的规定。

（3）构成违法售后包租的条件是销售未竣工的商品房，如果是已经竣工的商品房（如现售），不符合违法售后包租的构成条件。

（4）本案的处理结果在法律实施效果上可能引发不同的争议，事实上行政处罚达不到惩治的效果。经检索，中国裁判文书网公示的相关信息，因J公司本次违法售后包租所产生的纠纷高达数百起，严重影响了销售市场秩序和社会稳定，引发了诸多矛盾。

（5）虽然理论上民、行分开，但法院在处理系列类案时应该考虑判决的影响，从维护市场秩序和公共利益，适用公序良俗原则出发妥善处理纠纷，对于行政执法的结果予以一定的尊重和兼顾，更有利于纠纷解决和社会稳定。

思考题：什么是违法售后包租？

案例十五：返本销售及包租 [1]

2017年4月，陈某准备购买位于某大酒店8楼819号房，遂与被告S公司签订了S国际认购书，陈某分两次付清约定的定金2万元。原来双方约定应当在2017年5月6日前往被告S公司处所签订商品房买卖合同及相关协议。当天原告依约到达被告处所，陈某因商品房买卖合同是否应载入有关返本包租内容与S公司发生争议，致使双方未能办理相关签约手续。法院查明S公司投放的宣传广告中含有"S国际购物中心，云返模式火热推出""W国际酒店经营返租＋云返地产本金返还"等涉及返本包租的宣传广告语。

---

[1] 广西壮族自治区昭平县人民法院（2017）桂1121民初1096号。

法院认为陈某购买商品房的目的在于投资，获取房地产开发企业返本包租的优惠，《商品房销售管理办法》规定禁止未竣工商品房售后包租和返本销售。在商品房销售过程中，S公司未明确向陈某披露后续提供返本包租优惠政策的实际是第三方公司，导致原告对购房行为产生重大误解。因此判决撤销S国际认购书，S置业有限公司返还陈某定金2万元。

案例教学点提要：

（1）陈某是被S公司的返本包租的广告吸引而拟购买该商业项目的。双方签订的S国际认购书实际上是预约合同，即双方当事人约定需要签订正式的买卖合同。该项目性质明确是酒店项目，即属于商办项目或者旅游地产项目（纯粹的商业性项目）。购房人购买此类房产大多并非自住，往往是基于返本销售和赚取租金的投资目的。实际上，本案的项目预售虽然名义上是开发商，但包租方即运营方是另外一家公司，表面上返本包租与开发商并无直接关系。实践中大部分售后包租均是开发商交给第三方运营的。

（2）法院明确引用《商品房销售管理办法》的规定作为裁判理由，与前一案例观点有所不同。购房人根据广告宣传误认为开发商返本包租，而开发商未披露返本包租的真实情况，导致双方未能签订合同，因此判决撤销预约合同。

（3）《商品房销售管理办法》规定，违法售后包租和返本销售的主体是开发商，因此不能依据该规定处罚第三方运营公司。这种情况导致行政机关在查处时难以认定开发商违规，因为《商品房销售管理办法》只是针对开发商规定了处罚。本案这种情况，不能处罚开发商，因为返本包租合同不是与开发商签订的，因此行政机关处罚没有事实依据。这也导致在非住宅销售中，虽然有关部门明令禁止售后包租，但实务中售后包租很常见，大都是通过本案这种方式运作的。因此，民事诉讼中法院需要谨慎处理，维护法律的严肃性。

思考题： 如何认定商品房返本销售？

知识延伸： 返本销售是指房地产开发企业定期向买受人返还购房款的方式销售商品房。售后包租，是指房地产开发企业在一定期限内承租或者代为出租买受人所购该企业商品房的方式销售商品房。两者都违反了建设部《商品房销售管理办法》规定，以违规促销方式销售房屋。

违法销售严重的还涉及非法吸收公众存款犯罪。根据《最高人民法院关于审理非法集资刑事案件具体应用法律若干问题的解释》(2022年修改)，违反金融管理法律规定，未经有关部门依法批准或者借用合法经营的形式吸收资金，公开宣传，承诺回报，向不特定社会公众吸收资金，依照《刑法》第176条的规定，以非法吸收公众存款罪定罪处罚。其列举的情形包括不具有房产销售的真实内容或者不以房产销售为主要目的，以返本销售、售后包租、约定回购、销售房产份额等方式非法吸收资金的。实践中判别的标准主要看其是否有真实的销售内容，或者是否以销售为目的。

案例十六：返本销售违反公序良俗[1]

孙某与被告H公司于2021年4月签订新建商品房买卖合同（预售），购买H公司开发的D项目702号房。该商品房建筑面积133平方米，总价款为85万元。孙某支付首期购房款43万元，余款42万元向银行申请贷款支付。之后，双方签订协议，约定H公司分4期返还优惠款，每笔优惠款为房款的25%。但H公司未按协议支付第一笔优惠款，后H公司出现经营不良状况。孙某担心对方可能无法返还购房优惠款，遂要求被告一次性返还购房优惠款并支付相应利息。

法院认为该协议实为返本销售协议，给作为消费者的普通民众平添了重大风险，在约定的返款期限到来前，一旦开发商遭遇现金流危机而无法兑现承诺，势必引起大批购房者的不满以及民众维权行动，引发社会混乱。因此，商品房住宅的返本销售性质极为恶劣，不仅严重扰乱正常市场秩序，违反房地产调控政策精神，而且是对社会公序良俗的严重背离和破坏。基于违背公序良俗的民事法律行为无效，判决返本销售协议违背公序良俗无效。

案例教学点提要：

（1）法院认定本案开发商为返本销售，但是并没有从违反行政规章有关

---

[1] 山东省淄博市周村区人民法院（2021）鲁0306民初3046号。

规定的角度进行裁判说理，而是从严重违反公序良俗，可能引发社会稳定风险的角度出发，判决返本协议无效。因为此案为民事诉讼，法院并没有提及《商品房销售管理办法》禁止返本销售的规定，而是适用了民法上的公序良俗原则。

（2）由于购房人只是请求履行该返款协议，因此法院判决该返款协议无效，并不意味着商品房买卖合同无效。

（3）根据最高人民法院的《全国法院民商事审判工作会议纪要》的解释，一般情况下，违反规章不影响合同效力，如本案违反的是《商品房销售管理办法》，属于部门规章。但如该规章的内容涉及市场秩序、国家宏观政策等公序良俗的，应当认定合同无效。法院应该是按照此纪要的审判思路进行说理的。

（4）各地法院根据不同的案件背景，对于《商品房销售管理办法》对合同的影响各有不同的解读。如在江苏省无锡市中级人民法院民事判决书（2019）苏02民初105号卢某华与润地利科技实业投资集团有限公司普通破产债权确认纠纷一审民事判决书中，法院认为卢某华所谓的按项目建设合伙投资协议所约定享有无条件优先分配预期利润/收益的权利，其实质就是润地利公司将卢某华的购房款数额，逐年分批返还给卢某华。卢某华与润地利公司之间实质是商品房买卖关系，润地利公司实施的是商品房返本销售行为。虽然润地利公司的商品房返本销售行为，违反了《商品房销售管理办法》第11条的规定，但该规定属于部门规章的管理性规定，非法律和行政法规的强制性规定，因此不影响卢某华与润地利公司签订的项目建设合伙投资协议的效力，双方仍应依约履行。

显然基于案情不同，法院对此各有不同的适用情况。

思考题：违法销售对合同有什么影响？

相关规定：2019年最高人民法院发布《全国法院民商事审判工作会议纪要》，其中对于合同效力和行政违规的关系，作出了阐释：违反规章一般情况下不影响合同效力，但该规章的内容涉及金融安全、市场秩序、国家宏观政策等公序良俗的，应当认定合同无效。人民法院在认定规章是否涉及公序良俗时，要在考察规范对象基础上，兼顾监管强度、交易安全保护以及社会影响等方面，如交易标的禁止买卖的、交易方式严重违法的等，进行慎重考量，并在裁判文书中进行充分说理。

知识点：商品住宅按套销售，不得分割拆零销售。

商品房销售可以按套（单元）计价，也可以按套内建筑面积或者建筑面积计价。

案例十七：商品房销售与计价方式❶

林某与Z公司签订商品房买卖合同，约定"该商品房属预售，按套[√]出售，按[ ]建筑面积计算，该商品房单价为（人民币）每平方米X元，总金额（人民币）X仟X佰柒拾肆万玖仟柒佰叁拾柒元整。……"同时合同也约定了房屋的面积为102平方米。后双方因为涉案房屋的计价方式发生争议，林某主张应该认定为按套出售，按面积计价。其援引《商品房销售管理办法》规定，认为出卖人均要按套出售，不得分割拆零出售。涉案合同约定的按套出售，其意思表示并不是按套计价。涉案房屋约定建筑面积为102平方米，实测建筑面积100平方米，而Z公司认为是按套计价，不同意面积补偿，因此林某诉诸法院。

法院认为商品房买卖合同已明确约定涉案房屋的计价方式为按套出售，涉案合同中注明房屋面积的条款并不代表按面积计价，因此一审法院认定涉案房屋为按套出售。后林某上诉，提出关于涉案房屋有面积差。二审法院认为合同有约定的，按约定处理。本案中，商品房买卖合同已明确约定，当事人选择按套计价的，不适用面积确认及面积差异处理约定，即双方当事人已在合同中排除适用面积差异处理规则。但林某主张商品房买卖合同为格式条款，法院认为商品房买卖合同的关于房屋面积确定及面积差异处理的约定，是双方考虑到涉案房屋为预售，对于交付涉案房屋的面积存在差异已有预见，如果面积多了在合理的范围内则无须补款，如果面积少了在合理的范围内则无须退款。涉案房屋面积误差为1.88%，小于合理误差3%。因此，该条款约定不足以说明减轻了Z公司的违约责任，林某上诉主张该条款为无效格

---

❶ 广东省江门市中级人民法院（2019）粤07民终1337号。

式合同，依据不足。

案例教学点提要：

（1）本案的主要争议是双方对销售单位和计价方式产生了不同理解。即合同约定按套销售，也约定了房屋总价和房屋的具体面积。显然，买房人认为是销售和计价适用不同的方式。由于约定的面积少了2平方米，因此如果按套计价，则购房人认为自己损失2平方米的房款。所以提出按套销售，按面积计价，并且引用《商品房销售管理办法》的规定，认为按面积销售是违法分割拆零销售，以证明其理解的商品房买卖是必须按套销售，按面积计价。但其实际上是误读了《商品房销售管理办法》的规定，该办法规定的是两个问题：一个是销售单位问题，一个是销售价格计算问题。按套销售、不能分割拆零销售，指的是房屋销售时应该是整套一起出售，不允许将一套房屋拆分出售，如销售一个平方米产权，按套销售指的是出售的最小单位。而房屋的计价方式，则当事人可以约定，可以按套计总价，也可以按照建筑面积或者使用面积（套内面积）计单价。

（2）本案法院认为双方约定是按套计价，即约定了按照每套的总价销售。根据《商品房销售管理办法》规定，按套计价的商品房买卖合同中也需要注明建筑面积和分摊的共有建筑面积。该办法明确了按套计价的合同中亦应当注明房屋面积，也就是说即使按套销售也需要明确该套房屋的具体面积大小。这一规定本身就是为了保护购房人的权益，防止出现按套计价，开发商在合同中不明确具体面积，可能导致房屋大小与房屋总价严重背离，侵犯购房人利益。本案中，双方在合同印制好的两种选择方式中选择了按套[√]出售。虽然文本上有按[ ]建筑面积计算，但双方没有勾选。并且合同也没有具体的每平方米的单价，只有房屋的总价款。

（3）关于面积误差。虽然国家有明确规定，但本案已经选择按套计价，则无所谓误差结算。另外，法院认为误差面积没有超过3%。其实关于规定的3%，也只是在双方没有约定误差处理办法时适用。如果双方选择了处理办法，则不适用《商品房销售管理办法》的有关规定。Z公司认为合同中已明确约定如果当事人选择按套计价的，则不适用国家面积确认及面积差异的价格处理的规定,即如果交付使用的房屋面积与合同约定的面积出现差异的,买卖双方互相不退不补,也不承担违约责任。这是符合合同的约定和对规定的理解的。

(4) 本案的面积缺少,对于购房人当然是不利的,关键是是否超出合理的预期和范围而显失公平?这是法院裁量时应考量的。如果涉案房屋按套计价和按面积计价相差不大尚可,如果按套计价明显因为误差而不利于购房人,或者和正常的按面积计价相差巨大,则法院应该从公平和诚实信用角度,结合开发商对面积的预测情况进行调查,然后做出合理的价值衡量和判断,以防开发商故意隐瞒预测的真实面积,损害购房人的合法权益。

思考题: 商品房的销售方式和计价方式是什么?

相关规定: 分割拆零销售,是指房地产开发企业将成套的商品住宅分割为数部分分别出售给买受人的方式销售商品住宅。

按照《商品房销售管理办法》,按套内建筑面积或者建筑面积计价的,当事人应当在合同中载明合同约定面积与产权登记面积发生误差的处理方式。对于合同未约定面积误差的处理方式的,按以下原则处理:(1)面积误差比绝对值在3%以内(含3%)的,据实结算房价款;(2)面积误差比绝对值超出3%时,买受人有权退房。买受人退房的,房地产开发企业应当在买受人提出退房之日起30日内将买受人已付房价款退还给买受人,同时支付已付房价款利息。买受人不退房的,产权登记面积大于合同约定面积时,面积误差比在3%以内(含3%)部分的房价款由买受人补足;超出3%部分的房价款由房地产开发企业承担,产权归买受人。产权登记面积小于合同约定面积时,面积误差比绝对值在3%以内(含3%)部分的房价款由房地产开发企业返还买受人;绝对值超出3%部分的房价款由房地产开发企业双倍返还买受人。计算公式如下:

$$面积误差比 = \frac{产权登记面积 - 合同约定面积}{合同约定面积} \times 100\%$$

《商品房销售管理办法》明确规定:按套(单元)计价的预售房屋,房地产开发企业应当在合同中附所售房屋的平面图。平面图应当标明详细尺寸，并约定误差范围。房屋交付时，套型与设计图纸一致，相关尺寸也在约定的误差范围内，维持总价款不变；套型与设计图纸不一致或者相关尺寸超出约定的误差范围，合同中未约定处理方式的，买受人可以退房或者与房地产开发企业重新约定总价款。买受人退房的，由房地产开发企业承担违约责任。

2003年发布的《最高人民法院关于审理商品房买卖合同纠纷案件适用法律若干问题的解释》有类似规定，但最高院2020修正该司法解释时，将该规定删除。目前《商品房销售管理办法》的有关面积误差的规定依然有效。

知识点：商品住房须具备"两书"交付。

商品住房交付必须实行"两书"制度，即商品房交付时必须同时交付"住宅使用说明书"和"住宅质量保证书"。

案例十八：保修责任的承担 [1]

2016年5月，马某与A公司签订商品房买卖合同，约定在商品房保修范围和保修期限内，出卖人履行保修义务。出卖人拒绝整修或者在合理期限内拖延整修的，买受人可以自行或者委托他人整修，整修费用及整修期间造成的其他损失由出卖人承担。该房屋2020年6月竣工验收并备案，A公司未向原告方提供涉案房屋的"住宅使用说明书"和"住宅质量保证书"。2019年，该房屋的外墙出现渗水状况，导致房屋的室内漏水，马某两次对涉案房屋外墙进行整修，总共花费9300元。由于A公司未向马某提供质量保证书，马某无法了解该房屋保修范围及期限。因此，法院认为对于维修范围及期限应参照相关法律规定，根据《房屋建筑工程质量保修办法》规定"在正常使用下，房屋建筑工程的最低保修期限为：……（二）屋面防水工程、有防水要求的卫生间和外墙面的防渗漏，为五年"。据此判决A公司应当履行保修义务，并应承担9300元维修费。

---

[1] 湖南省龙山县人民法院（2022）湘3130民初244号。

案例教学点提要：

（1）该房屋 2020 年 6 月通过竣工验收，但在竣工验收之前的 2019 年即出现外墙渗水，购房人进行了修整。显然，开发商在 2019 年将尚未通过竣工验收的房屋交付给了购房人使用，这是违反规定的。房屋未经竣工验收不能交付使用，也不能办理产权登记。这涉及房屋安全使用问题。

（2）按照《商品房销售管理办法》规定，销售商品住宅时，房地产开发企业应当根据《商品住宅实行质量保证书和住宅使用说明书制度的规定》，向买受人提供"住宅质量保证书""住宅使用说明书"（以下简称"两书"），并可以将其作为买卖合同的补充约定。目前，各地的建设管理部门对于"两书"基本上是强制要求的。一般情况下，《商品房买卖合同》均有关于房屋交付及质量、保修的有关约定，尤其是各地都使用政府部门制定的《商品房买卖合同示范文本》，基本上有固定的条款和格式。很多地方政府主管部门制定的《商品房买卖合同示范文本》将"两书"的内容直接作为合同附件。本案因为开发商没有提供"两书"，显然合同也没有约定具体的保修责任期限等内容，所以法院直接适用了住建部《房屋建筑工程质量保修办法》。

（3）按照住建部 2022 年修订的《房地产开发企业资质管理规定》，一级开发企业资质的条件之一是：具有完善的质量保证体系，商品住宅销售中实行了"两书"制度。根据建设部《商品住宅实行质量保证书和住宅使用说明书制度的规定》，"两书"以购买者购买的套（幢）发放。每套（幢）住宅均应附有各自的"两书"。因此"两书"是开发商必须提供的。住建部要求"两书"应在住宅交付用户的同时提供给用户，以利于购房人明确保修的范围、时间期限和具体的内容。

思考题：商品房"两书"有什么要求？

相关规定：国务院发布的《建筑工程质量管理条例》规定："在正常使用条件下，建设工程的最低保修期限为：（一）基础设施工程、房屋建筑的地基基础工程和主体结构工程，为设计文件规定的该工程的合理使用年限；（二）屋面防水工程、有防水要求的卫生间、房间和外墙面的防渗漏，为 5 年；（三）供热与供冷系统，为 2 个采暖期、供冷期；（四）电气管线、给排水管道、设备安装和装修工程，为 2 年。其他项目的保修期限由发包方与承包方约定。建设工程的保修期，自竣工验收合格之日起计算。"

根据《商品住宅实行质量保证书和住宅使用说明书制度的规定》，住宅质量保证书应该包括的内容有："1. 工程质量监督管理部门核验的质量等级。2. 地基基础和主体结构在合理使用寿命年限内承担保修。3. 正常使用情况下各部位、部件保修内容与保修期：屋面防水 3 年；墙面、厨房和卫生间地面、地下室、管道渗漏 1 年；墙面、顶棚抹灰层脱落 1 年；地面空鼓开裂、大面积起砂 1 年；门窗翘裂、五金件损坏 1 年；管道堵塞 2 个月；供热、供冷系统和设备 1 个采暖期或供冷期；卫生洁具 1 年；灯具、电器开关 6 个月；其他部位、部件的保修期限，由房地产开发企业与用户自行约定。4. 用户报修的单位，答复和处理的时限。"

此外，住宅保修期自开发企业将竣工验收的住宅交付用户使用之日起计算，保修期限不应低于上述规定的期限。这里需要区分建设工程保修期和住宅保修期。前者是施工单位对于开发商的，后者是开发商对于购房人的。

案例十九：房屋质量合格是否可以免除出卖人的责任 ❶

杨某与被告 D 房地产公司签订商品房买卖合同一份，该合同载明，原告杨某购买被告开发的坐落于 D 市住房一套，住宅质量保证书作为合同的附件。该房屋为叠加别墅，D 房地产公司向杨某出售房屋时未告知屋面未设置保温层。项目竣工后，杨某领取了房屋所有权证。后杨某发现墙体多处裂缝、窗户渗漏等问题，D 房地产公司多次维修无效。杨某遂将 D 房地产公司诉至法院要求其修复房屋的裂缝。审理中，杨某申请对墙体裂缝渗漏的原因及维修方案进行鉴定。鉴定结论为：墙体裂缝的主要原因是温度变化时结构材料的不均匀收缩所致，屋面未做保温层和墙体砌筑质量较差导致顶部楼层温度裂缝明显，上述裂缝对主体结构安全没有影响，但严重影响外观和使用功能。考虑屋面未设置保温层，建议拆除原屋面瓦，按照标准做新保温屋面。后杨某向法院提出撤诉申请，同日法院裁定准许原告撤诉，杨某又另诉

---

❶ 杨珺诉东台市东盛房地产开发有限公司商品房销售合同纠纷案，《最高人民法院公报》2010 年第 11 期（总第 169 期）。

要求 D 房地产公司承担根治修复房屋裂缝渗漏及相关费用的民事责任，赔偿损失 7100 元。

后杨某申请对房屋整改修复工程造价进行评估，结论为整改修复工程造价为 3 万余元。被告 D 房地产公司认为房屋的施工设计文件经有关行政部门审核批准、房屋竣工后经有关单位验收合格，因此应当认定房屋质量合格。法院认为 D 房地产公司应当对本案的房屋质量缺陷承担相应的民事责任。根据司法鉴定结论，该房屋的主体结构虽不存在安全问题，但存在裂缝的质量缺陷，出现渗漏，且在保修期内。房屋存在的质量缺陷比较隐蔽，经鉴定，质量缺陷的产生原因在房屋交付时即已存在。法院一审根据《建筑法》《建筑工程质量管理条例》《房屋建筑工程质量保修办法》认定 D 房地产公司出售的房屋存在质量缺陷。该项目建设单位提供了有关行政管理部门的批准文件，以及勘察、设计、施工、工程监理等单位的质量合格文件，但法院认为相关质量合格文件只能作为证据使用，对法院认定事实不具有当然的确定力和拘束力。房屋存在裂缝、渗漏等问题，是一个客观事实，且经司法鉴定结论证实。在原被告双方签订的住宅质量保证书中，也约定了在房屋保修范围和保修期限内发生质量问题，出卖人应当履行保修义务。D 房地产公司应当对房屋质量缺陷承担修复责任。

D 房地产公司不服一审判决，提起上诉。法院二审认为 D 房地产公司应当保证出卖的房屋符合法律规定或者合同约定的质量。虽然 D 房地产公司交付的房屋从设计施工至竣工均经有关行政管理部门审核批准，未设置保温层符合当时的建筑标准和规范，但房屋存在明显质量缺陷，且已严重影响房屋的正常居住使用，其原因亦经相关专业部门鉴定。房屋通过标准审查仅是有关行政管理部门认定的事实，并不能据此否定房屋存在质量缺陷的客观事实。D 房地产公司认为，其已向杨某出具房屋的相关图纸资料，杨某应当知道屋面未设置保温层的事实。法院认为房屋的图纸资料属于专业技术材料，仅凭常识，不可能得知房屋未设置保温层，也不可能知道未设置保温层会产生裂缝渗漏等问题。且本案中的房屋质量缺陷具有隐蔽性，在使用过程中才得以发现。D 房地产公司不能以订立合同时所拥有的信息优势来免除保证房屋质量的法定责任。因此驳回上诉。

案例教学点提要：

（1）该房屋未设置房屋保温层符合当时的设计规范。按照《建筑法》《建设工程质量管理条例》等规定，未通过竣工验收的房屋不能交付使用。本案所涉房屋设计、施工等程序符合相关的规定，也通过竣工验收，办理了交付入住手续。即表面上看，该买卖合同已经履行完毕，所有的交付手续均合法有效。但房屋在后续实际使用中出现了问题。

（2）根据《最高人民法院关于审理商品房买卖合同纠纷案件适用法律若干问题的解释》，因房屋主体结构质量不合格不能交付使用，或者房屋交付使用后，房屋主体结构质量经核验确属不合格，买受人请求解除合同和赔偿损失的，应予支持。该房屋合格交付，具备相关的合格文件和证书，交付后使用中出现质量问题，经鉴定对主体结构安全没有影响。法院认定该房屋由于房屋质量问题严重影响正常居住使用。鉴于此，购房人可以请求解除合同和赔偿损失，但本案原告只要求维修、赔偿。按照规定，交付使用的房屋存在质量问题，在保修期内，出卖人应当承担修复责任；出卖人拒绝修复或者在合理期限内拖延修复的，买受人可以自行或者委托他人修复。修复费用及修复期间造成的其他损失由出卖人承担。

（3）项目所有的合格文件和相关部门的批准手续仅表示房屋可以交付使用，不存在安全问题，但并不表明不存在质量问题。相关部门的文件和批准手续等只是说明该项目办理了竣工交付手续，证明项目具备合格交付的法律手续。即D房地产公司可以以此证明其项目开发和竣工手续合法，可以交付，不存在安全问题。购房人实际使用中产生的问题与项目具备相关的手续、证书并不属于同一范畴问题。竣工验收合格是法律程序，而房屋渗漏是客观存在的事实，与竣工验收并没有必然联系。并且房屋建设中可能有许多问题，有些属于隐蔽工程，无法当时发现，只有经过一段时间的使用才能暴露出问题，因此建设工程、房屋买卖均有质量保修责任。根据国家规定，商品住房交付时必须具备"两书"，正是基于建设工程的这些特点而定的。"两书"的内容基本涵盖《建筑工程质量管理条例》《房屋建筑工程质量保修办法》的具体要求。

（4）关于法律适用问题。房屋质量问题应适用《建筑法》《建筑工程质量管理条例》《房屋建筑工程质量保修办法》，不适用《产品责任法》。因为该法明文规定不适用于不动产。这是需要特别注意的。

思考题：房屋保修期和保修责任的认定。

知识点：销售面积的认定。

案例二十：销售面积的含义[1]

A公司销售人员李某推荐一套30平方米、总价150万小户型的房屋给杨某，由于面积小，杨某和李某再三确认30平方米是否为实际使用面积，得到李某肯定的答复。李某表示虽然该房屋是期房，但30平方米就是使用面积。杨某在售楼处签订的定金合同载明预测面积30平方米，支付定金10万元用于定购房屋。签订定金合同后，杨某不放心，再次联系李某确认面积问题，这时李某告知30平方米是"建筑面积"。对照定金合同，"使用面积""建筑面积""预测面积"这三个不同的面积术语让杨某不明就里。然后李某据实相告，该房屋交付的实际使用面积可能约为17平方米。杨某感觉面积具体信息差距太大，要求解除定金合同，A公司同意解除定金合同，却拒绝返还定金。一审法院判决支持解除定金合同，定金返还购房人。后A公司上诉。

二审时，A公司认为按照相关法律规定和房屋买卖惯例，一般是按照建筑面积出售，因此"预测面积"应理解为建筑面积，且公司销售人员已经明确告知。二审法院认为A公司应对房屋详情履行诚实告知义务。A公司主张其已告知合同条款中的"预测面积"非实际使用面积，但未提供充分证据，法律规定的商品房出售计价方法并非只有一种。定金合同系A公司提供的格式条款，房屋面积约定不明且双方无法达成一致，杨某要求解除合同，其原因不可归责于任何一方。

---

[1] 王长鹏、蔡妍：你买的房子究竟有多大？（https://www.chinacourt.org/article/detail/2019/07/id/4221052.shtml），载中国法院网，2019年7月30日访问。

第四章　房地产转让

案例教学点提要：

（1）房屋面积的含义。实践中关于面积有多种说法，如"建筑面积""套内建筑面积""预测面积""实测面积""公摊面积""使用面积"等。按照《商品房销售管理办法》的规定，商品房建筑面积由套内建筑面积和分摊的公用建筑面积组成。商品房买卖合同中应当注明建筑面积和分摊的共有建筑面积。使用面积一般是指套内面积，比较直观。预测面积也称为预售面积、合同面积，是因为预售商品房尚未建成，销售时不少地方是按照设计图纸向购房人介绍房屋情况，并根据图纸面积约定合同面积。商品房实测面积，也称产权面积、登记面积，是商品房建成之后实际测绘的面积，也是办理产权登记的面积。因为按照图纸施工，考虑到可能会有误差，所以签订合同时，双方需要约定面积误差的处理方式。

（2）本案销售人员利用购房人专业知识的欠缺，故意混淆使用面积和建筑面积的概念，使得购房人误认为所购房屋大小按照使用面积（套内面积）计算。双方签订的定金合同又使用了预测面积的说法。实际上在各地政府部门制作的商品房买卖合同示范文本中，大多不会使用预测面积、使用面积这类民间使用的不规范的表述方式，而是使用规范表述的建筑面积、套内建筑面积、公摊面积。A公司销售人员正是利用这些不规范的用语，混淆规定的面积规范含义，导致购房人产生误解。

（3）根据《商品房销售面积计算及公用建筑面积分摊规则》，商品房销售面积＝套内建筑面积＋分摊的公用建筑面积。成套房屋的套内建筑面积由套内使用面积、套内墙体面积、套内阳台建筑面积三部分组成。由此可见，销售面积、建筑面积与套内使用面积差异不小。

（4）商品房销售可以按套（单元）计价，也可以按套内建筑面积或者建筑面积计价，实践中，大部分地方习惯上销售是按照建筑面积计价的。显然与使用面积计价会有一定差距。A公司就是利用不同概念让购房人产生对面积的误解。

（5）定金合同是A公司自制的格式条款，对格式条款的理解发生争议的，应当按照通常的理解予以解释。对格式条款有两种以上解释的，应当作出不利于提供格式条款一方的解释。由于定金合同是 A 公司拟定的，因此约定预测面积的是格式条款，由于双方理解不同，法院基于此判决解除定金合同，购房人应该是无过错的。但二审法院认为解除合同原因不归责于任何一方，这是值得商榷的。

实际上，多地政府管理部门制定有定金合同的示范文本，如案件发生地也有示范文本，购房人可以上网查阅，对照开发商的定金合同条款，找出问题，以避免上当。《民法典》也规定了当事人可以参照各类合同的示范文本订立合同。

思考题：商品房的面积构成。

相关规定：《民法典》规定，采用格式条款订立合同的，提供格式条款的一方应当遵循公平原则确定当事人之间的权利和义务，并采取合理的方式提示对方注意免除或者减轻其责任等与对方有重大利害关系的条款，按照对方的要求，对该条款予以说明。提供格式条款的一方未履行提示或者说明义务，致使对方没有注意或者理解与其有重大利害关系的条款的，对方可以主张该条款不成为合同的内容。对格式条款的理解发生争议的，应当按照通常理解予以解释。对格式条款有两种以上解释的，应当作出不利于提供格式条款一方的解释。格式条款和非格式条款不一致的，应当采用非格式条款。

知识点：开发商迟延交付的责任及其处理。

案例二十一：商品房交付方式[1]

A 建设开发有限公司与曾某签订了商品房买卖合同，约定了出卖人交付房屋的具体时间。同日，曾某与第三方 B 市场管理有限公司签订商铺委托经营管理协议，该协议约定：曾某应于协议签订以及交房后将该商铺交付 B 公司；如基于开发商的原因造成商铺不能交付，则以开发商实际交付商铺时间作为曾某向 B 公司方交付商铺的时间，并由开发商直接交付 B 公司。该协议同时约定：开发商交付商铺验收时双方共同参与，有异议应当场提出。

合同签订后，曾某支付了购房款 68 万元，并在 A 建设开发有限公司的

---

[1] 根据江苏某市仲裁案改编。

配合下办理了剩余房款的按揭贷款手续。因涉案商铺至半年后才竣工验收合格，故 A 建设开发有限公司根据委托经营管理协议的约定于其后直接向 B 市场管理有限公司交付房屋，后 B 公司将涉案商铺出租经营并收取了租金。此后一年，双方因履行合同发生纠纷。

案例教学点提要：

（1）A 建设开发有限公司是否已经完成涉案商品房的交付义务。双方当事人在合同中明确约定商品房达到交付使用条件后，出卖人应当书面通知买受人办理交付手续，出卖人在没有通知买受人参与接收并验收的情况下，A 建设开发有限公司直接向第三方交付房屋，不能视为其已向买受人履行合同的交付义务。曾某与 B 市场管理有限公司之间签有商铺委托经营管理协议，且 A 建设开发有限公司也提交了其与 B 市场管理有限公司办理的交房确认书，但 A 建设开发有限公司在没有通知作为买受人的曾某参与接收并验收的情况下，不能视为已向曾某履行了合同的交付义务。因此，A 建设开发有限公司通过向第三人直接交付的方式不能认为已经完成交付。

（2）曾某能否要求解除合同。按照合同约定，当事人约定的解除合同的条件成就时，解除权人可以通过仲裁方式要求解除合同，但必须在法律规定的解除权发生之日起一年内行使，逾期行使的，解除权消灭。

（3）关于双方签订的商品房买卖合同的效力。A 建设开发有限公司该项目已取得商品房的预售许可。签订的商品房买卖合同系双方当事人真实意思的表示，其主体适格，内容并不违反国家法律、行政法规的强制性规定，应认定为合法有效，双方当事人均应按约全面、适当履行。

（4）曾某要求解除双方签订的商品房买卖合同。合同约定交付"逾期超过 60 天，买受人有权解除合同"。但合同未就解除权的行使期限作出明确约定。

本案发生于《民法典》生效之前，适用当时的《合同法》。根据《合同法》第 93 条第 2 款规定："当事人可以约定一方解除合同的条件。解除合同的条件成就时，解除权人可以解除合同。" A 建设开发有限公司迟延交付涉案商品房超过合同约定交房时间 60 天，曾某有权解除合同。但由于曾某超过了解除权行使的期限,导致解除权消灭。

(5)关于解除权的行使期限,《最高人民法院关于审理商品房买卖合同纠纷案件适用法律若干问题的解释》(2003年)第15条第2款规定:"法律没有规定或者当事人没有约定,经对方当事人催告后,解除权行使的合理期限为三个月。对方当事人没有催告的,解除权应当在解除权发生之日起一年内行使;逾期不行使的,解除权消灭。"具体到本案,在法律无规定,双方当事人没有就解除权行使的期限作出约定,被申请人亦未催告的情况下,曾某显然超过了解除权行使的期限,其解除权消灭。由于解除权的行使期限属除斥期间,不适用诉讼时效关于中止、中断的规定,因此,曾某以涉案房屋存在逾期交房为由要求解除案涉合同的主张不成立。

(6)商品房期房只能退给开发商,不能转让。各地均有很多关于期房退房的具体规定。在一些热点城市,如购买预售商品房需要积分摇号的,期房退给开发商后,只能再次摇号,原价销售。

思考题:交付房屋有哪些要求?

知识延伸:关于商品房交付条件的争议,主要是对于竣工条件的不同看法,如有竣工验收、取得备案表、综合验收通过等。住建部和工商总局制定的示范合同至少规定了以下两项:(1)已取得建设工程竣工验收备案证明文件;(2)已取得房屋测绘报告。

相关规定:有关解除合同和退房的规定。

(1)根据《最高人民法院关于审理商品房买卖合同纠纷案件适用法律若干问题的解释》,请求解除合同和赔偿损失的情形有:房屋主体结构质量不合格不能交付使用,或者房屋交付使用后,房屋主体结构质量经核验确属不合格;因房屋质量问题严重影响正常居住使用;买受人以担保贷款方式付款、出于当事人一方原因未能订立商品房担保贷款合同并导致商品房买卖合同不能继续履行的。因不可归责于当事人双方的事由未能订立商品房担保贷款合同并导致商品房买卖合同不能继续履行的,出卖人应当将收受的购房款本金及其利息或者定金返还买受人。商品房买卖合同约定或者《城市房地产开发经营管理条例》第32条规定的办理不动产登记的期限届满后超过一年,基于出卖人的原因,导致买受人无法办理不动产登记,买受人请求解除合同和赔偿损失的，应予支持。

根据《民法典》第563条的规定，出卖人迟延交付房屋或者买受人迟延支付购房款，经催告后在三个月的合理期限内仍未履行，解除权人请求解除合同的，应予支持，但当事人另有约定的除外。法律没有规定或者当事人没有约定，经对方当事人催告后，解除权行使的合理期限为三个月。对方当事人没有催告的，解除权人自知道或者应当知道解除事由之日起一年内行使。逾期不行使的，解除权消灭。

（2）建设部《商品房销售管理办法》规定，经规划部门批准的规划变更、设计单位同意的设计变更导致商品房的结构型式、户型、空间尺寸、朝向变化，以及出现合同当事人约定的其他影响商品房质量或者使用功能情形的，房地产开发企业应当在变更确立之日起10日内，书面通知买受人。买受人有权在通知到达之日起15日内做出是否退房的书面答复。买受人在通知到达之日起15日内未作书面答复的，视同接受规划、设计变更以及由此引起的房价款的变更。房地产开发企业未在规定时限内通知买受人的，买受人有权退房；买受人退房的，由房地产开发企业承担违约责任。房屋交付时，套型与设计图纸一致，相关尺寸也在约定的误差范围内，维持总价款不变；套型与设计图纸不一致或者相关尺寸超出约定的误差范围，合同中未约定处理方式的，买受人可以退房或者与房地产开发企业重新约定总价款。

（3）2011年，财政部、国家税务总局发布《关于购房人办理退房有关契税问题的通知》。根据通知，对已缴纳契税的购房单位和个人，在未办理房屋权属变更登记前退房的，退还已纳契税；在办理房屋权属变更登记后退房的，不予退还已纳契税。

案例二十二：商品房交付的条件 ❶

韩某、姜某与A置业有限公司签订商品房买卖合同，买受人向出卖人购买其开发的C商城商铺一套。合同补充约定：房屋交接的前提为买受人应支付的房款已全部到达出卖人账户。房屋交接前应由买受人承担所有相关费用，否则出卖人有权拒绝交接并不承担违约责任。出卖人以挂号信形式向买

---

❶ 根据江苏某市仲裁案改编。

受人寄发交接通知，同时在当地报纸上发布交房公告，通知日期以公告发布之日为准。

合同签订后，韩某、姜某分别四次共付款283万元。一年后A置业有限公司在报纸刊登了C商城入住通告，称将于同年6月1日起正式为业主办理入住手续，但未寄送交房通知。未按合同约定给韩某、姜某寄发交接通知挂号信，事实上涉案房屋当时并不具备交付条件，纠纷发生时案涉房屋仍未交付，仍由A公司占有和控制。导致涉案商品房未能交付的根本原因在于"C商城"项目外网用电无法接入，从而影响了项目整体消防验收和交付。

案例教学点提要：

（1）涉案商品房是否具备交付条件。虽然A置业有限公司在报纸上公告通知办理入住手续，且该商品房也已竣工验收，但根据相关法律规定，建设工程必须通过消防部门的验收并合格后，才具备交付条件。《城市房地产开发经营管理条例》第17条规定："房地产开发项目竣工，依照《建设工程质量管理条例》的规定验收合格后，方可交付使用。"《建设工程质量管理条例》第49条规定，建设单位应当自建设工程竣工验收合格之日起15日内，将建设工程竣工验收报告和规划、公安消防、环保等部门出具的认可文件或者准许使用文件报建设行政主管部门或者其他有关部门备案。建设行政主管部门或者其他有关部门发现建设单位在竣工验收过程中有违反国家有关建设工程质量管理规定行为的，责令停止使用，重新组织竣工验收。《消防法》规定：公众聚集场所未经消防救援机构许可的，不得投入使用、营业。

涉案房屋为商城，属于公众场所，因此，消防要求更高。涉案商品房必须通过消防部门的验收并合格后，才具备交付条件。

（2）交房的责任认定。合同明确约定商品房达到交付使用条件后，出卖人应当书面通知买受人办理交付手续，实际上A公司未按合同约定履行通知义务，构成违约。退一步讲，即使通知，该房屋亦不符合交付条件，法律上属于交付不能。

（3）双方签订的合同是双方当事人真实意思的表示，但A公司未按合同约定给韩某、姜某寄发交接通知挂号信。根据双方合同约定：出卖人逾期交房的违约责任中"逾期超过 60 日后，买受人有权解除合同"，由于 A 公司没有履行交房义务，双方在合同中约定的解除合同的条件已成就。

（4）虽然房屋已竣工验收，但由于外网用电无法接入导致房屋无法交付。出卖人虽在报纸上发布了交房公告，但既未向申请人寄送通知，房屋也存在无法实际交付的障碍，构成违约。

思考题：商品房交付使用的条件？

五、存量房交易

新建房屋（包括商品房）通常称为增量房，即新增的房屋。相对而言，已经建成并具备房地产权属证书的房屋就是存量房，即已经存在的房屋。在交易中，这类房屋一般称为"二手房"，区别于开发商销售商品房，存量房的出售人为一般的民商事主体（也包括开发商出售自持房屋）。

案例二十三：开发商的房产是否一定是商品房 [1]

X 置业有限公司以出让方式取得位于高新区一地块的土地使用权，经批准在上述地块上建设"新科时代"项目。该公司将第 6 幢建筑面积 1277 平方米商业用房整体出售给刘某，与刘某签订《商品房买卖合同》，约定单价 4800 元/平方米。2013 年 3 月，刘某取得位于该项目建筑面积 1277 平方米的 11 间商铺所有权。办理产权证后，刘某与 C 农村信用合作联社签订抵押担保合同，以此房屋为 D 建筑安装工程有限责任公司的 1400 万元借款提供担保，并办理了抵押登记。截至诉讼时，该抵押仍未解除。2015 年 8 月，S 公司（刘某父亲的公司）在该房屋抵押担保未解除的情形下，将其中已经抵押的一套房屋出售给李某，约 171 平方米，总计 530 余万元，并约定了交清全部房款的具体时间。刘某为 S 公司老板儿子，他称其只是名义上的房屋所有权人，李某购买该房产之前已知该房屋被抵押，待房屋解除抵押后办理过户手续。虽然 S 公司按期向李某交付了涉案房屋，但由于 D 建筑安装工程有限责任公司未及时偿还借款，房屋一直处于抵押状态，导致李某不能办理

---

[1] 甘肃省高级人民法院（2020）甘民终 375 号，（2021）最高法民申 2322 号。

过户登记手续。后 D 建筑安装工程有限责任公司和 E 拍卖有限责任公司签订委托拍卖合同，委托 E 拍卖有限责任公司将包括涉案商铺在内的房屋对外拍卖并注明不动产所有权人为 S 公司，但涉案商铺一直在使用中。

一审法院以涉案商铺抵押借款未偿还，李某与 S 公司合同目的无法实现，支持了李某请求解除商铺买卖协议、主张返还购房款并赔偿损失的主张。法院认为涉案房屋并不是 S 公司所开发建设的房地产项目，因此该房屋交易不属于商品房买卖，因此本案不适用《最高人民法院关于审理商品房买卖合同纠纷案件适用法律若干问题的解释》的相关规定，二审法院维持了一审判决。

最高人民法院再审认为：李某与 S 公司签订商铺买卖协议和补充协议前，就已经知道房产上有抵押，其基于购买价格低廉，甘冒风险签订买卖协议，是其自愿处分自己权利的意思表示，且双方当事人是按照协议约定交接了房产，李某至发生本案纠纷已经正常使用涉案房产长达 6 年时间。另外，李某知道房产上设有抵押权，其未在法定期限内提出撤销权主张，亦可视其对买卖协议的认可。因此，李某认为其受 S 公司、刘某共同欺诈的主张没有事实和法律依据。李某所购买的涉案房产是商业房产而不是生活消费居住房产，不属于《消费者权益保护法》所调整的范围，因此不支持双倍返还的请求，驳回其再审申请。

案例教学点提要：

（1）刘某通过商品房买卖方式取得该项目 1277 平方米的商铺所有权，因此该部分是刘某从 X 公司买入的商品房。从交易过程看，李某购买了刘某名下的商铺，虽然和其签订合同的是 S 公司，但该部分房屋所有权属于刘某，刘某已经取得所有权证书。因此，李某购买该商铺并非商品房交易，而是二手房买卖，即由产权人刘某出卖给李某。

（2）房屋登记在刘某名下，法律上物权属于刘某所有。之所以有商品房之误解，是因为刘某系 S 公司老板的儿子，并且买卖合同是以 S 公司名义签订的，合同签订名不副实。

（3）房地产交易过程表面上看首先是刘某向开发商 X 置业公司购买商品

房，然后以此房为他人贷款办理抵押，之后再将已经设定抵押的房屋出卖给李某。由于贷款无法偿还，进入拍卖，导致已经使用该商铺6年的李某无法取得该房屋的所有权。李某购房时该房屋已经抵押，这些信息作为购房人可以很容易查到。出资大额款项购房，买房人签订买卖合同和付款前均应该了解清楚，这是所有购房人都应该知晓的，也是基本常识和交易习惯。

（4）李某主张按照2003年《最高人民法院关于审理商品房买卖合同纠纷案件适用法律若干问题的解释》第9条要求双倍返还购房款。其出发点是证明出卖人构成欺诈，然后据此适用双倍赔偿规定。实际上2013年《消费者权益保护法》第55条已经修改为三倍赔偿。本案李某主张双倍返还是基于2003年《最高人民法院关于审理商品房买卖合同纠纷案件适用法律若干问题的解释》的规定，该司法解释规定：出卖人订立商品房买卖合同时，故意隐瞒所售房屋已抵押的事实，买受人可以请求解除合同、返还已付购房款及利息、赔偿损失，并可以请求出卖人承担不超过已付购房款一倍的赔偿责任。由于《民法典》的出台，2020年，最高人民法院依据《民法典》《城市房地产管理法》等相关法律，结合民事审判实践，修改后重新发布了《最高人民法院关于审理商品房买卖合同纠纷案件适用法律若干问题的解释》，在修改后的司法解释中，上述规定已经取消。同时，因为出卖人并非该项目的开发商，是刘某个人名下的房产，所以该房屋交易不属于商品房买卖，因此本案不适用《最高人民法院关于审理商品房买卖合同纠纷案件适用法律若干问题的解释》的相关规定。实际上，有些法院在二手房交易中也适用该解释，但会说明适用的理由和原因。

（5）由于本案发生于《民法典》颁布实施之前，仍然适用当时的规定，法院也是根据《合同法》《物权法》《担保法》等进行裁判（《消费者权益保护法》2013年修改，第55条规定了经营者提供商品或者服务有欺诈行为的，应当按照消费者的要求增加赔偿其受到的损失，增加赔偿的金额为消费者购买商品的价款或者接受服务的费用的三倍）。本案交易发生于2015年，因此适用修改后的《消费者权益保护法》。李某之所以提出双倍返还要求，大概是基于当时的司法解释规定。

（6）关于法律适用问题。根据《消费者权益保护法》，消费者是为生活消费需要购买、使用商品或者接受服务的当事人,原国家工商总局办公厅发布的《关于征求对〈消费者权益保护法实施条例(征求意见稿)〉意见的通知》(办〔2016〕141号)对于消费者进行了界定:"第2条【适用对象】消费者为生活消费需要而购买、使用商品或者接受服务,其权益受本条例保护。但是金融消费者以外的自然人、法人和其他组织以营利为目的而购买、使用商品或者接受服务的行为不适用本条例。"但是该条例自2016年6月开始征求意见,按照计划原定2016年年底出台,但至截稿时尚未颁布。这显然是争议不少,特别是在消费者身份的认定上,对于非生活必需、以营利为目的而购买使用商品,争议比较大。本案中,法院采取的观点是:涉案房屋并非用于日常生活的居住,而是用于经营的商铺,因此不属于《消费者权益保护法》所调整的范围。即法院认为商铺用于经营谋利,不是生活需要。那么,如果购买的是商品住房是否就可以适用《消费者权益保护法》?如果购买自住的商品住房和购买投资出租的商品住房是否也可以适用《消费者权益保护法》?这些实际上也存在一定的争议。

(7)购买抵债房风险较大,由于抵债房价格往往低于市场价不少,因此仍然有人明知风险仍然选择,如本案的李某。

思考题:新建的房屋就是商品房吗?

知识点:已经建成的房屋出售应当具有房地产权利证书。

案例二十四:存量房买卖须具备的条件 ❶

王某、S机械制造公司(以下简称S公司)签订工业厂房买卖合同,约定S公司将其拥有的厂房出售给王某,S公司厂房净到手价为人民币2450万元,王某支付S公司定金500万元。S公司表示厂房产权证在办理过程中,并承诺能办理出产权证。S公司在合同中承诺:若不能办理出产权证的,本合同自动解除,归还王某已付款项并承担违约金500万元。S公司收到王某按合同支付的250万元后当日腾空厂房及场地,撤出厂区所有人员,将厂房移交给王某。自移交日起,王某可无偿占用厂房,取得厂房租赁利益等。合

---

❶ 上海市第一中级人民法院(2015)沪一中民二终字第155号。

同签订后，王某先后支付给 S 公司 600 万元。后案外人 B 销售有限公司与王某因该厂房租赁纠纷起诉至法院，该案双方达成调解协议，王某因此赔偿违约金及相关损失共计 300 余万元。王某认为其之所以违约是因为 S 公司未依约办理出相关手续及产权证书，且未按时搬离厂房。法院查明，S 公司陆续在为系争厂房办理相关手续及产权证书，已经取得建设工程竣工验收备案证书等多项办理产权登记的材料。后王某向法院起诉，要求解除合同，S 公司退还已付购房款、支付违约金及其他损失。S 公司也同意解除，法院予以认可。

案例教学点提要：

（1）民事活动应当遵循自愿、公平、等价有偿、诚实信用的原则。本案中，原被告双方依照工业厂房买卖合同履行合同义务，王某依照约定方式及时间支付 S 公司房屋价款，S 公司应依约及时办理房屋产权证及过户手续等，并保证按期搬离系争厂房。但是，合同履行过程中，双方由于缺乏沟通，未及时对合同履行进程进行交流，出现纠纷。无证据证明 S 公司通知王某可以办理产权过户手续，虽然 S 公司具备了办理产权登记的材料，但无证据证明其已经启动申请登记的程序。

（2）S 公司出售其厂房时，显然是没有取得所有权证书。从其后续提交的系列证明看，其出售时尚欠缺相关的工程建设竣工验收手续，即 S 公司向王某出售的是并不具备出售条件、尚未取得所有权的厂房。

（3）从诉讼后其提供的相关材料看，至诉讼时，S 公司已经具有竣工验收证明和面积测绘成果及厂房办证的系列证明，基本具备了办理产权证的条件。

（4）该房屋不属于商品房买卖。因为 S 公司不是开发公司，不具有商品房开发资质。其出售自有或者自建厂房的前提是需持有所有权证书，而商品房买卖不一定具备所有权证书（如预售）。虽然该厂房为新建，但这类交易一般被归于存量房交易范围（非商品房交易类）。

思考题：存量房上市交易的条件是什么？

知识点：转让房地产，应当如实申报成交价格，不得瞒报或者作不实的申报。

房地产转让应当以申报的房地产成交价格作为缴纳税费的依据。成交价格明显低于正常市场价格的，通常以评估价格作为缴纳税费的依据。

案例二十五：规避税费交易[1]

J工贸有限公司将其在某市某村第五、六、七、八层房产等转让给王某，B酿造工业有限公司为担保方，三方签订协议书，依照协议约定，王某向J工贸有限公司支付相应购房款后，双方通过公证方式同意王某全权处置上述房产的部分房产（不包括第五层）。J工贸有限公司确保将该房产过户至王某认可的权利人名下。

后王某与C工艺装饰有限公司签订协议书一份，约定C工艺装饰有限公司向王某购买房产中的第五层房产。协议签订后，王某依约履行了办理过户手续的相关义务，C工艺装饰有限公司确认收到了转移后的产权证原件，同时确认尚欠王某购房余款223万元。王某多次催讨未果，遂起诉C工艺装饰有限公司。C工艺装饰有限公司认为王某并非房屋所有权人，其出售房屋行为实为代理行为，应由第三人承担法律后果。

本案的争议焦点为，房屋买受人能否将已签订房屋买卖合同但未办理产权转移登记的房产转售给C工艺装饰有限公司？法院认为，本案中，王某虽未取得房屋所有权证，但是依据其与J工贸有限公司签订的协议，具有对涉诉房屋的财产权益。根据案件审理时《物权法》的规定，不动产买卖即使未办理物权登记，也不影响合同效力。双方之间签订的房屋买卖协议合法有效。J工贸有限公司与C工艺装饰有限公司之间并不存在买卖关系，王某和C工艺装饰有限公司都应当受双方签订的协议书约束。因此，C工艺装饰有限公司取得产权证原件后却未依照与王某签订的协议书支付剩余购房款的行为，已经构成违约，除应承担付款责任外，还应依约支付违约金。

---

[1] 福建省厦门市湖里区人民法院（2008）湖民初字第2058号。

案例教学点提要：

（1）王某虽然购买了房屋，但并没有办理转移登记，即房屋名义上仍然属于 J 公司所有，所有权没有转移。因为依据法律规定，不动产物权的设立、变更、转让和消灭，经依法登记，发生效力，未经登记，不发生效力。据此，房屋买卖合同中，房屋所有权自办理房屋过户登记之日起转让给买受人。本案发生于《民法典》颁布之前，适用《物权法》。根据《物权法》第15条，未办理物权登记的，不影响合同效力。本案中王某与 J、C 公司之间签订的买卖合同是双方当事人合意的体现，且不违反相关规定，因此合同有效。

（2）王某虽未取得涉案房屋的产权证明，但是法院认为因其与 J 工贸有限公司之间存在房屋买卖合同，因此王某对于 J 工贸有限公司享有涉案房屋的债权，并且 J 工贸有限公司认可王某对涉案房屋具有事实上的处分权，即 J 工贸有限公司对于王某的买卖行为是认可的。C 工艺装饰有限公司声称王某是 J 工贸有限公司的代理人，但王某的权利是通过其与 J 工贸有限公司的买卖合同而取得的，且委托书和公证书中所载明的委托范围并不包括诉争房产即第五层，因此法院认定王某和 C 工艺装饰有限公司之间是一种买卖合同关系，即法院认定有两个买卖关系（即第五层是单独的买卖关系），而不是代理关系。

（3）C 工艺装饰有限公司取得涉案房屋产权证，系依据 C 工艺装饰有限公司与 J 工贸有限公司签订的房地产买卖合同而办理产权过户的，从该合同所约定的内容看，该合同是 J 工贸有限公司协助王某直接将诉争房屋过户至王某指定的 C 工艺装饰有限公司名下而签订的合同，是各方当事人为了避税而减少物权变动环节，直接由 J 工贸有限公司将诉争房产过户至 C 工艺装饰有限公司名下的行为，从这个角度看，王某此时在交易过程中的实际作用是中介。所以，本案究竟是两个买卖还是中介代理？法院认为委托书和公证书中所载明的委托范围并不包括争议标的第五层，那么就是买卖关系？其依据似乎并不充分。

（4）法院处理本案有值得斟酌之处。本案反映的是节约转让成本甚至是降低炒房成本的做法。显然法院也注意到了，但认为"原告指令被告直接将部分款项支付给第三人以及指令第三人直接将诉争房产过户至被告名下的行为，都是市场经济中交易各方为了减少交易环节，保护交易安全的行为，依法应予保护。当然，如果各方的行为涉及使国家税收减少，触犯有关行政法规的，则属于行政处罚的范畴，应当由行政主管部门对相关责任人作出处罚，其并非本案审理的范围"。这种观点也值得斟酌。法院仅从民事法律行为本身看买卖关系，而对于减少过户环节以规避税费的做法给予认可，显然未发挥国家法律的正面导向作用。出卖人的做法是为了规避国家税费，法院判决应该体现出其应有的法律价值取向。而在类似案件中，其他法院则有不同的判断，如上海法院曾经就买卖双方做低房价，签订阴阳合同，认定该条款侵犯国家利益而无效。❶

（5）实践中，大部分城市不允许通过本案这种合同转让方式规避过户登记而转让房地产。尤其是商品房交易中，更是禁止期房再转让，以抑制投机炒房。《国务院办公厅转发建设部等部门关于做好稳定住房价格工作意见的通知》(国办发〔2005〕26号)明确：根据《城市房地产管理法》的有关规定，国务院决定，禁止商品房预购人将购买的未竣工的预售商品房再行转让。在预售商品房竣工交付、预购人取得房屋所有权证之前，房地产主管部门不得为其办理转让等手续；房屋所有权申请人与登记备案的预售合同载明的预购人不一致的，房屋权属登记机关不得为其办理房屋权属登记手续。

思考题：规避税费主要有哪些形式？

案例二十六：逃避交易税费 ❷

屠某将其所有的拆迁安置房出卖给车某，双方签订了房地产买卖合同，约定车某交付首付款10万元，过户手续由车某自己办好后，再付给屠某11.5万元，余款（4万元）待房产证下来一并付清。车某向屠某交付了购房定金1万元，随后交付首付款10万元。其后屠某将房屋及车库交付给车某，车某随即入住。因拆迁安置协议中被安置人不能直接变更为车某，只能

---

❶ 上海市宝山区人民法院（2010）宝民三（民）初字第349号民事判决书。

❷ 扬州市邗江区人民法院（2011）扬民初字第0559号，扬州市中级人民法院（2012）扬民终字第0058号。

由屠某办理过户手续。不久，屠某获得该套房屋的房屋所有权证和土地使用权证。车某得知后遂通知屠某，要求其协助将房屋所有权办理至自己名下，并声明手续办好后会将购房余款交给屠某，但屠未予理睬。屠某随后将该房屋转让给孙某，并办理了过户手续（该交易后被法院判决房地产买卖合同无效）。车某与屠某因继续履行合同发生纠纷。

一审法院经审理认为，车某未能付清购房余款，对屠某解除合同的抗辩予以采信，并据此确认原被告之间的房地产买卖合同予以解除。车某提起上诉。二审法院认为，车某与屠某所签订的房地产买卖合同符合法律规定，依法应确认有效，但双方订立的更名条款因违反国家房地产交易税收规定，依法应确认无效，且双方均负有过错。在双方更名约定无效的情况下，双方可以办理房屋产权转移登记手续，保证合同继续履行。车某要求继续履行合同及要求屠某协助办理房屋产权转移登记手续的请求，符合法律规定。双方在合同约定和履行过程中均存在过错，双方应当各自承担相应的责任。

案例教学点提要：

（1）该房屋的性质。出卖人持有的是拆迁安置房，对于此类房屋的转让，各地有不同的规定，如有些地方规定5年内不能转让。本案中，屠某转让该安置房时，其并没有取得所有权证，即屠某尚未取得该房屋的所有权。根据法律规定，转让房屋需持有房地产所有权证（除开发商预售商品房之外）。

（2）出卖人将其根据安置协议将来可以取得的房屋直接转让给购房人车某，约定由车某办理更名手续，这是不规范的。从法律上看，安置协议的购房人是屠某，据此，屠某可以将房屋登记到自己名下。如果屠某没有办理所有权登记，则车某是无法办理产权登记的。正常的操作是屠某将房产登记到自己名下后再转让给车某。但这样就产生了交易税费，买卖双方均需要缴纳相关的房地产交易税费。

（3）本案双方所说的更名，实际上是屠某同意将安置协议购房人变更为车某所有，这样，双方少了一道交易税费。问题是安置房合同权利人是屠某，车某拟变更合同主体为自己，这显然不可能，因为其与征收补偿没有任何关系，不是补偿安置的对象，因此，有关部门不可能给合同更名。车某直接办理所有权证更是不可能，因为安置对象为屠某，有关部门只能根据安置协议办理屠某的所有权证。

（4）本案二审法院认为更名条款因违反国家房地产交易税收规定，依法应确认无效，但该条款无效并不影响合同效力。实际上，该条款因违反现行的登记制度，也是不可能履行的。

（5）两审法院判决迥异。一审法院认为合同目的无法实现，判决解除合同。二审法院认为合同个别条款（规避国家税费）无效不影响合同效力，因此合同继续履行，屠某配合过户。实际上，两级法院均认可合同的效力，只是对于履行和责任认定不同。

思考题：房屋买卖合同可以直接转让更名吗？

知识延伸：存量房交易税费以当事人申报为准。如果申报的交易价格明显偏离市场价，有逃税嫌疑的，如何处理，各地有不同的规定和做法。如有些地方对于双方申报的交易价格明显不正常的，税务部门可以根据近期的交易均价给出审核参考价，按照核定的价格缴税。还有的地方如发现价格申报明显不正常，即要求当事人提供有资质的评估机构提供的房地产估价报告，当事人根据估价报告确定的价格缴税。

相关规定：2019年6月，财政部、税务总局联合印发《关于个人取得有关收入适用个人所得税应税所得项目的公告》，对于将房产无偿赠送给特定亲属的当事双方，不征收个人所得税。受赠亲属的范围包括：配偶、父母、子女、祖父母、外祖父母、孙子女、外孙子女、兄弟姐妹。此外，房屋产权所有人将房屋产权无偿赠与对其承担直接抚养或者赡养义务的抚养人或者赡养人，房屋产权所有人死亡，依法取得房屋产权的法定继承人、遗嘱继承人或者受遗赠人，亦免征个人所得税。

知识点：禁止或者限制转让的房地产。

按照有关规定，禁止或限制交易的情况有：以出让方式取得土地使用权但不符合规定的条件的；司法机关和行政机关依法裁定、决定查封或者以其他形式限制房地产权利的；依法收回土地使用权的；共有房地产，未经其他共有人书面同意的；权属有争议的；未依法登记领取权属证书的及法律、行政法规规定禁止转让的房地产。此外，国有不可移动文物不能转让抵押；宗教场所用于宗教活动的房屋、教职人员的房屋不可转让抵押。按照房屋建筑设计为独立成套的房屋，不得分割转让。

案例二十七：限制交易的房地产 ❶

林某通过某中介公司看中一处房子，现场看房时，林某、出卖人和中介都看到房屋阳台被改装过，并安装了一个楼梯，出卖人承认楼梯系后期搭建，但各方当事人心照不宣办理了过户登记。后林某再行出售该房屋时，得知"因存在违章建筑，房屋被限制交易"。实际上早在林某过户前该房屋就被认定存在违章建筑，并被要求限期拆除，而出卖人未告知这一情况。林某委托装修公司将违章建筑拆除，支付了16万元，包含3万余元的拆除违章搭建费用和12万元重新装修费用。为此，林某起诉出卖人，要求赔偿。出卖人认为其已经如实向林某陈述房屋存在后期搭建情况，林某在明知的情况下，仍愿意交易，视为自己愿意承担相应风险。法院认为，出卖人违反告知义务，没有明确告知违法建筑的处理情况，应对该损失承担责任。林某发现问题但未及时核实，视为其放任了违法建筑造成的损失的发生。涉案房屋违法搭建被拆除所造成的经济损失双方都存在一定的过错，因此酌情确定由出卖人赔偿林某因拆除涉案违章搭建而产生的经济损失3万余元，对林某的其他要求驳回。

案例教学点提要：

（1）二手房交易中，存在不少限制交易的情况，除法律法规明确禁止交易的情况，一些地方也有一些特殊的规定，如上海市对于违法建筑限制交易，在交易过户时，需拆除违法建筑才可以办理过户登记。《上海市住宅物业管理规定》（2004年）第42条规定："……附有违法建筑并结构相连的房屋，房地产登记机构不予办理房地产转移、抵押登记。"后该规定修改。《上

---

❶ 于明效：谨防"买房送阳光房"噱头 上海女子购房再售因违建"限制交易"（http://www.dzwww.com/xinwen/guoneixinwen/202108/t20210811_8920410.htm），载大众网，2021年8月11日访问。

海市住宅物业管理规定》(2020年修正)规定：违法搭建建筑物、构筑物的，由城管执法或者规划资源行政管理部门根据职责分工，依照《上海市拆除违法建筑若干规定》的相关规定予以拆除。上海市人大常委会通过的《上海市拆除违法建筑若干规定》(2018年修改)和《上海市房地产登记条例》均明确规定违法建筑不得办理房地产权利登记。因此，购买违法建筑或者附有违法建筑的房屋无法办理所有权登记。

（2）本案中，当事人签订合同前均看过房屋现状，知晓其中有违法搭建，但是纯粹就房屋的外观是无法判断违法搭建部分是否属于应该拆除的。通常历史形成的违法搭建，如《城市规划法》(1990年4月1日实施)之前的行为，在认定时是分别不同情况处理的。事实上，对于城市中的违法建筑，由于有关部门无法全部查清，基本上是有举报才会查处。而且由于违法建筑数量巨大，形成历史久远，非一朝一夕可以解决，实践中也存在一定的查处困难。很多历史形成的违法建筑只要没有举报，不被有关部门发现，则在使用中可能不会有人过问。转让时如果未被发现，也不会阻碍当事人的转让，因为登记机关并不会去现场看房。如果该房屋没有查处记录，则转让时当事人双方彼此不说明，也可能不会有问题，本案买方就是基于这种认识。但该房屋实际上已经被发现违法，列入查处范围，即有关部门对于该违法建筑已经有记录。产权过户前，有关行政部门就涉案房屋出具《××镇拆违和环境综合整治催告书》以及《××镇拆违和环境综合整治告知书》，程序尚未结束，林某之所以过户无阻碍，可能是查处正在走程序，尚未在登记机关的信息中显示。这里有个时间差。

（3）出卖人明知违法查处情况，不主动告知。法院认为民事主体从事民事活动应当遵循诚信原则，秉持诚实，恪守承诺。因此，出卖人应该承担相应的法律责任。

（4）买方见到违法现状，自己不亲自核实，抱有侥幸心理，因此也应该承担责任。通常情况下，房屋交易因涉及金额大，一般人都会慎之又慎，本案购房人也需为自己的行为承担法律责任。

（5）作为房地产中介公司，是从事房地产交易撮合的专业机构，对于房地产交易的法律法规政策均应该知晓。本案中，中介人员明知可能存在违法建筑，不仅没有给双方当事人必要的提示，在接受委托时，亦未尽责审慎调查，因此是违反其职责的。只不过当事人没有提出要求中介机构承担责任的诉求，所以法院不会主动审查中介是否需承担责任。

思考题：限制房屋转让的情况有哪些？

案例二十八：违法建筑购买人的权利 ❶

罗某没有办理合法的建设手续即建造总面积2353平方米的房屋4栋。2008年刘某购买了其中的一套房屋（228平方米）并居住于此。2016年房屋所在地街道办事处申请区城建指挥部对罗某违法建房进行查处。区城管局依据《城市规划法》认定罗某建设的房屋为违法建筑，于2016年7月向罗某下达处罚决定书，限其5日内自行拆除完毕，罗某逾期没有履行。在公告、催告后，经向区政府请示，区城管局于8月下达强制拆除决定书并决定组织强制拆除。2016年9月，区城管局对涉案房屋实施了拆除。刘某认为自己购买了涉案房屋，系该房屋的所有权人，强拆行为侵犯了其合法权益，遂将区政府、区城管局、街道办诉至法院。一审法院认为强制拆除行为合法，刘某未提供合法房屋产权证明，因此其要求恢复房屋及财产的赔偿请求，没有事实依据。二审法院认为区城管局是适格被告，区政府、街道办并非本案适格被告。另外区城管局适用法律不当，刘某要求赔偿房屋内损失，请求超出本案的审理范围。最高人民法院再审认为：刘某出资购买了涉案被强拆房屋，强拆房屋的后果导致刘某丧失了对该房屋的居住和使用利益。因此，刘某与被诉强拆行为之间具有法律上的利害关系。一审、二审法院忽略了行政行为作出的直接相对人或利益明显受影响的利害关系人。对于违法建筑已经建成多年并已出售的情况，由于行政机关实施强制拆除时已经产生新的权利人，即除了违法建筑的建设者外还有违法建筑的实际居住、使用人。因此，行政机关对于违法建筑采取强制拆除的处理方式实际上直接影响的是购买该违法建筑并居住使用的利害关系人，对违法建筑原建设者的影响可能已经微乎其微。刘某虽然没有实际取得房屋所有权证，但其作为房屋的实际居住使用人，应当享有对涉及该房屋相关处理决定的知情权、陈述权和申辩权，这是

---

❶ （2018）最高法行申2376号。

行政法赋予利害关系人的正当程序权利。不能仅以对违法建设者的处罚及强制执行程序义务的履行来代替对强制拆除行为涉及的利害关系人的相应程序义务的履行。涉案房屋是否因强制拆除行为造成财产损失与刘某是否持有房屋所有权证并无直接关系，不能因刘某不持有房屋所有权证就否认其对于居住房屋内自身财产权利的享有和主张。基于此，最高人民法指令省高级人民法院再审。

案例教学点提要：

（1）本案的法律适用问题。违法建筑是2006年建设的，当时实施的相关法律是《城市规划法》（1990年4月1日起实施，2008年1月1日起开始实施《城乡规划法》，《城市规划法》失效），区城管局应根据《城市规划法》对涉案房屋是否属于违法建设进行认定。但本案其处罚依据则是适用了《城乡规划法》，虽然规定内容基本一致，但从行政执法来看，很不严谨。二审法院以内容一样，认为不违反法不溯及既往原则，适用了"实体从旧，程序从新"原则，从严格意义上看，也属于适用法律错误。

（2）被告资格问题。城管局拆除，街道办事处、政府是否是共同被告。拆除的执行主体是区城管局，其他的并非拆除主体，而是与拆除决定的做出有关联，如街道办事处负责调查事实，政府负责审批决定等，但执行的主体是区城管局。实践中，当事人往往将所有涉及拆除行为的政府及其相关部门一并诉之法院，导致各部门之间互相责任推诿。

（3）被拆除房屋内损失问题。因本案被诉行政行为是强制拆除行为，二审认为刘某提出的该上诉请求超出本案的审理范围。但从法律上看，居住人是房屋内财产的实际所有人，因强制拆除导致其屋内财产不复存在，作为屋内合法财产的所有权人当然可以主张自己的财产所有权。注意此处指的是屋内财产，不是房产。

（4）实际居住人（购房人）是否与拆除行为有法律上的利害关系。最高院认为：强拆房屋的后果导致实际购买居住人丧失了对该房屋的居住和使用利益，因此，其与被诉强拆行为之间具有法律上的利害关系。行政机关机械地以房屋的建设者作为执法对象，但实际指向的是居住于其中的购买人，这样的结果是对于违法建设者并无影响（因为房屋已经售出，且其违法利益得到了实现），而购房人作为执法对象却承受了实际损失，虽然刘某对于购买违法建筑可能有一定过错（法院在文书中并没有明确刘某的情况，如刘某是否明知购买的是违法建筑等），但其承受的损失与其过错是否相当？无论如何，该行政行为违背了行政执法的目的，直接指向的是利害关系人，而不是违法责任主体。

（5）最高院认为涉案房屋是否因强制拆除行为造成财产损失与实际居住人是否持有房屋所有权证并无直接关系。这是否意味着否定所有权登记？或者不登记就无权利？其实不然，登记虽然是合法拥有物权的标志，此处不仅是房屋，而且是财产问题。但没有登记，不意味着所有人不享有财产权。细分下来主要的财产指房屋本身和房屋内财产。本案可能涉及更多的是房屋内的财产。最高院在本案中明确：不能因刘某不持有房屋所有权证就否认其对于居住房屋内自身财产权利的享有和主张。因为房屋内财产是购房人的合法财产，执法部门没有执法依据不能处理。关于房屋的损失，刘某应该就房屋本身损失向违法建设人罗某主张权利。

思考题：购买违法建筑的是否需要承担责任？

案例二十九：共有人是否合意的认定 ❶

张某（乙方）购买王某（甲方）房屋，双方达成一致，拟签订房地产转让协议。Y房产中介服务部（以下简称Y中介）及B房产中介服务部（以下简称B中介）作为丙方在合同上签字，业主王某及其儿子黄某在甲方落款处签名，其配偶全程参与了房屋的买卖过程，在签字过程中未提出异议。张某在乙方落款处签名，Y中介在丙方落款处盖章，B中介亦在丙方落款处签名。协议签订后，张某支付了购房款。后王某又将该处房屋出卖给周某，并办理了所有权转移手续。于是张某请求解除房地产买卖协议，并要求王某赔偿预期利益损失。后王某退回了购房款，张某出具了收到退款的收条。

---

❶ 根据江苏某市仲裁案件改编。

案例教学点提要：

本案的争议焦点为，房地产转让协议是否有效，申请人接受退款的行为是否构成合同的解除，申请人的损失应当如何确定？

（1）未经房屋共有权人书面同意，转让房屋是否可以？该协议是双方自愿签订，且为真实意思表示。但是由于共有人在现场没有反对，买受人有理由认为该转让行为是夫妻双方合意后的行为。该合同为双方真实意思表示，合同应当成立且有效。但本案双方显然没有签署政府部门制定的买卖合同示范文本，而是自制的合同文本。现在各地政府部门的合同示范文本都有条款明确：如房屋有共有权人，出卖人承诺已经共有人同意。实践中，为避免风险，一是自己在签订合同时加入此条款；二是使用政府部门制定的买卖合同示范文本。

（2）通常购房人和房地产中介公司在查看不动产权利证书时可以发现是否有登记的共有人。实际生活中，在许多情况下，不动产权利证书并不反映真实的共有状况，特别是可能是夫妻、家庭共有的售后公房、拆迁安置房，通常只登记在一人名下（受各地购房时不同政策限制）。一些地方的政府部门制定的买卖合同示范文本中明确拆迁安置房、售后公房出售需要取得共同居住人的同意。

（3）张某接受退款的行为能否构成合同的解除。如双方共同作出解除合同的意思表示，或者一方作出解除合同的意思表示，另一方表示接受，可以认定是协商解除合同。而在此案中，接受退款的行为不能被认为就是对解除合同的认可，实际上双方当事人并未就合同解除一事达成一致。

（4）此类案件具有典型性。尤其在房价高涨之时，出卖人往往以未经共有人同意为由要求加价或者毁约另卖，并且愿意承担违约责任。因为相较违约责任，另行高价出售的吸引力更大。但是从法律规定本身看，并不提倡以违约责任替代实际履行，如果交易都不实际履行而通过违约责任承担来进行，则任何交易均无安全性可言，市场交易秩序、社会秩序也无法保障。本案中，出卖人王某将协议出售给张某的房屋另售给第三人，使得张某无法获得房屋所有权，构成根本违约，其行为违反了诚实信用的法律基本原则，当然应当承担违约责任。

（5）违约责任的损失包括直接损失和间接损失。张某的损失为佣金损失以及房屋差价损失。双方当事人对于差价应当是可预见的，因此，对于张某因此遭受的房屋差价损失，王某应予赔偿。由于退款行为减少了损失的扩大，可酌情减少赔偿额。

思考题：共有房屋买卖如何处理？

知识点：限购与合同履行、违约的认定与处理。

各大城市"限购令"的内容和要求各有不同，法院的裁判根据具体案情并遵循不同的原则。

案例三十：限购政策的影响[1]

郑某与海南省A公司在2018年6月签订商品房认购凭证，认购A公司开发的T商品房项目中的一套房屋。A公司分别于2018年6月分两次出具收据，表明其收到郑某支付的购房款。A公司以其开发的T商品房在建工程以及土地使用权作为自己向B农商行、C农信社、D农信社的借款办理了担保抵押，领取了他项权证。因A公司未按照借款合同约定偿还借款，债权人申请对T项目进行诉前财产保全，法院于2018年9月对T项目进行诉前查封。郑某以一审法院查封的涉案房屋属其所有为由提出异议，法院裁定中止对涉案房屋的执行。B农商行、C农信社、D农信社向一审法院提起诉讼。一审法院认为根据最高院的有关规定，郑某对涉案房屋享有物权期待权，没有证据显示郑某在当地拥有两套住房，T项目虽然登记在A公司名下，但郑某系合法购买房屋，享有足以排除强制执行的民事权益，一审法院对三家金融机构的诉讼请求不予支持。

二审时，郑某提交了其具有购房资格（补缴税款）的书面证据，二审法院认为：根据《中共海南省委办公厅 海南省人民政府办公厅关于进一步稳定房地产市场的通知》（琼办发〔2018〕29号）的规定，非海南省户籍居民家庭不得通过补缴个人所得税或社会保险购买住房。郑某的户籍不在海南

---

[1] 海南省高级人民法院（2020）琼民终69号，（2021）最高法民申1221号。

省,故其不得通过补缴个人所得税购买住房。因此,郑某提交的书面证据不能证明其具备购房资格,法院对该份证据不予采信。二审法院认为:郑某签订商品房买卖合同因不符合限购政策而不能产生对涉案房屋物权变动的效力,无法享有涉案房屋的物权期待权。郑某享有的合同权利不足以对抗申请执行人的金钱债权。因此,二审法院撤销了一审判决,准许继续查封郑某的涉案房屋。

郑某不服向最高人民法院申请再审。最高院支持了二审法院的认定:郑某签订购房合同及支付购房款的时间均在海南稳定房地产市场的通知发布之日即2018年4月22日之后。郑某知道或者应当知道,其购房行为不符合海南省有关限购政策,却甘冒风险坚持购房。郑某合同权利不足以对抗申请执行人的金钱债权,并准许继续查封。

案例教学点提要:

(1)本案其实并不复杂,但是历经二审和最高院再审,主要的争议在于郑某的房屋可否查封。关键点是:对抗查封的理由是郑某的该处住房是否为唯一住房。因为根据最高院的有关规定,为保护当事人的居住权,不能执行当事人的唯一住房。

(2)郑某并无海南户籍,在限购规定出台之后签订商品房买卖合同,虽然支付了房款,签订了合同,因为限购,无法办理合同网签和登记备案,当然也无法过户。这也使得开发商可以顺畅地办理包括涉案房屋在内的抵押。

(3)根据《中共海南省委办公厅 海南省人民政府办公厅关于进一步稳定房地产市场的通知》,非海南省户籍居民家庭购买住房的,须提供至少一名家庭成员在海南省累计24个月及以上的个人所得税或社会保险缴纳证明。诚然,事后补交税款是海南等地规避限购的一种常见做法,但法院显然对此并不认可。

(4)海南省高院和最高院的意见表明:政府的限购政策是本案裁量的重要依据。因为限购政策本身并不是法律的明文规定,法院在本案的审理中明确依据政府的有关文件,表现民事裁判对相关政府政策文件认可并尊重的一种倾向。

（5）本案未直接否定买卖合同效力，法院认可购房人的债权，但否定购房人可以取得物权的可能性。当然除了限购，本案还涉及执行异议，首先要根据执行异议的有关规定，判定当事人是否具有相应的权利，即《最高人民法院关于人民法院办理执行异议和复议若干问题的规定》第29条规定关于"金钱债权执行中，买受人对登记在被执行的房地产开发企业名下的商品房提出异议，符合下列情形且其权利能够排除执行的，人民法院应予支持：（一）在人民法院查封之前已签订合法有效的书面买卖合同；（二）所购商品房系用于居住且买受人名下无其他用于居住的房屋；（三）已支付的价款超过合同约定总价款的百分之五十"。可见，郑某符合三项条件中的两项，但是其是否适用于居住且名下无其他用于居住的房屋，从违反限购政策看，显然不是无其他住房。因为法院对于唯一住房的执行是非常谨慎的。该条规定本身的内容也是符合"房住不炒"的精神的，反映了司法对老百姓居住基本权利的保障。如果是所购住房为唯一住房，结果就可能完全不同。这也反映了相关政策、社会价值观对司法裁判的影响。

（6）本案否定了郑某取得物权的可能性，但其支付了房款，其债权得到法院的肯定，由于开发商的财产被查封，后续可能被执行，其债权能否实现也充满了不确定性。

思考题：限购政策是否影响合同效力？

案例三十一：因限购无法交易[1]

杨先生购买张先生的整栋别墅，但该别墅地上三层为一个房产证，地下一层为一个房产证，双方签订了两份房屋买卖合同。合同签订半个月后，杨先生得知自己不具备购买涉案房屋的资格，即告知张先生无法继续履行合同，双方发生纠纷。张先生认为杨先生违约，由于杨先生不买房，拖延了时间，导致其无法尽快出售房屋，还清贷款，因此产生了损失，请求法院判决解除合同、要求杨先生支付违约金411万元。杨先生认为因为涉案房屋有两个房产证，导致其购房受限，且自己无过错，故提出反诉，要求张先生返还

---

[1] 董玫：北京一签约后发现无购房资格的买主被判违约（https://www.chinacourt.org/article/detail/2021/09/id/6292429.shtml），载中国法院网，2021年9月29日访问。

其定金20万元。杨先生称,签约前看房时张先生并未告知房屋性质及两个房产证的问题。中介方作为专业机构,也没有进行审查及必要提示便组织双方签订合同。杨先生在签订合同后才得知自己购买该房屋有限制,随即向张先生提出解除合同,因此自己没有主观过错,请求解除合同、返还其定金。

法院审理后认为,关于买房资格问题,买受人自己应当尽到必要的注意义务。事实表明,杨先生在签订合同时已知悉房屋存在两个房产证,房产证上对房屋性质亦有明确记载,杨先生因购房资格限制而无法继续履行合同的行为构成违约,应当承担违约赔偿责任。但张先生未能举证自己的实际损失与其诉讼请求一致,且在诉讼过程中张先生出售涉案房屋的价款亦比出售给杨先生的价款高,所以法院对于张先生主张的违约金予以酌情减少。法院判决解除双方的房屋买卖合同,杨先生支付张先生违约金20万元,张先生返还杨先生房屋定金20万元。

案例教学点提要:

(1)本案比较特殊,案件中一套别墅2个房产证。双方签订两份合同即为两次交易,交易上视为两次买卖。类似购买两套房屋,且地下室的性质为非住宅。

(2)就法院的判决看,法院归责于购房人未尽到必要的注意义务;也认定出卖人不仅应该告知买房人真实状况,并且应当向中介方全面告知房屋的各项情况,尽到必要的告知义务。中介方作为居间方,对于房屋情况及购房资格审查应尽到提示义务。对于本案这种特殊情况,买卖双方的常识可能不足以判断交易的法律问题,而中介作为专业人员则应该可以凭借专业知识作出判断。

(3)在中介人员知晓该房屋的有两个产权证的真实情况下,中介应该在签约前提示当事人作必要的查证,或者代为处理相关事宜。这样可以避免矛盾产生。但实践中,中介往往为追求快速成交获取佣金而不作相关的告知或者提示,这也是违反职业规范和职业操守的。

(4)一般情况下,同一套房屋如果属于同一权利人是可以合并所有权证的,即两本证可以合为一本证,除非存在不能合并的情况。同一套房屋买卖也是可以签订一份买卖合同，但本案没有合并所有权证，且签订两份合同，显然权属上是两分的。即只能视为两处房屋、两次买卖。限购可能由此而来。

思考题：因限购导致交易不成如何处理？

知识点：<u>房地产交易本身不涉及户籍，但交易双方应该事先就户口处理进行约定。</u>

案例三十二：户口与房产交易[1]

张某与戚某签订房屋买卖合同，约定戚某将坐落于海淀区的房屋出售给张某，房屋成交总价310万元，张某支付房款并承诺最后一期户口保障金15万元于房屋内户口迁出当日支付。合同签订后，张某支付了购房款，房屋转移至张先生名下。但该房屋因历经多次买卖，前手出卖人户口未迁出，因此张先生拒绝支付15万元尾款。

2021年5月28日，北京市公安局发布《北京市公安局户籍派出所设立公共户工作规定（试行）》，根据该规定，需产权人张某提供申请书、身份证、户口本及不动产权证书才能申请办理前业主的户口迁出手续。戚某认为，张某为达到不支付剩余购房款的目的，以各种理由拒绝提供申请迁户材料，不正当地阻止条件成就，故诉至法院。

张某认为迁出该房屋上的滞留户口是戚某的义务，不能因为新政出台后，便将原本属于戚某的合同义务转化为自己的义务。

案例教学点提要：

（1）该留存户口非该次交易的出卖人户口，而是前面多次交易未解决的历史遗留户口。对此双方均知晓，所以，双方约定的尾款比较多。实际上按照大部分城市的现行规定，这种状况不影响后续业主户口的迁入。

（2）房屋买卖和户口没有必然联系。即房产交易一直到过户，一般情况

---

[1] 刘小妹：北京海淀法院开庭审理首例涉"公共户"迁移案（https://www.chinacourt.org/article/detail/2021/11/id/6358347.shtml），载中国法院网，2021年11月10日访问。

下是不需要提供户口的（限购政策除外，且限购政策主要审查要点在于是否是本地户口，而不是户口所在地）。

（3）由于中国现行的户籍制度，户口一般是与房屋捆绑在一起的（除非公共户口），即户口必须落在某一处房屋上。虽然这种情况不影响张某户口迁入，但是基于习惯性思维，大部分人不愿意在自己的房屋中留存别人的户口。

（4）本案这种情况在房地产交易中还是比较多见的。正因为前些年这类纠纷非常多，所以各地都出台了相关规定，允许这种情况下，户口可以灵活地迁入迁出。为了避免住房和户口的捆绑，北京、上海等城市均出台政策，允许落户在公共户口中。如北京规定：全市每个户籍派出所原则上只设立一个非农业"公共户"，接收暂不具备市内迁移条件的本辖区非农业户口人员落户。北京涉及房地产交易的公共户落户也规定了因房屋交易所有权变更或者公有住房承租权变更，现房屋权利人申请将原户内人员迁出的，原户内人员无正当理由拒不迁出的，由房屋所有权人向房屋所在地派出所提出申请。因此，如果张先生不申请，问题无法解决。该遗留户口一般并不会影响购房人的户口迁入，但如果张某已经取得权利证书，需要其申请，而其不申请，则出卖人因为户口需要承担尾款损失。其实该案的症结在于15万元尾款。通常买卖双方约定尾款比较少，如1万～3万元，这种情况下通常双方也就不会诉诸法院了。

（5）本案是《北京市公安局户籍派出所设立公共户工作规定（试行）》施行后，海淀区法院受理的首例因房屋产权交易引发的"公共户"迁移纠纷。原来无法解决的户口问题，因为新的户籍政策而有了解决的可能性，这是当初签订合同时无法预料的。通常合同中约定的迁出户口都是出卖人的义务，并且戚某在后续达成的承诺书表示，房屋交易后5年内若未能将涉案房屋内的户口迁出，则自愿放弃索要户口保证金。因此，理论上张某没有协助的合同义务，至多只是道义上的义务。但双方均无法预料政策的变化。基于此，法院也是调解结案，张某同意配合。

（6）在房地产交易中，买卖双方应该事先查清房屋内的户口情况，约定好解决方式。笔者曾经处理过房屋中存在出卖人也不知道的户口，且已经存留其中 30 余年，无法找寻相关人员，难以处理。而该出卖人则在合同中承诺迁出所有户口，如此只能承担违约责任。

思考题：户籍情况是否影响房地产交易？应如何处理？

知识点：网签合同需要双方当事人共同办理。

案例三十三：撤销网签合同❶

王某与于某经 W 房地产经纪公司（以下简称 W 公司）居间介绍，于 2014 年 6 月签订存量房屋买卖合同，王某作为出卖人将其所有的 B 市 × 大街甲某号房屋出售给于某，合同约定房屋总价款为 429 万元。该合同约定，买卖双方应按照国家及 B 市的相关规定缴纳各项税、费，但双方未就税费的约定签订具体条款和附件。合同约定签订之日起 90 日内双方申请办理房屋权属转移登记手续。同日，王某、于某与 W 公司三方又签订补充协议，约定如有任一方提出与买卖合同、居间合同或补充协议等书面约定不符的要求，合同其他当事人有权拒绝配合。合同签订后，于某向王某支付了定金 2 万元。2014 年 7 月 18 日，王某、于某及 W 公司的工作人员进行网签，因合同的版本问题三方协议撤销了网签合同。2014 年 7 月 22 日，三方又进行了第二次网签，由于得知缴纳税费及相关费用的数额高于王某、于某签订合同时计算的数额，相关事宜须进一步协商，三方再次撤销网签合同。后王某起诉到法院，称因于某未按期履行合同，致使王某无法获得预期买卖房屋款项，并因此导致对另一个合同的违约，于某对此不予认可。

双方均认可第一次撤销网签系由于中介机构提供的合同版本问题导致，双方均不存在违约问题。关于第二次撤销网签的原因，王某称系因于某欲提高首付比例，于某称系因出现大额税费未明确分担，双方均未能就其主张提供相应证据。一审法院认为由于合同无法继续履行，系由于双方对于重要事项未能进一步协商一致，由此造成的后果应由双方共同承担，不宜简单认定为单方违约。由此解除买卖合同和补充协议。

二审法院认为：由于本案双方签订合同时和网签时计算税费差额近 20

---

❶ 北京市西城区人民法院（2014）西民初字第 22017 号，（2015）京二中民终字第 02197 号。

万元，数额巨大，双方应就此补充约定，因合同未约定，导致第二次撤销网签，合同履行中止，双方均有责任，造成的后果应共同承担，并解除合同。

案例教学点提要：

（1）本案基于不同原因，先后两次撤销网签合同。办理过程为三方同时办理，三方协议撤销。一般来说，买卖合同只涉及买卖双方当事人，理论上双方达成撤销网签的一致即可。但实践中，通过持牌中介操作，中介公司可以直接通过管理部门给予的密钥同步上传网签。因此这种情况下，只有三方协商一致，才能操作成功。即原来通过中介办理的网签合同，需遵循原来的办理路径撤销合同。

（2）本案合同重要条款约定不明确。双方对于税费约定不明，责任在于双方，因此法院对双方要求对方支付违约金、定金及赔偿损失的诉讼请求均不予支持。

（3）本案的合同当事人主体。王某、于某均未要求解除与W公司共同签订的补充协议，且W公司亦非本案当事人，一审法院却对此予以处理，属于超请求判决。中介公司也并非买卖合同的当事人。

（4）合同解除后的适用法律。本案发生于《民法典》颁布之前，适用当时的《合同法》。《合同法》第97条规定："合同解除后，尚未履行的，终止履行；已经履行的，根据履行情况和合同性质，当事人可以要求恢复原状，采取其他补救措施，并有权要求赔偿损失。"依此规定，双方按照法院判决分别执行即可做到合法合理。

（5）一审法院认为按一般房屋买卖交易习惯，税费由买方负担，这种认定有失偏颇。交易当事人依法纳税是法律义务，应该按照法律规定承担义务。至于实际生活中由于出卖人房屋的稀缺性，导致其居于强势地位要求买方负担应该由出卖人承担的税费，这是一种不正常的现象。对此现象，法院虽然大多不予干预，但法院亦不应该在判决书中将其确认为交易习惯。

思考题： 网签合同如何办理？

知识点：合同网签及登记备案的要求。

2019年住房与城乡建设部规定，商品房买卖合同、存量房买卖合同、租赁合同、抵押合同须全部网签备案。现各地均执行网签备案要求，如上海要求通过网上操作系统签订合同后，当事人应及时到房地产交易中心办理转让过户手续。

备案虽然不影响合同的效力，但实际上有关当事人、法院均承认其有一定的影响。如《第八次全国法院民事商事审判工作会议纪要》关于"一房数卖"的合同履行问题明确规定：对买卖合同的成立时间，应综合主管机关备案时间、合同载明的签订时间以及其他证据确定。

案例三十四：网签合同的法律效力 ❶

沈某和安某的委托人刘某（安某之子）一同到B市C区房屋权属登记中心填写了"存量房自行成交网上签约申请表"并签字，由安某购买沈某的房屋。后沈某和刘某在B市C区房屋权属登记中心再次签字确认了"存量房买卖合同信息表（自行成交）"。在申请表和信息表中双方约定："网上信息填写完成后，在申请转移登记之前，需要注销网上信息的，10日内买卖双方共同申请，超过上述时间的，可由买方申请。"而后安某支付了房屋的契税，沈某将房屋的电卡及供暖协议交付安某。后沈某认为房屋的出售价格过低，拒绝与安某签订书面合同，并欲注销在登记中心登记的网上信息。但根据双方网签的约定，只能由买方进行网上信息的注销，沈某无法单方进行网上信息的注销。沈某只能诉至法院，要求安某协助自己办理注销网签信息表的手续。

安某则认为，在电子合同中，双方已就交易达成一致意见，买卖合同已成立，沈某违约。沈某辩称，双方尚未签订书面的购房合同，因此房屋买卖并未生效。

---

❶ 北京市朝阳区人民法院（2009）朝民初字第24866号，北京市第二中级人民法院（2010）二中民终字第05439号。

案例教学点提要：

（1）本案的争议焦点为网签合同的效力是否等同于书面合同的效力。双方当事人在申请表中，就标的房屋的价款、支付方式等主要条款均进行了确认。并且被告还向税务机关缴纳了相关税费，沈某也向安某交付了电卡及供暖合同，即已经开始履行合同，应当认定双方之间的房屋买卖合同已经成立，双方当事人需依约履行各自的义务。

（2）网签即网上签约的简称。信息表为房屋管理部门根据双方申请表的内容，将相关信息进行网上登记后，向双方出具的打印版信息表。该表中包括买卖双方的个人信息、交易房屋的相关信息、房屋成交价款等内容。本案原被告双方所签订的存量房买卖合同信息表就是针对买卖合同内容的确认，该表明确标注出卖人信息、买受人信息、交易房屋的相关信息（包括所有权证号、户型、房屋性质等），说明当事人已经对合同的主要条款达成一致意见。此时，合同的主要权利义务已经确定，应当认定合同已经成立。

（3）2004年颁布的《电子签名法》规定电子签名不适用于不动产，因此当时对于使用电子签名签订房地产买卖合同是存在一定的争议的。当时建设部有关商品房买卖合同网上备案的规定，也要求不能用网络合同代替纸质合同，要求网上备案后及时办理纸质合同备案。但2019年《电子签名法》修改了不适用于不动产的规定，相关管理部门也就相关规定进行了修改，电子签名也可以适用于不动产交易。

（4）根据本案二审达成的调解协议来看，调解协议确定的价款为70万元，而网签合同确定的价款为40万元，差距较大，很可能是双方当事人在网签合同中故意压低价格。因为我国房屋买卖的多项税费是以成交额为基准的，因此，为了避税，当事人往往会在登记备案的合同中约定较低数额的房价款，私下又签订一份约定真实房屋买卖价款的合同，俗称"阴阳合同"。在这种情况下，应当以表明当事人真实意思的合同为准。但是本案中买卖双方没有另行签订合同，因此，只能以网签合同来认定。当然，这也提醒我们，签订合同时应当体现真实意思，虚假合同很可能带来不必要的麻烦。同时这反映出有关部门在交易税费审核时也存在一定的问题。

（5）关于注销信息的约定。一般合同注销需要买卖双方共同办理，但本案仅指网上信息注销。网上信息是办理合同之后，通常该套房屋在房产交易管理信息系统中显示已经出售，出卖人无法再行出售。本案双方当事人约定由一方当事人办理，不违反法律，应该尊重当事人之间的约定。

思考题：如何看待网签合同的效力？

知识延伸：近些年，针对房地产市场调控政策的相关规定，市场上出现了"双合同"。购房者买房时签订一份正式的买卖合同，而另签一份"装修合同"或者"装修提升合同"，实际上是突破政府对房屋限价的一种方式，尤其在商品房买卖中更多见。这种情况下，两份合同加起来的总价款才是房屋总价。2018年住建部与国家统计局联合印发《关于进一步加强协作做好房价统计工作的通知》，进一步明确网签备案时限、合同内容和价格范围，严禁滞后网签、平衡网签或集中网签。要求坚决打击拆分销售合同行为，要求如实备案成交全价，规范网签合同文本，含车库、车位、装饰装修价款的，应在合同中注明约定。

知识点：存量房交易结算资金管理。

存量房交易中，资金交付是很重要的。因为房屋交易不可能一手交钱，一手交货。如果是贷款购房，通常购房人可能需要先支付首付款，然后过户，银行办理抵押权登记后才会放款给出卖人。如果是全款购房，一般也是交付首付款，留部分尾款至购房人取得权属证书后交付。因此，在这一过程中，稍有不慎或者衔接不好，很容易出现资金风险。买卖双方可能互不信任，希望资金交付第三方，如可能交付中介公司。这其中也可能发生中介卷款的情况，因此，建设部、中国人民银行发布的《关于加强房地产经纪管理规范交易结算资金账户管理有关问题的通知》（建住房〔2006〕321号）规定，交易当事人可以通过合同约定交易资金支付方式，也可以根据合同约定条件，通过房地产经纪机构在银行开设的客户交易结算资金专用存款账户，划转交易资金。即存量房交易的资金如果当事人选择通过经纪机构或者交易保证机构支付，也需要建立资金监管账户。

案例三十五：经纪机构保管定金[1]

尹某与金某系夫妻关系，双方婚后购买房屋一处，登记于女方尹某名下（正在办理产权证）。该房屋抵押贷款的共同借款人是男方金某。2017年11月，购房人吕某与尹某的代理人刘某、经纪机构A公司签订房地产买卖合同，刘某提供了尹某夫妻的委托公证书。约定吕某购买该房屋，出卖人还款解押，产权证交经纪机构保管。定金交给经纪机构无息保管。卖方承诺共有权人已同意出售该房屋。合同第10条手写："合同签约当日卖方本人未到场，由其代理人刘某代理签约，买方认同，如因卖方不履行本合同，则由代理人刘某承担合同约定的违约赔偿责任。"同日，尹某和经纪机构签订房地产居间服务合同，吕某与尹某代理人刘某签订购房贷款代理服务合同。吕某与尹某及银行签订了二手房资金监管协议，吕某将首付款办理了资金监管，监管账户为吕某名下账户。后因房价快速上涨，吕某与尹某及A公司签订合同变更协议增加房款和定金。刘某提供公证委托书给A公司，内容是尹某夫妻委托刘某代为到相关部门办理该房产的报税、退税手续。后出卖人以夫妻共有财产未经一方同意出售，主张买卖合同无效，并认为经纪机构隐瞒共有真实情况。一审法院虽然认为公证书没有委托出售房屋，但尹某、刘某的无权代理行为可构成对吕某的表见代理，对金某亦发生效力，因此房屋买卖合同合法有效。二审法院认为吕某有理由相信刘某、尹某具有代理金某出售房屋的代理权。尹某对于授权刘某签订房地产买卖合同、出售涉案房屋事宜并无异议。尹某还提供了金某的个人身份证、结婚证、征信报告等，因此驳回上诉。

案例教学点提要：

（1）本案中，双方按照规定，选择了存量房交易资金监管，并且首付款亦进入了监管账户，这其中的出卖人签字起了较强的证明作用。但A经纪机构代为保管定金，不符合经纪机构的操作规范。按照规定，交易结算资金的存储和划转均应通过交易结算资金专用存款账户进行，房地产经纪机构和房

---

[1] 辽宁省大连市中级人民法院（2021）辽02民终2892号。

地产经纪人员不得通过客户交易结算资金专用存款账户以外的其他银行结算账户代收代付交易资金。定金当然属于交易资金的一部分（本案中当事人约定定金将抵作价款），因此经纪机构代为保管不符合规定和要求。当然，本案是民事案件，当事人双方对此没有提出异议，法院自然不会主动干预或者审理。

（2）二手房交易监管机构各地有不同，大部分地方以银行作为资金监管机构。因为银行承担房款的划款业务，自然有其优势。本案就是当事人和银行签订的监管协议，首付款进入买方监管账户（交易未完成，因此在买方账户内）。按照规定，交易完成后，通过转账的方式划入房产卖方的个人银行结算账户。当交易未达成时，通过转账的方式划入房产买方的原转入账户。根据规定，客户交易结算资金专用存款账户中的交易结算资金所有权属于交易当事人。

（3）诉之法院的很多情况恰如本案，即当事人在签订合同、办理手续中存在一定的瑕疵，导致出卖人提出合同无效，本案代理手续存在问题。实践中很多地方规定了公证书的使用要求，即公证书的委托范围必须明确每一项代理事项的具体范围，公证书中没有写明则不予认可。本案公证书并没有明确授予刘某代理出售房屋的权限。

（4）本案法院以表见代理认定合同有效，可能是出于保护购房人作为守约方的权益，实际上亦可以反映法官的心证，即本案不能否认金某知情，但经纪机构和其他相关人员亦无法证明其不知情，法院实际上更倾向于认为金某知情。

（5）随着部分城市房价快速上升，此类案件具有典型性。很多情况下共有人同意或者默认，但事后由于房价上涨而主张买卖合同无效。本质上看，出卖人有违诚实信用原则。

思考题：经纪机构可以代收代付存量房交易资金吗？

相关规定：建设部、中国人民银行发布的《关于加强房地产经纪管理规范交易结算资金账户管理有关问题的通知》（建住房〔2006〕321号）规定：房地产经纪机构或交易保证机构必须在银行开立交易结算资金专用存款账户，账户名称为房地产经纪机构或交易保证机构名称后加"客户交易结算资金"字样,该专用存款账户专门用于存量房交易结算资金的存储和支付。房地产经纪机构和交易保证机构应在银行按房产的买方分别建立子账户。交易当事人应根据需要在银行开立个人银行结算账户。开立客户交易结算资金专用存款账户时,房地产经纪机构和交易保证机构应当向银行出具工商营业执照、基本存款账户开户许可证和房地产管理部门出具的备案证明。子账户划转时应当有房地产经纪机构或交易保证机构和房产买方的签章。交易结算资金的存储和划转均应通过交易结算资金专用存款账户进行,房地产经纪机构、交易保证机构和房地产经纪人员不得通过客户交易结算资金专用存款账户以外的其他银行结算账户代收代付交易资金。房产买方应将资金存入或转入客户交易结算资金专用存款账户下的子账户,交易完成后,通过转账的方式划入房产卖方的个人银行结算账户。当交易未达成时,通过转账的方式划入房产买方的原转入账户;以现金存入的,转入房产买方的个人银行结算账户。客户交易结算资金专用存款账户不得支取现金。

《房地产经纪管理办法》规定:房地产交易当事人约定由房地产经纪机构代收代付交易资金的,应当通过房地产经纪机构在银行开设的客户交易结算资金专用存款账户划转交易资金。交易资金的划转应当经过房地产交易资金支付方和房地产经纪机构的签字和盖章。

案例三十六:"最惨购房人"[1]

2020年5月,经A中介公司介绍,范某、伍某签订房地产买卖居间协议。范某转让房屋于伍某,转让价格共计1550万元。约定签订买卖合同示范文本并申请办理公证手续,当日支付首期房价款775万元,第二期房价款775万元,买方应在签订示范文本后五日内向贷款银行申请贷款,若买方贷款申请未在过户前获得足额贷款批准,应当在申请产权过户之前将相应部分房价款支付卖方。实际上买方支付了定金100万元,1550万元房价拆分为合同价1490万元及装修补偿款60万元。卖方同意提前交房,双方在7月正式签订房地产买卖合同,约定2020年8月30日前过户。合同履行中,伍某在支付合同约定的部分首期房款245万元时即发生逾期支付的情况,后双

---

[1] 上海市黄浦区人民法院(2020)沪0101民初25443号。

方签订补充条款约定卖方同意买方从 2020 年 7 月 1 日起至付清之日止，以 245 万元为本金，按每日万分之 2.73 支付给出卖人范某利息损失。买方须在 2020 年 7 月 31 日前一次性支付上述费用。如未支付，则房屋买卖合同自动解除，买方应偿付出卖人违约金（合同总价的 20%），且赔偿其原有的装修损失 180 万元。截至 2020 年 7 月 13 日被告共计付款 745 万元。卖方范某于 2020 年 6 月左右即将涉案房屋交付于伍某使用。之后由于伍某申请办理的贷款 745 万元发生延期，直至 2020 年 10 月 29 日银行审核通过。其间，2020 年 9 月，范某以律师函方式告知和催告伍某，希望其 3 日内将钱付清，否则有权解除合同，并要求被告赔偿违约金及装修损失等。后范某又向伍某发出解除买卖合同通知书一份，明确：被告在收到上述律师函后仍未按照约定期限付款，因此原告行使合同约定解除权，要求被告搬离并归还涉案房屋，偿付房款总价的 20% 的违约金和房屋装修损失 180 万元等。

法院认为房屋买卖合同约定的过户时间是 2020 年 8 月 30 日，最终获得贷款的时间在 2020 年 10 月 29 日，已大大超出了合同约定的时间，也超出了原被告当事人自己的预期，作为适格的民商事主体，对于在交易中可能产生的风险应已明知，在最终并未能取得本案原告谅解和许可的前提下，相应的违约责任被告是无法免除的。法定解除合同和合同约定的解除条件均已成就。范某解约通知发出后经伍某以微信方式确认收到。考虑到本案伍某违约导致的实际后果，范某至今未能正常另行购房成功等，经济损失巨大。判决伍某一次性偿付范某违约金 310 万元，房屋整修费损失 180 万元。伍某负担案件受理费 4.6 万元。

案例教学点提要：

（1）本案伍某的违约责任是由于银行贷款不能及时到位而引发的。其主观上并无迟延付款的故意，其行为也非根本性违约，而承担的责任是合同解除、巨大的经济损失。伍某认为延误和未通过是不同概念，被告并非申请贷款被拒绝，而只是延误 2 个月付款，承担了总计 490 万元的损失。本案在当地各界引发广泛议论，伍某也被媒体称为"最惨购房人"。本案二审维持原判，但伍某表明对方因此获利 800 余万元（房屋升值）。之所以反响巨大，是因为原告的请求几乎都得到法院的支持，而一般民众认为伍某对于贷款无法控制，因此不应该承担巨额损失。本案在法律实务界也引发不少议论，支持法院判决的法律人亦不少。值得注意的是，出卖人范某在交易过程中全程有律师服务，而伍某本人显然在本交易过程中没有对相关的条款和法律问题引起应有的注意和重视，最终置自身于法律上不利的境地。

（2）亦有法律界人士认为本案判决合法但不合理、不合情。因为法院虽然认为贷款延期获批的原因与伍某本身的资信能力等可能也无关，但客观结果是违约了。而此时法院并没有顺着情理往下走，这里涉及法院的价值判断倾向。法院特别在判决中用了"但请注意"这个表述，提出买卖标的系二手办公楼，并非居住房屋。实际上这其中体现了"房住不炒"政策实施以来，近年来法院裁判倾向的变化。法院认为该房屋买卖合同，并非我国法律必须予以强制保护履行的特殊合同。换言之，商业用房、办公用房的买卖并不涉及老百姓的基本生活和生存问题，不需要给以特别的关注和保护。设想一下，如果伍某购买的是唯一住房，可能裁判结果会有不同。

（3）本案判决中，法院阐述的关于契约自由的理解也是值得注意的。法院认为，如在原告享有合法的单方合同解除权的情况下，强行判决双方继续履行合同，有构成"强买强卖"的风险，严重违背契约自由原则。而伍某的主要诉求是继续履行合同，据其表示，该房屋已经上涨300万元，对方的损失没有依据。但从法律上看，伍某的说法是从现实的结果出发，是事实问题，不是法律问题。

（4）无论如何，伍某作为一个成年人，一个理性的民事主体在进行大额商品交易时应该考虑到各种可能性，在签订合同时就应该为自己无法把握的贷款问题留有余地，充分考虑自己的行为后果，而不是忽略合同的约定，盲目自信。

（5）围绕本案的争议也反映出法律界和社会各界对此问题的价值判断是不同的。但就法院本身看，并不存在适用法律错误，纵观其判决书全文，法律上说理也很清晰，只是如何更好地合理、合情、合法进行裁量，这是永远值得深入研究的问题。

思考题：法院对于住宅和非住宅转让的裁判标准是否有差异？

六、特殊房地产转让

知识点：小区车位车库的归属与转让。

车库、车位转让除必须符合《民法典》外，地下车库车位转让还涉及《人民防空法》及国家有关部门关于地下空间开发利用的规定。此外，各地对此均有具体的规定，实务中须注意各地规定的不同。

案例三十七：作为人防工程的地下车库转让 [1]

J市规划局颁发给B公司建设工程规划许可证载明B公司项目含地下车库建筑面积3911平方米兼人防工程1320平方米。一年后J市人民政府出具了土地使用权人为B公司的国有土地使用权证。后A公司与B公司签订世纪家园认购书，认购世纪家园楼宇地下车库3648平方米。双方签订了商品房买卖合同，该合同约定A公司所购商品房的基本情况为：地下车库土地面积为3911平方米；地下车库规划许可证面积为3911平方米，其中兼人防工程面积1320平方米。合同约定面积与产权登记面积如有差异，以产权登记面积为准。同日，双方签订了两份世纪家园认购书，A公司分别认购B公司世纪家园两处商铺。

J市房地产测绘中心出具的房产测绘技术报告显示世纪家园B号地下车库（人防工程）建筑面积4222平方米。J市人民防空办公室出具结建人防工程防护质量竣工验收确认书，在建设项目产权登记人防意见中载明：人防工程施工图建筑面积4014平方米，人防部门产权登记意见为"该项目已配套建设人防工程，建筑面积以房产测绘为准，人防工程所有权归国家所有"。一年后A公司、B公司签订补充协议书，约定由于地下车库现尚未办理产权手续，根据A公司的要求，B公司同意具备能够办理产权条件时，协助A公司办理产权手续。后A公司取得涉案2套商业网点的不动产权证，但因地下车库无法办理所有权转让登记，遂发生纠纷。

法院认为，A公司作为商事交易主体，其对于房地产交易和房屋登记管

---

[1] 辽宁省高级人民法院（2019）吉民终127号。

理的相关规定应有所了解，因此系认可地下车库尚不能办理产权的事实。地下车库无法办理产权，不属于可以交易的商品房，双方当事人对此均应明知，故双方当事人的真实意思应为转让地下车库的使用权。地下车库兼具有人防工程性质，其所有权属于国家，依法不得转让，但地下车库的使用权可以转让。J市人民防空办公室已经认定防护质量合格，准许使用。因此B公司对涉案地下车库（人防工程）依法享有使用权，其通过签订商品房买卖合同，将地下车库使用权转让给A公司，不违反法律强制性规定，亦未损害国家利益。A公司应当知晓法律法规中关于地下车库（人防工程）所有权不得转让的规定。B公司未在商品房买卖合同中专门对此作出提示及表述，并不构成刻意隐瞒和欺诈。

案例教学点提要：

（1）地下车库有两种性质：一种属于人防工程，建好之后通常作为地下车库使用；另一种是配套建设的规划用于停车的车库。根据《人民防空法》，在保证战时使用效能的前提下，人防工程要有利于平时的经济建设、群众的生产生活和工程的开发利用。国家鼓励平时利用人民防空工程为经济建设和人民生活服务。平时利用人民防空工程作为民用车库使用，不得影响其防空效能。

（2）关于人防工程有两类：单建和结建。单建是指单独修建的地下防护建筑，结建是指结合地面建筑修建的战时可用于防空的地下室。具体而言，单建是单独建设的、可用于战时使用的防空设施。结建是在民用建筑中结合建设的地下人防设施。本案涉及的地下车库显然是结建的，结建人防设施通常根据各地的地方性规定或者政策要求，按项目建设的一定比例建设。根据《人民防空法》，城市新建民用建筑，按照国家有关规定修建战时可用于防空的地下室。关于其所有权归属，理论界有不同看法。实践中一些地方明文规定为国家所有。

（3）本案所涉地方规定明确人防工程为国家所有，因此该地的人防车库使用权可以销售和使用，但无法取得所有权证。正是基于此，法院认为作为购买人应该知晓当地的规定，进而认定购买人所购买的是车库的使用权。

（4）关于人防工程所有权归属，《人民防空法》并未明确，只是规定：国家鼓励、支持企业事业组织、社会团体和个人，通过多种途径，投资进行人民防空工程建设。人民防空工程平时由投资者使用管理，收益归投资者所有，即"谁投资谁受益"。有的地方直接规定所有权属于国家。最高人民法院在本案再审中也表达了此观点。最高院认为不能仅以合同名称为商品房买卖合同，认定合同中约定转让的对象为地下车库和社区用房的所有权。由于地下车库和社区用房均无法办理产权，不属于商品房。因地下车库兼具人防工程性质，其所有权属于国家，依法不得转让，但地下车库的使用权可以转让流通。❶ 实践中将地下车库使用权转让归属于商品房买卖中的一类，得到了司法实务界主流观点的肯定。

思考题：地下车库的分类及性质？

知识延伸：通常房屋转让时，房屋的附属设施同时转让。车库、车位是房屋的附属设施，也可以单独转让。车库常常不与房屋同步销售，属于可以转让的车库，可以单独签订买卖合同并办理登记。如上海规定：按照国家和本市有关规定可以单独转让的新建房屋的地下停车库等附属建筑物、构筑物，需单独转让的，应当在转让合同中约定；未在转让合同中约定单独转让的，视作一并转让。房屋转让时，房屋的共用部位、共用设备与自用部位、自用设备同时转让；共用部位的建筑面积按照国家和本市有关规定由房地产权利人分摊。

各地均根据本地的情况，制定了建设单位按照配置比例建设车位、车库，可以依据《民法典》规定出售、附赠或者出租等方式处分给业主。配置比例是指规划确定的建筑区划内规划用于停放汽车的车位、车库与房屋套数的比例。

案例三十八：迟到十多年的判决 ❷

X城市花园地处市中心，土地使用权面积为7697.60平方米，共用分摊

---

❶ （2020）最高法民申4493号。
❷ 扬子晚报：南京首例地下车库权属案判决（https://news.sina.com.cn/c/2003-11-13/12361112964s.shtml），载新浪网，2003年11月13日访问；南京市鼓楼区人民法院（2013）鼓民初字第1656号。

面积为 7697.60 平方米。1998 年 X 置业公司按《N 市规划局建筑工程规划设计要点通知》的要求，以 0.2 车位每户的标准建设了地下车库。建成后的小区地下车库的建筑面积为 2794.46 平方米，规划核准为 36 个车库（实际建设 59 个车库），在核发的该项目 N 市预售商品房备案证明和商品房屋登记备案平面图中有该地下车库部分，但车库并未取得独立的销售许可证。2000 年 X 置业公司按当时高档商品房定价，以均价每个车库 10 万元的价格向小区业主出售地下车库的使用权，车库使用权的年限和业主购买商品房的年限相同。已出售 35 个车库，其余 24 个车库由小区业委会委托物业公司出租，收益归全体业主。

2003 年 6 月，小区业主委员会代表业主诉至法院，请求确认 X 城市花园地下停车库的所有权归原告所代表的全体业主共有。

一审法院认定根据《N 市规划局建筑工程规划设计要点通知书》要求开发商按每户 0.2 车位的标准建设车库，建成后的车库作为公共配套设施，应交付建筑物的所有权人共同使用。有关文件证实，该小区土地面积已经全部分摊到全体业主，小区的土地使用权为该小区的业主所享有。因此认定建设车库作为公共配套设施所发生的费用已经计入商品房的成本，被告将车库再行销售的行为有违诚实信用原则。本案法院当庭判决：X 置业公司将地下停车库移交给业主委员会管理，并由 X 城市花园全体业主享有该地下停车库的权益。

被告 X 置业公司不服，上诉于中级法院。本案由中级法院裁定撤销原判，发回重审。2014 年本案由原审法院重新作出判决，认定 X 城市花园小区规划核准车库数量为 36 个，实际建设 59 个，故超规划建设的 23 个车库应属业主共有。规划核准的 36 个车库中，按照 2004 年 12 月 15 日 N 市《商品房附属房屋转让等问题的若干规定（试行）》第 6 条的规定，应有不低于 15%（最低 6 个）的车库为业主保留。因此，X 城市花园小区业主实际有权取得的车库为 29 个，已交付 24 个车库，尚应向原告移交 5 个车库。因应移交的车库已实际出售给小区其他业主，原告要求移交车位的请求实际无法履行，故原告有权要求被告支付 5 个车库对应的出售价款 5 万元。

案例教学点提要：

（1）本案原一审判决作出时，《物权法》尚未出台，有关车位问题实际由开发企业根据情况决定是否销售。如果是列入销售范围的，一般均有房管部门核发的商品房销售许可证（有单独发放的，亦有包含在销售许可证范围之中的，如本案）。因此，本案原一审判决作出后引发了很大的争议。

（2）本案之后，当地有关部门也针对商品房车位转让作出了一定的规范，发布了相应的规范性文件。本案发回后，历经11年后作出判决，法院仍然认可2004年当地有关部门规定的车位配建比例，并适用后来颁布的《物权法》和《最高人民法院关于审理建筑物区分所有权纠纷案件具体应用法律若干问题的解释》《物业管理条例》等规定作出判决。

（3）本案原审判决不断地被炒作，社会上存在"车库应该全部归业主所有"的呼声，表达了社会对车位销售的不同看法。随着《民法典》的出台，最高人民法院修改了相关的司法解释，对于车位的问题，明确按照配置比例销售、出租、附赠等方式处分给业主的，应当认定其行为符合《民法典》第276条有关"应当首先满足业主的需要"的规定。那么配置比例之外，经房管部门许可，应该可以销售。

（4）本案中虽然地面面积全部为公摊，但地下空间并非也属于业主所有。根据《人民防空法》和国土资源部、住建部有关规定，地下空间开发者可以投资、使用并取得收益。本案超规划建设的部分，理论上合法性存疑，因此法院判归业主所有。其他合法建设满足配置比例之外的条件，可以销售。

（5）现行管理体制下，各地对于纳入销售范围内的车库、车位均由政府审批后才能销售。如《重庆市住房和城乡建设委员会关于进一步加强和规范商品房配套车位销售有关事宜的通知》要求：商品房配套车位（含人防车位）在取得商品房预售许可或依法进行首次登记后，可按照规定进行租赁和销售。即目前是否可以购买、办理登记以政府主管部门审批为准。

思考题：车位、车库销售的依据是什么？应如何处理？

七、农村集体土地上房屋交易

宅基地属于集体土地，宅基地使用权是基于农村集体成员权无偿取得，具有社会保障性和福利性特点。宅基地上建设的农村住房在现有的政策、法律范围内，权利人的处分权有严格的限制。

<u>知识点：宅基地使用权不能单独转让，但地上建筑物可以依法转让。</u>

案例三十九：城市居民不能购买农村住房 ❶

2010年6月，高某与某村八组村民赵A、赵B分别签订联合建房协议书，约定：由高某出资，赵A、赵B提供自己的宅基地共计750平方米联合建设房屋，并约定了房屋产权持有的比例。2012年12月，高某与赵A、赵B联合建成一栋十四层楼房（即涉案房屋久久公寓）。2015年该地被列入棚户区改造的范围，政府做出了对该村的征收决定。2016年当地执法局以其无规划许可证认定为违法建筑，要求其自行拆除上述违法建设建筑物。2016年12月对涉案房屋进行测量后，认定部分房屋归属赵A、赵B，部分归属外来户高某。但政府依据补偿方案未与高某签订补偿协议。2017年3月，高某与刘某签订"合同权利"转让协议，载明虽然高某与赵A、赵B于2010年6月分别签署了联合建房协议书，但实际投资人是高某、刘某、宋某三人，为便于维护三方整体权益，高某同意将其与赵A、赵B签订的联合建房协议书中的合同权利全部转让给刘某。2017年3月，执法局强制拆除了涉案房屋久久公寓。刘某起诉要求行政赔偿，一审法院认为城镇居民不得到农村购买宅基地、农村住宅或"小产权房"系强制性规定，其对村农民集体所有的土地不具有合法使用权，对涉案房屋也不能享有合法权益，驳回其赔偿请求。二审法院认为联合建房协议书实际上就是变相买卖土地及房屋，因违反法律的强制性规定合同自始无效。后刘某申请最高院再审。刘某认为"久久公寓"属于合法建筑，其通过转让协议依法取得物权。最高院认为涉案房屋已被人民法院生效判决确认为违法建筑，且现有证据能够证明刘某、高某并非涉案

---

❶ 海南省高级人民法院（2019）琼行赔终108号，（2020）最高法行赔申872号。

房屋所在地的某村集体经济组织成员，该房屋未取得房屋所有权，驳回再审申请人再审申请。

案例教学点提要：

（1）建造于农村的宅基地上房屋，其性质应该属于宅基地上的农村农民住房。涉案房屋虽然名为公寓，但由于未经审批建设，属于违法建筑。

（2）宅基地拥有者必须具有一定的身份权，即集体经济组织成员。按照《土地管理法》规定，农村村民一户只能拥有一处宅基地，赵A、赵B是该村村民，是农村集体经济组织成员，因此他们在其宅基地上建造的房屋是可以被允许的，但也需要办理相关的审批手续。

（3）高某转让房屋不符合规定。高某本人非集体经济组织成员，不享有宅基地使用权及其房屋的所有权。且根据有关规定，宅基地上房屋转让的受让对象为本集体经济组织成员。刘某亦非集体经济组织成员，不是合法的受让主体。国务院有关规定明确，不允许城市居民购买农民宅基地上的房屋，不允许给城市购房人办理产权证。

（4）该公寓属于违法建设，之所以赵A、赵B取得补偿，是基于其集体经济组织成员拥有的权利。

（5）《土地管理法》规定对于农村集体经营性建设用地，土地所有权人可以通过出让、出租等方式交由单位或者个人使用（应当经本集体经济组织成员的村民会议2/3以上成员或者2/3以上村民代表的同意）。通过出让等方式取得的集体经营性建设用地使用权可以转让、互换、出资、赠与或者抵押，但集体经营性建设用地和宅基地性质不同，宅基地虽然也属于建设用地（住宅用地），但不是经营性建设用地，意味着宅基地不能不受限制地转让。有关宅基地上房屋限制转让的规定主要体现在国务院、国土资源部和地方政府的有关规定中。与本案判决不同，在江浙等地，城市居民购买农民住宅并不一定合同无效，法院有时候会灵活处理。

（6）需要区别的是：不能将宅基地上的房屋称为"小产权房"。"小产权房"是指不能取得合法产权的房屋。而宅基地上的房屋如果是经批准合法建造是可以取得产权的，只是其转让受到限制。而真正可以称为"小产权房"

的是在农村集体土地上开发建设的商品房。这是违反国家法律规定的，是违法建筑，不能取得产权。

思考题：农民住房是否可以转让？

相关规定：1993年国务院颁布的《村庄和集镇规划建设管理条例》第18条规定：城镇非农业户口居民在村庄、集镇规划区内需要使用集体所有的土地建住宅的，应当经其所在单位或者居民委员会同意后，依照规定的审批程序办理。回原籍村庄、集镇落户的职工、退伍军人和离休、退休干部以及回乡定居的华侨、港澳台同胞，在村庄、集镇规划区需要使用集体所有的土地建住宅的，依照规定的审批程序办理。可见当时是允许转让的。

《国务院办公厅关于加强土地转让管理严禁炒卖土地通知》（国办发〔1999〕39号）要求：加强对农民集体土地的转让管理，严禁非法占用农民集体土地进行房地产开发。农民集体土地使用权不得出让、转让或出租用于非农业建设；农民的住宅不得向城市居民出售，也不得批准城市居民占用农民集体土地建住宅，有关部门不得为违法建造和购买的住宅发放土地使用证和房产证。《国务院关于深化改革严格土地管理的决定》（国发〔2004〕28号）第10条规定：改革和完善宅基地审批制度，加强农村宅基地管理，禁止城镇居民在农村购置宅基地。国务院办公厅于2007年12月发布的《关于严格执行有关农村集体建设用地法律和政策的通知》规定：农村住宅用地只能分配给本村村民，城镇居民不得到农村购买宅基地、农民住宅。

2008年《房屋登记办法》（已失效）第87条规定，不允许为非房屋所在地农村集体经济组织成员办理住房所有权转移登记。2008年《国土资源部关于进一步加快宅基地使用权登记发证工作的通知》规定：严格执行城镇居民不能在农村购买和违法建造住宅的规定。对城镇居民在农村购买和违法建造住宅申请宅基地使用权登记的，不予受理。

关于集体所有土地上房屋转让，如《上海市房地产转让办法》规定的条件为：（1）房屋所有权和该房屋占用范围内的土地使用权已经依法登记并取得房地产权证书。（2）居住房屋转让的受让人为房屋所在地乡（镇）范围内具备居住房屋建设申请条件的个人；非居住房屋转让的受让人为房屋所在地乡（镇）范围内的集体经济组织或者个体经营者。（3）居住房屋转让的申请，已经房屋所在地乡（镇）人民政府批准。集体所有土地上建成的房屋需转让给前款第 2 项规定以外的受让人的，应当在依法办理集体所有土地的征收手续后，方可按规定办理转让手续。违反上述规定，非法转让集体所有土地上建成的房屋的，责令其改正，没收违法所得，并可以处违法所得 50% 以下的罚款。

2022 年，农业农村部起草《农村宅基地管理暂行办法（征求意见稿）》规定，禁止借出租名义买卖宅基地。严禁城镇居民到农村购买宅基地，对城镇居民非法占用宅基地建造的住宅或购买的农户住宅依法不予办理不动产登记。

第五章　房地产抵押

房地产抵押包括土地抵押、在建工程抵押、预购商品房贷款抵押（即按揭）、存量房地产抵押（其中含存量房购房贷款抵押，即存量房按揭）。

一、土地抵押

土地抵押指开发商在支付土地出让金，取得土地使用权证书之后，将土地使用权抵押给银行，以取得开发建设的资金。

知识点：房地产抵押一体化。

案例一：土地抵押的处理 ❶

农行M支行与A蜂业公司于1991—1995年间签订贷款合同十一份，合计贷款金额245万元。截至1996年1月，A蜂业公司仅偿还贷款25万元，尚欠220万元。1996年1月，农行M支行与A蜂业公司签订抵押贷款合同，约定A蜂业公司自愿以现有的账面资产325万元全部抵押给农行M支行。农行M支行同意以抵押物现值的70%，贷给A蜂业公司人民币总额220万元。贷款期限自倒签1992年3月5日起至1997年12月31日止。1996年7月，农行M支行与A蜂业公司签订土地使用权抵押合同书，合同约定农行M支行向A蜂业公司借款220万元，双方商定借款期限为土地使用权抵押期限，定为五年。即从1996年7月1日起至2001年6月30日止，并于同日对A蜂业公司4156平方米的土地使用权办理了抵押登记。1996年8月，县国土局为抵押权人出具了土地使用权抵押证明。

---

❶ 四川省绵竹市中级人民法院（2020）川0683民初92号。

1998年1月，农行M支行与C公司（A蜂业公司改组设立为C公司，承接了A蜂业公司的债权债务，原公司注销）签订最高额抵押担保借款合同，C公司以其所有的土地房屋（宗地面积4156平方米）作抵押，在最高额220万元内向农行M支行借款。抵押借款期限自该合同生效之日起至2000年12月31日止。C公司至2006年3月7日仅偿还1万元。2015年8月，农行M支行提起诉讼，请求法院判决C公司偿还借款本金219万元及相应利息，判决其对C公司提供的抵押担保财产享有优先受偿权。但法院以农行M支行主张的债权已超过法律规定的最长诉讼时效期间二十年为由判决驳回其诉讼请求。

由于注销抵押权需要双方到登记部门办理，C公司需要农行M支行配合。于是C公司2020年起诉到法院，请求法院判决抵押权消灭。法院认为，本案为建设用地使用权抵押权纠纷。C公司以其所有的国有土地使用权等为其向农行M支行的相应贷款作抵押担保并办理了抵押登记，抵押权有效。但2016年法院已判决债权失效，因此，法院认定抵押权消灭，并判决农行M支行协助C公司办理位于土地及其上建筑物的抵押权注销登记手续。

案例教学点提要：

（1）本案是因为土地使用权抵押引发的纠纷。主债权是C公司向农行M支行的借款，后以土地使用权做偿还借款的担保。

（2）本案办理的是建设用地使用权抵押，按照法律规定，土地抵押，房屋随之抵押，房屋抵押，土地随之抵押。因此土地和房屋无论是否一体抵押，其法律效果均是一并抵押。虽然本案办理的是土地抵押，但在C公司要求银行配合注销抵押权登记时，法院判决特别指出是配合注销土地及其地上建筑物的抵押权登记。显然，法院的判决体现的是房地产一体抵押的基本概念。

（3）本案借款最早发生于1991年，绵延时间很长，其间历经A蜂业公司改制，借款人只偿还了极小部分债务，后签订土地使用权抵押合同并办理登记，为多年延续未还的贷款担保，C公司仍然未偿还借款。后又办理了与借款数额相同的最高额抵押贷款，期限至2000年12月底。整个过程虽然签订了多次合同，但借款数额都是220万元，实际上是借新还旧，这是银行处理逾期贷款的常用办法。

（4）法院认定的逻辑：主债权在1995年已经到期。2015年法院认为后续办理的多次贷款及抵押均是为偿还1991—1995年未偿还的借款，即认定后续的多次签订借款合同均是二十年前的那笔借款。基于此，认定二十年后诉讼已经超过最长诉讼时效。而不是以最后一次借款合同的到期期限为认定标准。法院依据的《全国法院民商事审判工作会议纪要》（法〔2019〕254号）第59条第1款规定：抵押权人应当在主债权的诉讼时效期间内行使抵押权。抵押权人在主债权诉讼时效届满前未行使抵押权，抵押人在主债权诉讼时效届满后请求涂销抵押权登记的，人民法院依法予以支持。《物权法》第202条规定：抵押权人应当在主债权诉讼时效期间行使抵押权；未行使的，人民法院不予保护。

（5）虽然法院判决过了诉讼时效的抵押权不受保护，但办理的抵押权登记并未注销，法院对此没有处理。如果抵押权人不申请注销或者没有法院的相关注销文件，登记机构不会主动注销。如此，该房地产转让受限制，按照《担保法》，转让需要抵押权人同意。按照《民法典》，需要及时通知抵押权人。在农行M支行败诉情况下，很难要求其主动配合注销登记，因此抵押人提起诉讼要求法院判决抵押权人配合办理注销登记

思考题：土地抵押后，土地上的建筑物如何认定？

相关规定：最高人民法院《关于适用〈中华人民共和国民法典〉有关担保制度的解释》第51条规定：当事人仅以建设用地使用权抵押，债权人主张抵押权的效力及于土地上已有的建筑物以及正在建造的建筑物已完成部分的，人民法院应予支持。债权人主张抵押权的效力及于正在建造的建筑物的续建部分以及新增建筑物的，人民法院不予支持。当事人以正在建造的建筑物抵押，抵押权的效力范围限于已办理抵押登记的部分。当事人按照担保合同的约定，主张抵押权的效力及于续建部分、新增建筑物以及规划中尚未建造的建筑物的，人民法院不予支持。抵押人将建设用地使用权、土地上的建筑物或者正在建造的建筑物分别抵押给不同债权人的，人民法院应当根据抵押登记的时间先后确定清偿顺序。第44条规定：主债权诉讼时效期间届满

后，抵押权人主张行使抵押权的，人民法院不予支持；抵押人以主债权诉讼时效期间届满为由，主张不承担担保责任的，人民法院应予支持。主债权诉讼时效期间届满前，债权人仅对债务人提起诉讼，经人民法院判决或者调解后未在民事诉讼法规定的申请执行时效期间内对债务人申请强制执行，其向抵押人主张行使抵押权的，人民法院不予支持。

2019年最高人民法院发布的《全国法院民商事审判工作会议纪要》，根据《物权法》规定了关于房地分别抵押的处理原则，规定仅以建筑物设定抵押的，抵押权的效力及于占用范围内的土地；仅以建设用地使用权抵押的，抵押权的效力亦及于其上的建筑物。在房地分别抵押，即建设用地使用权抵押给一个债权人，而其上的建筑物又抵押给另一个人的情况下，考虑到可能产生两个抵押权的冲突问题。在处理时基于"房地一体"规则，将建筑物和建设用地使用权视为同一财产。

二、在建工程抵押

在建工程抵押指开发商为了取得继续建造房屋的资金，以其合法方式取得的土地使用权连同在建工程的投入资产抵押给银行，为其借款作担保。为保障所获资金用于建设工程，必须审查开发商的在建工程抵押是否为建设资金所需要，以防止开发商挪用贷款，导致工程"烂尾"。

知识点：在建工程抵押与购房人的权利保护。

案例二：安置房作为在建工程抵押 [1]

1996年11月，朱某与X房地产公司签订了房屋拆迁安置协议书，约定朱某分得X公司开发的紫来花园A座808号。两年后，X房地产公司将该房屋抵押给中国银行D分行。该房交付朱某多年，朱某实际居住于该房屋内。2001年4月朱某拟办理房产证，被告知开发商正在办理产权过户手续，需等待。2009年朱某到房管局查询办理房产证事宜，得知X开发公司已将

---

[1] 天津市南开区人民法院（2021）津0104民初11858号。

该房屋办理了在建工程抵押,因此朱某无法办理房产证,遂诉之法院。D 银行称2004年债权已经转让给 X 资产管理公司,并说明 X 资产公司又将债权再行转让他人,因此银行已不是本案适格被告。法院认为朱某使用房屋多年,其依法取得房屋所有权应受法律保护。当该房屋上同时存在朱某的所有权及银行的抵押权,两种在权能上存在矛盾的权利,依据《最高人民法院关于建设工程价款优先受偿权问题的批复》第1条、第2条及相关法律法规规定,朱某的所有权应优先于银行的抵押权。

案例教学点提要:

(1) X 公司1998年尚未取得该建设项目(含涉案房屋)的大产权证,即该项目当时尚未通过竣工验收,因此只能办理在建工程抵押贷款。但开发商将包括已经用于安置房屋的在建项目办理了抵押贷款,该安置房屋未从抵押项目中剔除,是恶意为之。这也表明开发商没有办理安置房的相关手续。如果办理了手续,如网签备案或者作为安置房申报不列入销售范围(在楼盘表中可以显示),该房屋就无法办理抵押登记,也不可能被列入抵押范围。

(2) 2001年朱某未能够办理出房产证是因为 X 公司正在办理大产权证。即该建设项目竣工验收后,需先由 X 公司办理首次登记,然后朱某才能办理自己安置房屋的所有权证。由于当时 X 公司尚未取得项目的所有权证书,因此,朱某只能等待 X 公司拿到产权证(大产权证)以后才能办理自己的房产证(小产权证)。

(3) 由于 X 公司将该房屋办理了在建工程抵押,债权人银行就该房屋享有优先权,即 X 公司不履行还款义务时,银行可以行使抵押权。按照《物权法》,这种情况下,抵押人不经过银行同意,不能办理房地产转让手续。因此朱某无法办理产权证。

(4) 2002年6月《最高人民法院关于建设工程价款优先受偿权问题的批复》规定:人民法院在审理房地产纠纷案件和办理执行案件中,应当依照《合同法》第286条的规定,认定建筑工程的承包人的优先受偿权优于抵押权和其他债权。消费者交付购买商品房的全部或者大部分款项后,承包人就该商品房享有的工程价款优先受偿权不得对抗买受人。法院根据该批复推演出朱某的权利优先于抵押权。其推理逻辑是：承包人的权利优先于抵押权，而支付了大部分购房款的购房人权利又优先于承包人的优先受偿权，当然就优于抵押权，即购房人的权利＞承包人的优先受偿权＞抵押权。

（5）2002年6月《最高人民法院关于建设工程价款优先受偿权问题的批复》已经失效。《民法典》通过后，最高人民法院于2020年12月废止部分司法解释及相关规范性文件，该批复即在废止之列。但由于当事人的行为发生于《民法典》制定实施之前，根据《最高人民法院关于适用〈中华人民共和国民法典〉时间效力的若干规定》第1条《民法典》施行后的法律事实引起的民事纠纷案件，适用《民法典》的规定。《民法典》施行前的法律事实引起的民事纠纷案件，适用当时的法律、司法解释的规定，但是法律、司法解释另有规定的除外。依据该规定，该案法院均适用了《民法典》之前的规范，如已经废止的《民法通则》和《最高人民法院关于建设工程价款优先受偿权问题的批复》。

（6）在建工程竣工验收并办理产权证后，抵押预告登记应该转为正式的抵押权登记。由于该项目已经抵押，按照《物权法》规定，理论上办理登记需要债权人同意。

思考题：已经出售的房屋可否办理在建工程抵押？

案例三：抵债房的买卖[1]

2010年12月，朱某与X公司订立内部申购协议，约定朱某购买X公司开发项目中的6号商铺。2011年8月，法院受理朱某与X公司、第三人Y公司商品房预售合同纠纷一案，后（4个月后即2011年12月）经一审法院调解，Y公司同意将34、54共两间商铺以140万元的价款出售给朱某，朱某按原内部申购协议所支付的100万申购诚意金转作购房款，第三人Y公司予以认可，X公司赔偿朱某的损失30万元视为朱某的付款，余款10万元在朱某、第三人X公司两方合作将上述两间商铺登记到朱某名下后，由朱某直接支付给第三人，朱某、X公司终止履行双方此前签订的内部申购协议内容；第三人Y公司同意并以书面形式致函抵押备案登记机关，同意将上条所

---

[1] 四川省广元市中级人民法院（2021）川08民终531号。

列两间商铺出售给朱某；X 公司同意与第三人 Y 公司进行工程款结算时，上述两间商铺作价 140 万元进行账务结算；双方签订商品房买卖合同，并办理登记备案。因 54 号商铺被法院查封，第三人 Y 公司以实现抵押权为由，申请法院解除该查封，以便于朱某与 X 公司及第三人签订商品房买卖合同办理备案或登记。

2011 年 6 月，X 公司向韩某借款 40 余万元。2011 年 9 月，韩某与 X 公司订立内部申购协议，认购 X 公司商业项目 54 号商铺。韩某在 9 月 30 日前须付款 16 万元整，余下的款项在开盘时须一次性付清，按揭付清房款 50%，若韩某未在约定时间内付款，则视为违约，X 公司有权另行出售此商铺。当日，韩某交纳诚意金 4 万元。不久，X 公司再次向韩某借款 61 万元多。合同签订后不久，X 公司取得商品房预售许可证，次日 X 公司将 54 号商铺办理在建工程抵押给了 Y 公司。2011 年 10 月，韩某向 X 公司交纳诚意金 4 万元。韩某此时并未付清房款，即其已经违约。

后韩某向法院提出诉讼请求：X 公司、Y 公司 54 号商铺的抵押登记自始无效。2019 年 1 月，法院作出民事判决，认为 54 商铺已由 X 公司通过调解书确认出售给朱某，已经抵押权人 Y 公司认可，视为 Y 公司实现了抵押财产处置的优先受偿，抵押权没有解除仅仅是个程序问题。且属于抵押在前，查封在后。韩某在 X 公司取得预售许可证之前购房，亦没有签订商品房预售合同，没有办理商品房预售合同登记备案手续。因此法院判决驳回韩某的诉讼请求。

案例教学点提要：

（1）这类案件很常见。Y 公司实际上是建筑工程公司，开发商 X 公司实际上是需要支付 Y 公司的工程款，由于无力支付，只能以项目中的几套房产抵作工程款。这在建设工程纠纷中很常见，本案也是这种情况。建筑公司并不需要房产，需要的是工程款，因此还会找买家接手这些抵债房。但建筑公司无开发资质，不能销售商品房，因此找到买家之后，往往还需要开发商配合办理销售手续，但由建筑公司收取销售款项。本案朱某原来认购的是开发商 X 公司的房产，后三方协商，朱某购买 Y 公司抵债抵押的房产，Y 公司收取房款，同意解除抵押，实现抵押权，该房屋即可以转让。

（2）本案发生于《民法典》颁布之前，适用《物权法》。《物权法》第191条规定：抵押期间，抵押人经抵押权人同意转让抵押财产的，应当将转让所得的价款向抵押权人提前清偿债务或者提存。转让的价款超过债权数额的部分归抵押人所有，不足部分由债务人清偿。抵押期间，抵押人未经抵押权人同意，不得转让抵押财产，但受让人代为清偿债务消灭抵押权的除外。朱某、X公司、Y公司就是如此操作的，符合《物权法》的要求。而《民法典》规定关于抵押财产转让只需要通知抵押权人。

（3）本案涉及"一房两卖"问题。朱某最初与X公司签订的内部申购协议购买6号商铺时，X公司尚未领取商品房销售许可证，因此无法签订政府部门的合同示范文本，不能办理商品房销售合同的网签和备案登记。而后韩某购买了X公司的54号商铺，但开发商在领取销售许可证之后第二天，将涉案房屋（尚未竣工的在建工程）抵押给了Y公司，并办理了抵押登记。开发商将拟出卖给韩某的房屋办理了抵押。这之后，朱某申购在先的6号商铺通过法院调解改变为54号商铺。之后开发商又将出卖给韩某的房屋再出卖朱某，韩某虽然出借X公司款项，但因为未依约付房款，已经违约，亦没有办理商品房销售合同备案登记，开发商按照约定出售并不违反双方先前的约定。因此法院对其的要求没有支持，其可以另行向开发商主张债权。

（4）按照有关部门的相关规定，商品房在建工程抵押需具备预售许可证，因此X公司在取得许可证次日办理了抵押。

（5）行政规范的适用。法院驳回韩某诉求的依据是《城市商品房预售管理办法》第6条第2款"未取得《商品房预售许可证》的，不得进行商品房预售"。本案中，X公司与朱某、韩某达成的内部申购协议，违反了商品房预售禁止性规定，朱某通过法院处置取得房屋（处置时X公司已经取得许可证），并经过抵押权人同意，抵押解封后，办理了合同网签及备案。另外，依据《城市商品房预售管理办法》的规定，商品房预售应当办理商品房预售合同登记备案手续。韩某与X公司没有签订商品房预售合同，也没有办理商品房预售合同登记备案手续。而朱某则办理了合同登记备案，这是法院不支持韩某诉求的一个理由。

对于行政部门的规范，不同法院有不同的认识。理论上，《城市商品房预售管理办法》《商品房销售管理办法》属于部门规章，法院在审理民事案件时，并非当然必须适用。而根据《最高人民法院关于审理商品房买卖合同纠纷案件适用法律若干问题的解释》第2条，出卖人未取得商品房预售许可证明，与买受人订立的商品房预售合同，应当认定无效，但是在起诉前取得商品房预售许可证明的，可以认定有效。

本案特别之处在于：除依据《物权法》《房地产管理法》《担保法》及其司法解释之外，法院并没有适用《最高人民法院关于审理商品房买卖合同纠纷案件适用法律若干问题的解释》，而是多次引用建设部的部门规章《城市商品房预售管理办法》《商品房销售管理办法》，在民事案件审理中，这种做法并不多见。

（6）关于政府部门制定的合同示范文本。一般实务中各地均适用政府主管部门制定的《商品房买卖合同》示范文本，签订政府部门的合同才能办理备案。而实践中，买卖双方往往在此之前签订预约合同（意向书）或者是正式合同，但为办理相关手续及登记所必须，最终还是会签订政府部门的示范文本。由于前后签订两次合同有时间差，可能产生纠纷。按照《最高人民法院关于审理商品房买卖合同纠纷案件适用法律若干问题的解释》规定，商品房的认购、订购、预订等协议具备《商品房销售管理办法》第16条规定的商品房买卖合同的主要内容，并且出卖人已经按照约定收受购房款的，该协议应当认定为商品房买卖合同。当事人以商品房预售合同未按照法律、行政法规规定办理登记备案手续为由，请求确认合同无效的，不予支持。本案法院以当事人没有签订政府部门的示范合同并办理登记备案作为理由，比较特别。本案判决说理部分也主要依据建设部关于商品房销售的相关规定，而不是依据《合同法》《物权法》。

思考题：本案中抵押与买卖的关系？

案例四：所购期房被抵押[1]

2013年2月，王某购买开发商Z公司的商品房，建筑面积100平方米，

---

[1] 辽宁省高级人民法院（2019）辽民终1025号，（2020）最高法民申1498号。

总价款为74万元。商品房买卖合同约定王某于合同签订日一次性支付全部购房款。2013年3月，Z公司向王某出具了全部购房款发票。Z公司将涉案房屋交付王某，王某于2013年5月支付了物业费、水电费及采暖费等并办理了收房手续，该房屋为王某在本市唯一住房。Z公司在该项目竣工前办理了在建工程抵押，抵押权人同意Z公司继续销售。后因Z公司欠J公司借款发生诉讼，诉讼过程中，J公司申请财产保全，查封了Z公司所有的多套房屋，查封期限均为三年，王某所购房屋在上述查封房屋范围内。法院在执行过程中，作为案外人的王某对查封其购买的涉案房屋提出书面异议。法院裁定中止对该涉案房屋的执行。J公司对该裁定不服，向法院提起执行异议之诉。

一审法院认定王某与Z公司在法院查封之前已签订合法有效的书面买卖合同，且该房为其唯一住房。王某购买房屋符合规定的法定要件，且其权利能够排除执行，故J公司不得执行涉案房屋。二审法院认为王某购买的涉案房屋性质为住宅，房屋已用于生活，因此，王某主张的民事权益属于消费者物权期待权的范畴。虽然涉案房产在工程完工前设定了在建工程抵押权，但抵押权人与抵押人明确约定抵押人可以对抵押房产进行销售，因此，王某购买房产时并不存在过错。J公司可向Z公司主张相应的民事权益，与王某无关。

J公司向最高人民法院提起再审。最高院认为本案中王某作为购房消费者，对涉案房屋是否享有足以排除强制执行的民事权益，可参照《最高人民法院关于建设工程价款优先受偿权问题的批复》和《最高人民法院关于人民法院办理执行异议和复议若干问题的规定》的相关规定及原则予以确认。该批复确定的权利顺位为建设工程价款优先受偿权优先于抵押权，而建设工程价款优先受偿权不能对抗已经支付全部或大部分购房款的消费者。故在已经支付全部或大部分购房款的购房消费者的权利与银行抵押权产生冲突时，亦应优先保护购房消费者的权利，因此再审申请理由不能成立。

案例教学点提要：

（1）该类案件的主要问题是开发商将土地或者在建工程办理抵押之后，

再将已经抵押的项目出卖给购房人。一旦开发商不能按期偿还贷款,则抵押权人主张优先受偿权,与购房人的权利发生冲突。

（2）本案关键点是抵押权人同意开发商销售,符合《物权法》的规定,因此购房人无过错。Z公司有预售许可证,抵押权人同意销售,因此符合销售的规范要求。

（3）本案适用了《消费者权益保护法》。法院认定王某因所购为唯一住房,因此属于生活消费,适用消费者权益保护的规定。而如果购房人所购房屋为非住宅如商业、办公,则可能结果会有所不同,法院在此种情形下往往不会适用《消费者权益保护法》。如果购房人所购买的是非唯一住宅,则可能处理结果也会有不同,这类民事案件中,住房调控政策的影响比较明显,值得注意。

（4）按照《最高人民法院关于建设工程价款优先受偿权问题的批复》《最高人民法院关于人民法院办理执行异议和复议若干问题的规定》和最高人民法院关于印发《全国法院民商事审判工作会议纪要》的通知（法〔2019〕254号）,支付大部分购房款的消费者权利可以优先于建设工程价款优先受偿权。交付全部或者大部分款项的商品房消费者的权利优先于抵押权人的抵押权,抵押权人申请执行登记在房地产开发企业名下但已销售给消费者的商品房,消费者提出执行异议的,人民法院依法予以支持。

思考题：如何理解作为消费者权利优先于抵押权？

相关规定：根据《全国法院民商事审判工作会议纪要》,商品房消费者向房地产开发企业购买商品房,往往没有及时办理房地产过户手续。房地产开发企业因欠债而被强制执行,符合下列情形的,应当支持商品房消费者的诉讼请求：一是在人民法院查封之前已签订合法有效的书面买卖合同；二是所购商品房系用于居住且买受人名下无其他用于居住的房屋；三是已支付的价款超过合同约定总价款的百分之五十。人民法院在审理执行异议之诉案件时,可参照适用此条款。对于其中"所购商品房系用于居住且买受人名下无其他用于居住的房屋"如何理解,最高人民法院认为"买受人名下无其他用于居住的房屋",可以理解为在涉案房屋同一设区的市或者县级市范围内商品房消费者名下没有用于居住的房屋。商品房消费者名下虽然已有一套房屋，但购买的房屋在面积上仍然属于满足基本居住需要的，可以理解为符合该规定的精神。对于其中"已支付的价款超过合同约定总价款的百分之五十"如何理解，最高人民法院认为如果商品房消费者支付的价款接近于50%，且已按照合同约定将剩余价款支付给申请执行人或者按照人民法院的要求交付执行的，可以理解为符合该规定的精神。

三、预购商品房贷款抵押

预购商品房贷款抵押（即"按揭"）指购房人在支付首期规定的房价款之后，由贷款银行代其支付其余的购房款，购房人将所购商品房抵押给贷款银行作为偿还贷款的保证。这种情况下，通常还要求开发商作为保证人，即"押上加保"。

案例五：按揭贷款中的保证人[1]

2010年2月，王某向银行申请个人商品房购房贷款，张某作为配偶同意对贷款本金及利息承担共同还款的责任。郑某、A房地产开发公司作为担保人在担保人处签字。个人一手住房贷款合同约定郑某提供阶段性连带责任保证。双方签订该个人一手住房贷款合同，王某向银行借款80万元，贷款期限156个月，并以该房屋为抵押提供担保，签订了抵押合同，但未办理抵押登记。后银行向王某发放贷款80万元，2017年年末起，王某开始违约，截至2020年1月，王某尚欠本金27万余元，利息及本金罚息1万元。

一审法院认为，个人一手住房贷款合同合法有效，当事人均应依约履行。王某应按合同约定承担还款责任及违约责任。支持银行解除合同及王某给付剩余本金及利息的诉讼请求，对于银行请求以抵押房产拍卖、变卖所得价款优先受偿的诉讼请求，因银行尚未取得抵押权证，不予支持。支持银行请求郑某、A公司承担连带清偿责任的诉讼请求。

二审认为依据《物权法》，抵押权自登记时设立。未办理抵押登记，抵押权不发生法律效力。个人一手住房贷款合同约定，保证人提供阶段性连带

---

[1] 黑龙江省哈尔滨市中级人民法院（2020）黑01民终7600号。

保证的，自借款人办妥本合同项下贷款所购房屋抵押登记手续并且贷款人收到他项权证之日起，保证人在本合同项下不再发生新的保证义务和责任。据此郑某的保证责任于涉案房屋的抵押登记手续办妥并将他项权证交给银行时中止。由于涉案房屋抵押登记手续未办理，则郑某的保证责任不能终止。

案例教学点提要：

（1）该纠纷是典型的按揭贷款购房引发的纠纷。按揭这种抵押期房的做法来源于我国香港地区，其规范说法为"预购商品房贷款抵押"，即购房人在购买未竣工的商品房时，为获取银行贷款将其所购房屋抵押给银行作为还款保证。由于房屋尚未建成，实际上抵押的是期待利益，可以办理抵押的预告登记，待房屋竣工之后需要转为正式的抵押登记。由于这种贷款所抵押的房屋可能仅仅是"半拉子工程"甚至是图纸，为防止开发商销售取得房款之后，不将房款用于房屋建设，导致烂尾，所以实践中银行要求开发商为所有购房人作担保，即一旦购房贷款人不还款，开发商必须代为还款，这是一种"押上加保"。这种做法，导致实践中开发商指定购房人的贷款银行，不允许购房人自己找银行贷款。这主要因为开发商通常为整个项目的所有购房人贷款提供了担保，和银行签订了整体的担保合同，承诺为每个购房人担保。如果购房人自己找贷款银行，则开发商必须和购房人所选的银行另行签订担保合同。如果每个购房人都这么做，开发商不胜其烦，因此实践中都是开发商指定银行。开发商通常指定两家：一家商业性贷款银行，一家公积金贷款银行。本案除开发商，另外提供了个人的担保，这是比较特殊的。

（2）本案发生于《民法典》实施前。依据《担保法》第 28 条规定："同一债权既有保证又有物的担保的，保证人对物的担保以外的债权承担保证责任。债权人放弃物的担保的，保证人在债权人放弃权利的范围内免除保证责任。"而《物权法》第 176 条规定："被担保的债权既有物的担保又有人的担保的，债务人不履行到期债务或者发生当事人约定的实现担保物权的情形，债权人应当按照约定实现债权；没有约定或者约定不明确，债务人自己提供物的担保的，债权人应当先就该物的担保实现债权；第三人提供物的担保的，债权人可以就物的担保实现债权，也可以要求保证人承担保证责任。提供担保的第三人承担担保责任后,有权向债务人追偿。"《物权法》第 178 条规定"担保法与本法规定不一致的,适用本法"。可见同一债权既有保证又有物的担保时,《担保法》与《物权法》的规定不一致,应适用《物权法》第 176 条规定。双方也约定主债务在本合同之外同时存在其他物的担保或保证的,不影响贷款人本合同项下的任何权利及其行使,保证人不得以此对抗贷款人,法院认为该约定合法有效,因此,银行有权主张郑某承担连带保证责任。

(3)实际上,法院也认定双方并未就该笔贷款办理抵押登记。按照《物权法》规定,抵押权自登记时设立。因此银行的抵押权没有依法设立,当然银行也没有取得该房屋的优先受偿权。即银行的债权仅存在人的担保,没有成立物的担保。按照本案的贷款合同约定,保证人的责任是阶段性的,即银行取得抵押权(必须为取得他项权证),保证人的担保责任才可以终止。因此银行应该不能行使抵押权人的权利,但可以要求保证人履行担保责任。本案的保证人为开发商和郑某。至于郑某和开发商如果没有特别约定,需共同承担保证责任。而郑某和开发商的关系和责任分配则需要依据合同约定来确认。

思考题:商品房按揭的法律性质和特点是什么?

四、房地产抵押

<u>**知识点**:房地产抵押可以为自己的债务或者他人的债务提供担保。</u>

案例六:父母抵押子女房产 [1]

2014 年 1 月,陈某向储某借款 480 万元,承诺半个月内归还。陈某父母、妻子许某为其提供担保。但陈某逾期 5 个月一直未还债,后债权人储某将 480 万元债权全部转让给小额贷款公司,约定陈某两年内归还,由陈某父

---

[1] 沈星杏、徐爱贤:父母抵押孩子名下房产 孩子成人后能否主张无效(https://www.chinacourt.org/article/detail/2021/11/id/6356048.shtml),载中国法院网,2021 年 11 月 9 日访问。

母、妻子许某提供连带责任担保，并以陈某及陈某年仅14岁的儿子小陈各占50%份额的共有房产为该笔债务提供抵押担保。办理抵押登记时，陈某及妻子作为小陈的法定监护人承诺因家庭生活需要，将共有的房屋向小额贷款公司提供抵押贷款，不会侵犯未成年人小陈的利益，并办理了抵押登记。

但至2020年9月，陈某依然没有还款。小额贷款公司遂将陈某及其担保人诉至法院，要求陈某偿还借款及相应利息。担保人承担连带清偿责任，主张对抵押房屋享有优先受偿权。

此时小陈已经成年，他提出监护人不得处置被监护人的财产，因此自己拥有产权的部分房产抵押权不能成立，明确表示自己对房屋抵押不同意、不追认。

法院认为，本案主债务人、保证人、担保人系同一家庭成员，且抵押时小陈未成年，无收入来源，涉案抵押房屋实为家庭共有财产，其所得房产份额系其家人赠与。涉案债务系家庭共同债务，父母将未成年子女的财产对外设立抵押，其效力基础源于父母的法定代理权，主观上是为了子女利益。因此抵押有效且符合社会的普遍认知及传统的家庭伦理观。小陈并未主动提起撤销或确认无效之诉，在家庭成员共享收益的情况下，对于消极债务，理应用家庭共有财产偿还，以防止债务人恶意转移财产，因此支持了债权人的主张。

案例教学点提要：

（1）本案房地产抵押是产权人为他人债务提供担保，本案是亲属之间的担保，特别是未成年子女为父亲债务担保，具有特殊性。尤其是近年来，不少债务人为规避执行，在亲属之间通过各种形式转移财产，逃避债务，造成执行难。显然，本案法官也有类似的担心。

（2）《民法典》第35条规定："监护人应当按照最有利于被监护人的原则履行监护职责。监护人除为维护被监护人利益外，不得处分被监护人的财产。"根据不动产登记相关规定，各地登记机构均要求监护人在处分被监护人的不动产时提供相关的书面证明，以说明其处分被监护人财产的行为不会侵犯被监护人的利益或者是为了维护被监护人的权益。至于监护人处分财产是否真正有利于监护人，登记机构并不会就其真实性进行调查或者认定，只是作为办理登记的一个程序性要件。本案抵押登记亦提供了此类证明，因此当事人得以办理了抵押权登记。

（3）未成年人无经济来源，房产系家人赠与，这是较普遍的情况，但是该理由不足以说明监护人有权处分其已经出赠给被监护人的房屋。除涉及对于未成年人权益的保护外，亦涉及赠与多年的房屋是否赠与人有权处分的问题，答案是否定的。

（4）关于家庭成员承担家庭债务问题，如果是未成年人是否需要承担？当然本案复杂的是诉讼时小陈已经成年，成年家庭成员在享受权益的同时，也应承担一定的义务。

（5）关于父母对于未成年子女财产的抵押是基于法定代理权，从其权源看的确如此。但法律同时也规定了对未成年人的特殊保护，即非为子女利益不得处分，所以这里涉及如何认定和处理"为维护子女利益"。

（6）关于小陈成年后未提起撤销之诉，这一问题是基于理性的法律人的认识，但不能一概而论，须考察其真实的意图，参考当事人的法律认识而定，也需要证据支撑，比如其早已知道且默认，或者未明确表示反对等。本案法官认为应该从公平原则统筹考量。

（7）传统道德伦理的影响。在涉及家庭成员之间的案件中。家庭伦理在这类案件中是重要的考量因素。如本案当事人未成年时显然没有能力购房，实为父母出资购买，从情理上看，当家庭遇到困难时，父母处置具有一定的合理性。

思考题：监护人抵押未成年被监护人的共有房产有何条件？

案例七：销售已抵押的房产[1]

位于 S 市浦城路的浦城小区，建于 20 世纪 90 年代。2021 年 9 月底，S 集团委托 A 房地产物业经营管理有限公司"打包"销售位于浦城小区内的

---

[1] 马一凡：引发轰动的"93套陆家嘴老公房"，世茂宣布全部退房（https://www.chinanews.com/cj/2021/12-14/9629782.shtml），载中国新闻网，2021 年 12 月 14 日访问；宋杰：上海世茂业主退房记：110套被抵押房源中止销售（https://new.qq.com/rain/a/20211216A09G0P00），载腾讯网，2021 年 12 月 16 日访问。

96套房产，随后A房地产物业经营管理有限公司又再次委托B企业发展有限责任公司实施销售。该批房源销售均价在8.5万元/平方米，而该小区挂牌价最高已经突破10万元/平方米，因此房源于当日全部售出。2021年12月中旬，已出售房屋因为存在抵押情况无法网签。所有交易的房屋中只有39套房产完成网签，其他房产都被暂停网签，部分购房人知道所购房屋抵押期限为2020年1月21日到2022年1月20日。S集团回应称，抵押是盘活公司固定资产的正常融资行为，业主在购买房屋时已被告知房屋处于抵押状态，后续办理过户时可解除抵押后正常办理，抵押不影响房屋正常销售及网签。后S集团发布消息，表示将终止相关房源销售，并启动善后程序，为客户办理解除房屋买卖合同并依据合同约定进行处理。S集团给出的赔偿初步方案是，购房者提交材料后的30个工作日内会收到退款，所退款项包括购房款及10%的赔偿款。

案例教学点提要：

（1）该批房源是S集团早年收购的房屋，拟用于拆迁安置。后由于种种原因拆迁未成，该批房屋一直留在手中，S集团出于融资需要将其抵押，并在抵押融资债券到期前出售了该批房源。只不过其不是自己出售，而是以固定价格打包给了中介公司。中介公司在此基础上加价销售，这部分加价即该项目销售的"服务费"，且幅度较大，据测算在房价的16%以上。即使S集团赔偿10%，这部分服务费是否可以退回也没有说法。另外，购房人购房时明确知晓中介公司收取了远高于市场价的服务费。本地市场上中介服务费一般在3%以内（过去政府指导价是3%，现为市场价），现在房地产中介服务费并不存在政府定价或者指导价，即收费放开，由当事人双方协商确定。

（2）该房屋原产权人是S集团，因资金问题抵押，推测其拟通过出售回笼资金还款，然后解除抵押。对于购房人来说，如果所有购房人的资金付清并在S集团还款之后再办理合同网签并过户，理论上也是可以行得通的。但是，一般的购房人支付房款之后，当然需要立即办理网签、备案及过户登记，尽早拥有自己的物权，因此此事引爆舆论。

（3）该事件涉及的抵押是普通的房地产抵押，并非开发商办理的商品房开发贷款。该批房屋虽然为开发商拥有，但作为存量房进入市场，其性质非商品房。

（4）本案由中介公司过两道手，导致购房成本抬高不少。对于 S 集团这种大公司来说，退款不是很困难，但是，购房人支付的中介费是否能够讨回是不确定的。购房人明知存在中介服务费仍然同意购买，因此索回服务费的可能性也是微乎其微的，除非有关部门干预。

（5）关于抵押房产的转让，《物权法》和《民法典》规定不同。《物权法》规定抵押财产转让须抵押权人同意。《民法典》第 406 条规定，抵押财产可以转让，但应及时通知抵押权人。本案发生于《民法典》实施后，适用《民法典》规定，只要债权人同意，开发商转让抵押的房地产是合法的。

思考题：已经抵押的房屋可以销售吗？

案例八：无法交付房屋，房贷无须偿还 ❶

2015 年 8 月，王某与 Y 房地产公司签订商品房预售合同，购买其开发的商业用房，建筑面积 3736 平方米，约定于 2015 年 10 月 30 日前交付。王某首付 7398 万元，剩余 7397 万元按揭贷款，同时，王某与 Q 银行、Y 公司签订借款合同，借款期限 10 年；担保方式为抵押加阶段性保证，保证期间为本合同保证条款生效之日起至所有证明文件交由 Q 银行核对无误并收执之日止。同时王某与 Q 银行、Y 公司签订房地产抵押合同（在建工程／预购房），约定 Y 公司应按预售合同约定期限向王某交房，交房时须经 Q 银行书面同意。Y 公司不按期交房而间接影响 Q 银行利益时，Y 公司应代替王某承担赔偿银行损失的责任。2015 年 8 月 18 日，Q 银行取得房屋他项权利证书。

王某分次支付 7398 万元房款。Q 银行于 2015 年 8 月共分 8 笔向 Y 公司支付 7397 万元贷款款项。后因 Y 公司未按照约定期限交付房屋，致使商品房预售合同解除，借款合同、抵押合同因合同目的无法实现亦被解除。王某累计偿还贷款本金 917 万元、利息 609 万元，尚欠贷款本金 6479 万元。二审法院认为借款合同被另案生效判决解除后，Y 公司并未依照生效判决向 Q

---

❶ （2019）最高法民再 245 号。

银行返还王某的贷款本息,王某对银行所负债务并未清偿,故双方之间的借贷民事法律关系未消除。王某未依据生效判决积极主张权利,其怠于行使权利的行为,造成银行债权受损。因此判决王某偿还银行贷款。

王某申请最高院再审。最高院认定应由出卖人Y公司将收取的购房贷款本金及利息返还Q银行,王某不负有返还义务。

案例教学点提要:

(1)本案在社会上反响较大。舆论界认为本案的判决表明了最高院在按揭贷款案件中对于保护购房人权利的一种态度。即开发商违约不交付房屋,购房人无须承担还款义务。但本案中的买卖合同、借款合同、抵押合同均解除,交易基础不存在,因此无须还款。

(2)按揭贷款的本质是抵押加保证。将开发商拉入阶段性保证,就是为了制约开发商,要求其必须按照要求完成项目竣工验收并交付合格的房屋,防止其拿钱走人。试想,如果房屋拿不到,购房人可能继续支付购房贷款吗?这就是设立这种特殊贷款方式即抵押加开发商担保的原因。

(3)在本案的借款合同中,明确借贷关系解除的,借款人应当立即返还其所欠贷款的本金、利息、罚息及实现债权的费用,或委托售房人直接将上述款项归还贷款人。而实际上按揭贷款的实质是银行替购房人支付房款给开发商,然后由购房人向贷款银行分期还款。如本案,开发商已经取得房屋的所有房款,如买卖合同解除,理应由开发商将取得的房款或者返还银行,或者返还购房人由购房人返还银行。况且,开发商作为阶段性保证人应依据合同,在购房人不还款时承担还款责任。而本案开发商取得房款后,不承担任何责任,既不交付房屋,也不退还房款和贷款,而要求购房人支付贷款,极不公平。因此,最高院认为在担保贷款合同解除后,出卖人将收取的购房贷款的本金及利息直接返还给银行而非购房人,银行要求购房人既无房又没有拿到购房贷款的情况下仍然归还银行贷款,显然是不公平的。即开发公司实际用款,购房人还款,银行只负责收款,各方权利义务失衡,有违公平原则。

(4)这个案例充分反映了房地产按揭中,银行和开发商居于强势地位,针对购房人、贷款人的格式条款往往只规定购房人（借款人）的义务，漠视其权利，导致无论发生什么情况，受损的首先是购房人，而开发商（借款人），银行利益却得到了保护。

（5）本案最重要的一点是该买卖合同已经解除，房屋已经不可能交付。不存在买卖关系，自然也无须支付购房款。这一点必须注意，但实际上往往被舆论忽略。而在其他案件中，法院不支持购房人违约不还贷的情况，主要是房屋买卖合同有效，并且合同可以履行、房屋可能交付，在购房人可以取得房屋的情况下，法院是不会支持购房人拒绝还贷要求的。

思考题：房地产按揭贷款中，购房人的权益如何保护？

第六章 房屋租赁

一、房屋租赁的行政规制

房屋出租必须符合一定的要求。民法主要规范租赁合同当事人的民事权利义务。而行政法律主要规制的是出租标的——房屋，而不是出租人、承租人的权利义务。所以，有关行政规制主要是针对房屋而言的。目前不能出租的房屋有：违法建筑；不符合安全、防灾等工程建设强制性标准的建筑；违反规定改变房屋使用性质的房屋；其他法律、法规规定禁止出租的房屋。

知识点：行政规制对租赁的影响。

案例一：行政规章对租赁合同效力影响 ❶

某物资供应站拥有 N 市青山南路 1 号办公大楼，省建设业安全生产监督管理站于 2007 年 6 月出具房屋安全鉴定意见，鉴定结果和建议是该大楼存在较严重的结构隐患，属 D 级危房，应予以拆除。饶某个人经营 N 市晶品假日酒店，2011 年 7 月，晶品酒店通过公开招标的方式中标获得租赁 1 号办公大楼。因该楼存在安全问题，其向物资供应站出具承诺书，承诺中标以后严格按照权威部门出具的加固改造方案加固改造合格，取得相关可以合法使用的法律文件后使用该楼。同年 8 月，晶品酒店与物资供应站签订租赁合同，物资供应站将其办公楼 4120 平方米出租给晶品酒店，用于经营商务宾馆。租赁期限为十五年。晶品酒店向物资供应站给付 20 万元履约保证金，1000 万元投标保证金。中标后物质供应站退还了 800 万元投标保证金。

---

❶ 饶某诉某物资供应站等房屋租赁合同纠纷案，最高人民法院指导案例 170 号（2021 年）。

双方特别约定该房屋被鉴定为危楼,需加固后方能使用。晶品酒店承担所有的加固责任,物资供应站根据需要提供协助。如未经加固合格即擅自使用租赁物,晶品酒店应承担全部责任。2011年10月该房屋开始加固工程,2012年1月,在加固施工过程中,该建筑物大部分垮塌。饶某诉之法院,法院于2017年9月判决:解除双方签订的租赁合同;物质供应站应返还饶某投标保证金200万元;饶某赔偿物资供应站804万元。饶某上诉后,二审法院于2018年4月改变了赔偿数额,物资供应站返还饶某履约保证金20万元;饶某赔偿物资供应站经济损失182万元;饶某、物资供应站均不服二审判决,向最高人民法院申请再审。最高人民法院于2018年9月作出民事裁定提审该案。2019年12月,最高人民法院作出民事判决:撤销一审、二审判决。确认饶某经营的晶品酒店与物资供应站签订的租赁合同无效;物资供应站向饶某返还保证金220万元;驳回饶某、物资供应站的其他诉讼请求。

最高院认为违反行政规章一般不影响合同效力,但违反行政规章签订租赁合同,约定将经鉴定机构鉴定存在严重结构隐患,或将造成重大安全事故的应当尽快拆除的危房出租用于经营酒店,危及不特定公众人身及财产安全,属于损害社会公共利益、违背公序良俗的行为,应当依法认定租赁合同无效。

案例教学点提要:

(1)该供应站明知房屋是危房,仍然将其出租作经营,虽然设定了种种要求,但该房屋已经是D级危房,需要拆除。从行政监管角度看,该房屋不能出租,物资供应站应该承担主要责任。

(2)饶某对于该房屋不安全的情况已知晓,但对于其是否为危房并不具备判断的技术能力,因此自己无法判断。出租人已经告知,其应该充分了解。

(3)一审法院判决解除合同,但判决饶某承担巨额赔偿责任,将责任完全归之饶某。二审判决仅减少赔偿数额,其他无改变。从一审、二审判决看,仍然是饶某承担主要责任,最高院认为虽然饶某对于租赁合同无效亦有过错,但物资供应站应对租赁合同的无效承担主要责任。从行政规制角度看，应该是房屋出租人对房屋安全承担责任，住建部《商品房屋租赁管理办法》规定的是不符合安全要求的房屋不能出租，因此主要责任人不应该是承租人。

（4）最高院在该民事案件中引用了住建部《商品房屋租赁管理办法》第6条规定，不符合安全、防灾等工程建设强制性标准的房屋不得出租。同时指出《商品房屋租赁管理办法》虽属部门规章，但是，该《办法》第6条体现的是对社会公共安全的保护以及对公序良俗的维护。最高院判词最精彩之处在于明确：本案租赁合同约定将该房屋出租用于经营可能危及不特定公众人身及财产安全的商务酒店，这明显损害了社会公共利益、违背了公序良俗。从维护公共安全及确立正确的社会价值导向的角度出发，对本案情形下合同效力的认定应从严把握，司法不应支持、鼓励这种为追求经济利益而忽视公共安全的有违社会公共利益和公序良俗的行为。

（5）本案的意义主要是明确了涉及公共利益的部门规章对民事合同效力的影响，即法院可以从公序良俗的角度予以解读，并将之作为裁决依据。而以往的很多民事判决对于行政违法通常在判决中不予置评，或者直接表示不在法院审理范围，或者建议有关部门处理。最高院在本案的处理中树立了典范。

思考题：违反行政规定的出租合同如何处理？

二、违法租赁

《商品房屋租赁管理办法》规定，出租住房的，应当以原设计的房间为最小出租单位，人均租住建筑面积不得低于当地人民政府规定的最低标准。各地根据地方情况，规定了不同标准，如5平方米或7平方米，有的地方规定每间房屋居住不能超过2人等。厨房、卫生间、阳台和地下储藏室不得出租用于居住。由于阳台设计上可能荷载不够，不适宜居住，而厨房、卫生间、地下室或者潮湿，或者涉及安全隐患，不适宜居住。此类规定都是从居住安全、公众健康角度考量的。

案例二：违法加建承租房屋并转租[1]

C副食品公司（以下简称C公司）拥有B市定福庄南里甲×号多处房屋。2017年12月，有关部门向C公司发出安全隐患整改的告知函，称其中1号楼存在严重火灾隐患，违规群租，并限期整改，要求C公司在房屋租赁期间经常进行安全检查，及时发现和排除房屋安全隐患，制止承租人、居住使用人危害消防安全的行为。2018年2月，C公司将涉案房屋1号楼以现状出租给Y公司经营使用，签订了房屋租赁合同，约定Y公司自行经营、自行办理营业执照。Y公司只能将涉案房屋做仓库使用，不允许存放易燃易爆危险化学品等危险物品，如发现违反上述约定，C公司有权立刻无条件终止双方合同。租期自2018年2月1日至2020年12月31日。要求Y公司保证合法经营，不得以任何形式将承租房屋转租、转借、转包、转让给他人，不得超越合同将承租房屋挪作他用。Y公司进行装饰装修或改造及增加的房屋、设备或者Y公司违反合同约定自行在原有房屋建筑上加层的部分，其不可移动部分无偿归C公司所有。合同签订后，Y公司使用涉案房屋，并向C公司交纳了2018年2月1日至2018年10月31日的租金。

2018年8月，有关部门消防安全检查，其中A酒店因安全问题，消防部门依法对其进行了查封，要求其停业整顿。C公司向Y公司发出通知，通知终止双方合同，并要求Y公司结清相关费用并腾空交还房屋。Y公司证实虽然双方于2018年重新签订租赁合同，但其与C公司自2009年即开始合作，2010年6月，其以C总公司为地址注册A宾馆，C公司作为房屋所有权人为其办理营业执照提供了经营场所证明，故虽然双方合同中约定租赁房屋仅作为仓库使用，但实际上一直经营宾馆，C公司对此知情并同意。

2019年8月，法院进行现场勘验，涉案房屋目前用于经营酒店。Y公司陈述承租后在涉案房屋后加盖了两个三层，并把其中一栋房屋转租给案外人，案外人又加建到四层，所有加建均未取得审批手续。案外人诉Y公司要求确认租赁合同无效纠纷一案正在审理中。而C公司要求Y公司进行整体腾退，所有加建部分亦要求予以腾退。

---

[1] 北京市第三中级人民法院（2020）京03民终1350号。

一审法院认为双方合同明确约定涉案房屋作为仓库使用，现 Y 公司违反了该合同约定，C 公司行使解除权的条件已经成就，其要求解除合同有事实和法律依据，法院予以支持。Y 公司虽主张自 2010 年起即承租涉案房屋作为宾馆使用且 C 公司未提出异议，但本案合同为双方 2018 年 2 月签订，对涉案房屋用途进行了明确约定，Y 公司以签订合同前的使用状态抗辩 C 公司对本合同签订后其违约行为知情并同意无事实依据。

二审法院认为 Y 公司未能提供证据证实 C 公司在涉案合同签订后知悉且同意其经营宾馆、转租等行为，因此维持一审判决。

案例教学点提要：

（1）C 公司拥有该地址多处房屋，无房产证。但是作为国有资产，其具有国资委的确认证明（2006 年 8 月）。C 公司作为产权人应当办理不动产登记，但其一直没有办理房产证，此前出租给案外人使用。2018 年 1 月将该地址多处房屋整体全部出租给 Y 公司，涉案房屋为其中一部分，租赁合同为 2018 年 2 月签订，本案审理的是 2018 年 2 月的合同。

（2）在 2017 年相关部门的检查中，该地址的房屋（出租给案外人使用的）存在群租等违法违规使用，被要求整改。违规使用的并非 Y 公司，但 2018 年酒店是 Y 公司开设的。2018 年 8 月因安全问题有关部门要求 Y 公司开设的酒店停业。因此这一违法行为后果应该是 Y 公司的过错造成的。显然，C 公司因为 2017 年的整改问题，特别在合同中提出了合法性要求，即 C 公司在 2018 年签订的租赁合同中严格要求 Y 公司依法使用房屋。所以，Y 公司 2018 年以前的使用状况不能为 2018 年合同提供证据。房屋使用现状以 2018 年合同为准，涉案房屋租赁纠纷是基于 2018 年的合同而产生的，与之前行为无关。

（3）Y 公司在接受房屋后，有多处违约行为，如转租、加建等。按照规定，承租人应当按照合同约定的租赁用途和使用要求合理使用房屋，不得擅自改动房屋承重结构和拆改室内设施。但 Y 公司接手房屋后未经批准加建房屋，违法建设。

（4）C 公司、Y 公司的行为违反多部法律法规规章。按照规定出租人应当确保房屋和室内设施安全。违法建筑、不符合安全、违反规定改变房屋使用性质的房屋不能出租，亦不能违反规定群租。在 C 公司 2017 年之前出租的部分房屋中存在群租和违法建设、不符合安全要求的情况。2018 年 Y 公司承租后更是改变用途、违法加层建设、未经出租人同意转租等，并因消防安全问题被有关部门要求停业。因此这种行为违反了消防、房屋安全、租赁等多项明确规定，虽然这些都是行政法律法规规章，但法院是从违反合同约定角度进行裁决的。

思考题：哪些房屋不能出租？

三、新类型房屋租赁的法律界定

案例三：转租与房屋代管[1]

席某拥有房屋一处，席某、X 中介公司作为租赁代理机构，B 公司作为资金提供方签署了房屋代理三方服务合同（以下简称房屋代理合同），X 公司承租并托管席某所有房屋，B 公司为资金提供方，接受 X 公司委托，将受 X 公司申请的租金借款以合同约定方式受托支付给席某；席某将其房屋交给 X 公司托管，用于居住租赁，居住人数不超过 6 人，期限为 1 年，租赁期内的水电等费用由 X 公司承担；并约定 X 公司违约应按月租金的 100% 向席某支付违约金。房屋代理合同签署后，B 公司向席某支付了一年租金。同日，席某作为出租方、聂某作为承租方、X 公司作为居间人签署了房屋租赁合同（经纪机构居间成交版）（以下简称租赁合同），约定席某经 X 公司中介将房屋出租给聂某。时隔半年，席某因获知 X 公司群租及改变房屋主体结构，向 X 公司发出解除房屋租赁合同通知书。X 公司在合同履行期满当天腾还了涉诉房屋。

法院认为席某与 X 公司签署的房屋代理合同、租赁合同有效，X 公司对外群租构成违约，应给付违约金。返还中介费缺乏事实及法律依据不予支持。

---

[1] 北京市朝阳区人民法院（2018）京 0105 民初 65990 号。

案例教学点提要：

（1）在本案中，根据房屋代理合同，X公司的行为实际上属于代理人性质，即席某将房屋委托给X公司出租，X公司一次性将托管期限内的租金付清，但是以出租人席某自己名义签订租赁合同。由于出租房屋不可能一次性收取全部租金，或者资金不够或者是其他情况，因此X公司找到B公司代其先行支付所有租金给出租人，X公司由此成为B公司的借款人。然后X公司分期收取承租人房租。

（2）按照本案的租赁合同，X公司并非出租人，而是中介方。即本案的操作是出租人将房屋以约定的价格交给中介公司代为出租，中介公司一次性支付租金（B公司代付）。中介为出租人找到承租人，承租人与出租人签订合同。按照这个合同，违约和违法使用房屋均是承租人的问题，与中介无关。

（3）虽然法院认定两份合同均有效，但从判决结果看，法院支持了席某依据房屋代理合同的请求，却未支持返还中介费。显然，X公司实际上是代管出租，因此，席某也未请求承租人聂某承担责任。

（4）房屋托管一段时间在一线城市非常盛行，由此也产生了很多法律问题和纠纷。这里还需要和房屋租赁经营区别。房屋租赁经营是租赁企业将其自有或者承租的房屋以自己的名义再行出租，典型的如长租公寓。而代管是以房屋权利人的名义出租，法律性质是完全不同的。代理出租本质上还是属于中介服务范围的。

（5）需要注意的是，B公司是非金融机构，如果没有相关证照是不能办理借款等金融业务的。

思考题：房屋代管的法律性质是什么？

案例四：委托管理与群租 ❶

张某系B市C区××路201号房屋所有权人。张某作为委托人与C房地产经纪公司2018年3月签订房屋出租委托合同，约定张某将201号房屋

---

❶ 北京市第三中级人民法院（2020）京03民终4697号。

委托 C 公司全权独家代理房屋出租。C 公司在授权范围内签署的合同文件，张某均认可。委托期限共计 24 个月，即 2018 年 3 月 17 日起至 2020 年 3 月 16 日止。张某同意每年预留出 30 天免租，即自委托之日起 2 年，C 公司支付给张某 22 个月的房租，C 公司负责简单装修，不损坏房屋主体结构，到期按业主要求恢复；委托期内提前退租的应赔偿张某一个月租金为违约金。双方于 2018 年 3 月 17 日办理了 201 号房屋的交接手续。双方还签署了补充协议，约定：在授权委托期间，经营使用不当造成损失由 C 公司全权负责。允许在房屋内添置隔断进行分租，租期结束恢复原状。交付后 C 公司在 201 号房屋内增加了隔断，并以 C 公司的名义出租。C 公司在 2019 年 5 月向张某提出要降价，但张某不同意。又因为 C 公司违规群租房屋，导致 201 号房屋被投诉整改。在区房屋管理局干预下，2019 年 6 月 22 日，C 公司将 201 号房屋交付给张某。

一审法院认为双方签署的合同名称为房屋出租委托合同，但根据双方合同约定的权利义务等内容，应当确认双方之间建立的是房屋租赁合同关系。在履行合同期间，C 公司单方提出降低租金价格，双方未能就合同约定的租金标准达成新的协议，C 公司单方提出解除合同，不符合法律规定的行使单方解除权的情形。因 C 公司单方解除合同的行为已经构成违约，应当依约向张某支付违约金。C 公司上诉主张双方系委托关系，未得到法院支持。C 公司主张其解除合同的原因是行情不好不赚钱，此情况系房屋情况以及政府政策变化导致，应当适用情势变更原则免除其责任，但对此情况 C 公司没有提供证据证明。

案例教学点提要：

（1）该合同虽然名称是委托，实际上是租赁。C 公司承租后再转租他人牟利。因此进行隔断分租，通过群租方式赚取差价。

（2）由于群租被要求整改，C 公司无法获取预计的利益，遂以政府政策变化导致合同不能履行，要求适用情势变更原则免除其责任，其要求与实际情况不符合。关于情势变更，有严格的适用条件。本案不存在政府政策变更，规范群租问题各地政府有不同的开始时间，对于群租规范最早始于

2007年。2011年2月1日起施行的《商品房屋租赁管理办法》明文规定住房出租以原设计的房间为最小出租单位，人均租住建筑面积不得低于当地人民政府规定的最低标准，即不能群租。如果违反规定，由直辖市、市、县人民政府建设（房地产）主管部门责令限期改正，逾期不改正的，可处以五千元以上三万元以下罚款。所以不存在政策变化导致不能群租。

（3）本案实际上是C公司转租。C公司与张某签订的合同，实际上是张某将房屋交给C公司转租，C公司支付约定的租金承租张某房屋，然后以自己的名义再出租。张某和C公司招徕的承租人之间没有合同关系。

（4）本案是曾经在一线城市风靡一时的"房屋包租"。即房屋租赁经营企业将自己持有的房屋（比较少见，大部分是从市场上承租一定年限的房屋）或者承租的房屋，经过统一装修，以高于原承租的价格再行出租，并提供一些租赁期间的服务（如保洁），或每月收取服务费，所以也有称"房屋管家"。其利润主要来源于租金差价、免租期、服务费。如果不能高于其支付的租金（如本案，拟通过群租提高租金被制止），则企业就因无利甚至亏本毁约。甚至有恶意诈骗的，如高收低租，即承诺付高额租金给出租人，收取承租人较低的租金，收取承租人的租金后卷款消失或者直接破产，导致出租人收不到后续租金，驱赶承租人，引发纠纷，导致社会不稳定。

（5）为规范经租企业行为，国家和各地出台了一系列规定，加强了对租赁经营企业的监管。与民事租赁不同，企业以租赁房屋作为主要经营业务的，其租赁活动属于商业行为。依据规定，住房租赁企业应当具有专门经营场所，开展经营前，通过住房租赁管理服务平台向所在城市住房和城乡建设主管部门推送开业信息，由所在城市住房和城乡建设主管部门通过住房租赁管理服务平台向社会公示。

思考题："房屋包租"的性质是什么？

相关规定： 2021年4月15日住房和城乡建设部、国家发展改革委、公安部、市场监管总局、国家网信办、银保监会六部门发布《关于加强轻资产住房租赁企业监管的意见》，要求住房租赁企业设立住房租赁资金监管账户，向所在城市住房和城乡建设部门备案，并通过住房租赁管理服务平台向社会公示。住房租赁企业单次收取租金超过3个月的，或单次收取押金超过1个月的，应当将收取的租金、押金纳入监管账户，并通过监管账户向房屋权利人支付租金、向承租人退还押金。

《民法典》第533条规定了情势变更原则：合同成立后，合同的基础条件发生了当事人在订立合同时无法预见的、不属于商业风险的重大变化，继续履行合同对于当事人一方明显不公平的，受不利影响的当事人可以与对方重新协商；在合理期限内协商不成的，当事人可以请求人民法院或者仲裁机构变更或者解除合同。人民法院或者仲裁机构应当结合案件的实际情况，根据公平原则变更或者解除合同。

情势变更有严格的适用条件，本案显然不属于这种情况。

四、租赁合同备案

案例五：备案的合同是否一定有效 [1]

孔某、刘某原系夫妻，结婚后一直居住在涉案房屋内，后双方离婚。最初孔某仍然居住于涉案房屋内，为了刘某支付社保，孔某表示愿意每月支付1000元当作租赁费用。后孔某搬离，该房屋由刘某出租，租金由刘某收取，刘自己一直居住在二楼的套房内。2021年3月，双方共同签订房屋租赁合同，约定刘某将房屋出租给孔某使用；租期为8年；每月租金为1000元，租金从2021年3月1日起交付；双方若有任何一方违约，违约方向守约方赔偿违约金5万元。孔某办理了房屋租赁合同的登记备案。

后双方以租赁合同纠纷诉之法院，孔某请求刘某赔偿违约金5万元和其他损失。刘某表示孔某没有在涉案房屋内居住过。之所以签订租赁合同是因为孔某称需要这些材料申请住房补贴。一审法院认为孔某与刘某之间租赁合同未成立。涉案的房屋实际一直由刘某居住使用，租金亦一直由刘某收取，刘某从未向孔某交付房屋，孔某亦从未向刘某要求过占有涉案房屋，孔某并未全额支付租金。虽然孔某每月支付了"租金1000元"，但该款并非租金，而是为刘某支付社保而自愿支付的费用，且刘某亦称签订房屋租赁合同仅是

---

[1] 广东省佛山市中级人民法院（2021）粤06民终16749号。

为了帮助孔某申请住房补贴，所以双方无租赁合意。

二审法院认为刘某未将涉案房屋交付。房屋租赁合同虽约定每月租金1000元，但孔某亦陈述每月支付刘某1000元用于缴纳社保费，刘某亦未从中获取租金收益。结合刘某称签订租赁合同是为了帮助孔某申请住房补贴，孔某亦陈述签订租赁合同是出于户口迁移、申请国家住房补贴以及补贴给刘某购买社保等多方面考量，判定租赁关系不成立，维持原判。

案例教学点提要：

（1）本案发生于《民法典》正式实施后，因此直接适用《民法典》的相关规定。根据《民法典》，租赁合同是出租人将租赁物交付承租人使用、收益，承租人支付租金的合同。出租人应当按照约定将租赁物交付承租人，而法院认定双方并无交付租金行为，实际上是以租金形式支付给对方的社保补贴。出租人亦无实际交付租赁房屋，承租人并未实际居住。因此不符合租赁合同的基本要求。

（2）一般来说，合同自签订之日起成立。本案虽然双方签订了合同，但并非真实意思表示。租赁的本质是支付租金和交付房屋，由于这两个关键点均不存在，因此双方并无租赁房屋的真实意思表示。即虽有合同之名，并无合同之实。

（3）孔某支付了一定的"租金"，但并未被法院认定。这主要是基于双方陈述的离婚约定情况，特别是事后将支付的"租金"中绝大部分收回，更证明双方没有进行租金支付。同时，出租人没有住房交付行为，且承租人自始至终没有要求交付房屋的意思表示和有关证明，更说明了租赁的虚假性。

（4）双方签订租赁合同实际上是虚假的意思表示，是为了户口、租金补贴。在一些地方，对于符合一定条件的住房困难家庭，政府可以提供廉租房、公租房，或者提供租金补贴，即由住房困难家庭在市场上自行承租商品住房，由政府根据一定的标准给予住房困难家庭一定的租金补贴。

（5）按照《民法典》的规定，当事人未依照法律、行政法规规定办理租赁合同登记备案手续的，不影响合同的效力。实践中租赁合同登记备案往往作为建立租赁关系的证明材料使用。由于各地提供租赁证明需要备案登记，本案中的孔某为此特别去询问了有关部门，并办理了租赁合同的备案登记，以此作为承租房屋的证明。但这仅是双方试图为表面的"租赁合同"增强证明力，也是为了迎合地方办理落户积分、租赁补贴等需要备案租赁合同的要求。

思考题：租赁合同备案登记对合同的效力有何影响？

案例六：特殊房屋出租[1]

A公司与Y区民防办签订了关于接交民防地下室的协议书，明确A公司按"结建"规定开工新建了一批民防地下室，并约定以关于接交民防地下室的协议书替代人防工程移交单。后市民防办公室发出《关于对本市民防工程使用权属认定的若干意见》的通知，在《关于对本市民防工程使用权属认定的若干意见》中明确在1997年1月1日前已向所属地区民防部门办理使用权属移交手续的，使用权属归民防部门。事后，民防工程管理所对该小区某号地下室进行了管理。该小区业委会找到区民防工程管理所，提出因大楼居民停自行车不便，希望民防工程管理所将出租他人使用的地下室租借给该业委会。民防工程管理所遂将地下室钥匙给了该业委会，之后双方因租金产生纠纷，业委会拒绝返还钥匙。朱某代表该业委会与第三人黄某签订租赁合同，双方约定由黄某租赁该地下室作仓库一年，每月租金2300元。事后，区民防工程管理所发现系争地下室被人使用，遂起诉。

法院经审理认为，该地下自行车停车库应属于民防工程管理所所有。业委会提出该地下室属业主公共财产无法律和事实依据。黄某应当同时迁出地下自行车停车库；考虑到系争"结建"民防工程在原来设计时就有作自行车停车库的功能使用，故区民防工程管理所在收回系争地下自行车库后，应当将该地下自行车停车库供大楼业主使用为宜。判决业主委员会及黄某腾退该地下民防工程并恢复原状，交还区民防工程管理所。

案例教学点提要：

（1）该地下室是A公司建成并与区民防办签订协议，交由其管理，该地

---

[1] 上海市杨浦区人民法院（2008）杨民四（民）初字第1496号，上海市第二中级人民法院（2009）沪二中民二（民）终字第1638号。

下室属于住宅小区大楼中的地下室，性质为人防工程。人防工程是"人民防空工程"的简称，人防工程分两类：单建和结建，本案属于结建，即结合地面建筑修建的战时使用、平时民用，战时可用于防空袭的地下室。按照《人民防空法》规定：国家鼓励、支持企业事业组织、社会团体和个人，通过多种途径，投资进行人民防空工程建设；人民防空工程平时由投资者使用管理，收益归投资者所有。

（2）关于作为人防工程的地下室所有权归属，各地有不同的规定。如《上海市民防工程建设和使用管理办法》（2018年修订）规定：民防工程的投资者可以按照房地产管理的有关规定取得民防工程的所有权。依据案件发生地规定的《关于对本市民防工程使用权属认定的若干意见》，民防工程管理所享有对系争地下室的使用权。

（3）地下车库建设于《物权法》实施之前，并且由于人防工程的特殊性，法院根据行政部门的规范性文件进行了认定。

对于人防工程的所有权归属有三种不同的观点。一是国家所有说，财政部、国家人防委员会1985年颁布的《关于平时使用人防工程收费的暂行规定》指出，人防工程及其设备设施是国家财产。二是开发商所有说，建设部《商品房销售面积计算及公用建筑面积分摊规则》规定，作为人防工程的地下室也不计入公用建筑面积。据此，开发商认为其享有所有权。三是业主共有说，如本案业委会提出该小区是作为商品房建造的，大楼及地下停车库均计入开发成本，故系争地下停车库是公共部位，属于业主共同财产。但实际上业委会无法就开发成本计入提供证据。

建设部《城市地下空间开发利用管理规定》规定：地下工程应本着"谁投资、谁所有、谁受益、谁维护"的原则，允许建设单位对其投资开发建设的地下工程自营或依法进行转让、租赁。各地法院的判决也各有不同，根据各地的规定，有认定属于国家所有的，有认定为开发商所有的。本案法院认为系争地下车库（即人防工程）所有权归民防所所有。

思考题：人防工程的出租主体如何认定？

第七章　房地产登记

长久以来，我国大部分城市房产和土地都是分别登记，权利人领取房屋所有权证和土地使用证。2013年11月20日，国务院常务会议决定全国土地、房屋、草原等不动产统一登记职责由一个部门承担。国土资源部（现为自然资源部）负责指导监督全国土地、房屋、草原、林地、海域等不动产统一登记职责，基本做到登记机构、登记簿册、登记依据和信息平台"四统一"。行业管理和不动产交易监管等职责继续由相关部门承担，如房地产交易仍然由建设主管部门管理。2014年11月12日，国务院公布《不动产登记暂行条例》，自2015年3月1日起施行。2015年后全国开始逐步统一不动产登记，但原有的房屋所有权证和土地使用权证仍然有效。

一、权属登记

知识点：登记的意义。

房地产权利必须通过登记才有法律效果，如买卖中，即使没有实际交付，但已办理了转移登记（过户），则法律上房屋所有权已发生转移，即所有权登记取得。

案例一：未办理过户的房屋不发生所有权变动[1]

小严的父亲严某某承租单位的一套公房，后通过房改取得所有权，房屋登记在父亲严某某名下。2003年11月，严某某与单位同事卞某在单位协调下签订协议书，严某某将房屋转让给卞某。依据严某某与卞某签订的房屋买

---

[1] 杭州市下城区人民法院（2014）杭下民初字第1217号，（2020）最高法民申1637号。

卖协议，法院民事判决认定房屋所有权归属于卞某，并判决严某某配合卞某办理过户手续。卞某曾另案提起诉讼，诉请判决确认严某某与案外人王某某签订的涉案房屋转让合同无效等。后卞某过世，法院判决确认严某某与王某某签署的涉案房屋转让合同无效、严某某和王某某限期将涉案房屋产权登记至卞某一方名下、严某某和王某某限期将涉案房屋腾空返还给卞某的法定继承人。严某某前妻袁某某在本案诉讼时也提起诉讼，诉请判令严某某与卞某签订的买卖协议终止履行。本案经一审、二审，最终判决认为袁某某不能举证证实对涉案房屋享有所有权，驳回其诉讼请求。小严因认为上述系列民事判决（小严非系列案件当事人）侵害了其权益，小严诉称其父严某某与母亲袁某某的离婚协议约定，涉案房屋归儿子小严所有，但一直未办理产权转移登记。因此其提起了第三人撤销之诉，但未得到法院支持，后向最高人民法院申请再审。最高院认为小严仅凭父母的离婚协议约定，主张房屋所有权归其所有，但并没有提供物权转移的证据，小严的证据不足以证明原审判决实际损害其合法利益。小严如认为民事判决存在错误，应通过案外人申请再审的方式主张权利。

案例教学点提要：

（1）本案的核心是房产登记问题。在离婚案件中，很多情况下对于财产分配（尤其是房产）夫妻双方难以达成一致时，往往会约定将财产过户给双方的子女以解决矛盾，实践中这类离婚处理房产的方式很普遍，因此法院并没有否定离婚协议如此处理的真实性。但本案缺乏房产登记，无法证明其转移的意思表示。

（2）如果是父母当时真实意思表示就可以认定产权归小严所有吗？显然不是。应该说即使当时父母将房产赠与子女的意思是真实的，但从其父亲后续将房屋出售的行为来看，显然严某某的意思非所诉称的要将房屋给小严，或者严某某的意思发生了改变。由于约定给子女的房产没有登记，所有权没有转移，导致其父亲依然具有法律上的处分权利。

（3）法院的裁判思路：在这种情况下，对于善意购买房屋的第三人通常是需要保护其合法权益的。一般情况下，购房人如果办理了转移登记自然不成问题。但本案中涉案房屋为原单位公有住房，由单位协调给严某某置换给卞某。与一般房屋买卖不同，双方签订的协议实质系对单位房屋分配使用的确认并提供解决方案，其间涉及单位调剂其他住房给严某等，涉及住房分配制度下相关遗留问题的解决。对于此类案件的处理，法院大多尊重历史和单位的处理决定，本案办理中，一审、二审法院也采信了严某、卞某单位领导的相关说法和证明。因此，法院对于严某某另行出卖房屋于王某某的行为不予保护。

（4）从本案涉及的多宗诉讼看，主要是卞某和小严父亲的争议。从该房屋购房人卞某的诉讼请求看，卞某要求房屋所有权归其所有并要求严某某配合过户，法院支持了其请求。后小严的母亲要求取得房屋所有权未得到法院支持，最后小严要求再审保护自己的权利。

（5）最高法院的裁判完全依据不动产登记取得的规定，并提示小严可以通过其他方式（案外人申请再审，本案是第三人撤销之诉）维护其权利。

思考题：登记的法律作用？

知识点：登记具有公信力。

登记所记载的权利人是法律承认的。即使登记发生错误，在登记没有更改以前，只能推定登记记载的人是真正的权利人。但也不能一概而论，当登记确实与实际状况不符，还是应该尊重现实真实的实际权利状况。

案例二：借名购房 ❶

2005年，罗某因超过60岁无法办理购房贷款，遂以其儿媳陶某名义签订购房合同，房屋登记于陶某名下。A公司受罗某委托代其支付首付款，每月房屋按揭贷款亦由罗某支付，首付款和月付贷款的支付均与陶某无关，房屋实际占有、使用人为罗某。法院判决认定房屋系罗某借陶某名义购买，罗某与陶某之间存在借名购房关系，涉案房屋因尚未还清银行贷款未及时产权过户登记。

陈某因与陶某的借款合同纠纷案，申请查封陶某名下的该处房屋，后法

---

❶ （2021）最高法民申3543号。

院裁定拍卖陶某名下的房屋。罗某遂提出执行异议之诉，被一审驳回。二审支持罗某的上诉请求，停止对该房屋的拍卖。陈某不服，申请最高院再审。

最高人民法院认定罗某购房并非为了规避法律、行政法规的强制性规定或国家、地方政府限购政策，不违背公序良俗，符合《最高人民法院关于适用〈中华人民共和国物权法〉若干问题的解释（一）》第2条之规定，当物权登记与实际权利状况不符时，以实际权利状况为依据认定事实的情形。故二审判决据此认定罗某为涉案房屋实际权利人，享有足以排除强制执行的民事权益。因此驳回了陈某的申请。

案例教学点提要：

（1）本案属于借名买房，大部分借名购房是规避限购政策，本案不同的是因为购房人没有贷款资格，且确实需要解决住房问题，非投资炒房。这是本案可以对抗执行的根本原因。

（2）虽然是借名购房，但所有的交易手续、税费、房屋的占有使用均为实际购房人所为。因此法院认定罗某为真实的购房人，真正的权利人。

（3）借名购房的实质就是登记的购房人和实际购房人不一致。这时候法院不仅查证产权证所记载的所有权人，还要重新审查真实的所有权状况做出判断。如果有证据证明登记错误，那么真正的所有权人和名义所有权人就会不一致，这种情况可以通过司法审查改变。当然，利害关系人也可以通过登记机关依法申请更正。

（4）不动产登记是政府专门机构通过法定程序进行的，既有政府信用的背景，又有正当程序的保障，登记的内容具有最大的可信度，具备相应的公信力。但涉及限购政策，则需要法院根据个案进行裁量，并不具有统一裁量标准。各地法院关于借名买房都有自己的裁量标准。

（5）本案的处理表现出法院对于规避限购政策的处理是比较务实的，并无统一标准，关键是在维护国家政策的同时，考虑个案具体情况，在保障当事人合法权利的基础上酌情处理。

按照最高人民法院司法案例研究院公众号推出的《借名买房六大诉讼要点》，合理的借名原因、出资证明、购房手续、对房屋的实际控制等是判定

是否借名购房的关键。❶

思考题：借名登记认定的原则是什么？

案例三：登记错误的救济 ❷

某镇11号（登记面积44平方米）、12号（登记面积25平方米）相邻房屋在1952年被确权为沈某甲所有，后沈某甲将11号房屋转让给沈某乙、12号房屋转让给章某某。某县房产管理局于1990年向沈某乙颁发11号房屋所有权证（34平方米），向章某某颁发12号房屋所有权证（35平方米）。2010年11月，沈某乙向县人民法院提起诉讼，认为12号房屋所有权证扩大了房屋面积，侵害其对11号房屋的合法权益，请求法院判决行政机关撤销该房屋所有权证。某县法院于2011年3月以沈某乙与行政机关对12号房屋权属登记并颁发房屋所有权证的行政行为不存在法律上的利害关系、主体不适格为由，裁定驳回起诉。沈某乙不服一审裁定，向某市中级法院提出上诉和申请再审，未获支持。沈某乙向某县检察院申请监督。

经调查核实，涉案房屋整体结构与1952年所有权证附图及某镇规划图一致，没有发生过变化。两房屋为相邻户，1990年房产证颁发虚增12号房屋面积，导致11号房屋面积相应减少。行政机关的颁证行为与沈某乙存在利害关系，因此沈某乙具有诉讼主体资格。2021年4月，某县法院采纳再审检察建议，判决撤销原行政裁定、撤销行政机关就12号房屋颁发的房屋所有权证。行政机关依程序对11号、12号房屋所有权证的后续问题作出了处理。

案例教学点提要：

（1）涉案房屋原为同一产权人的相邻两处房屋，历史久远，原产权登记面积为1952年确定的，后分别转让于不同受让人。根据房屋的情况，转让

---

❶ 借名买房六大诉讼要点（https://mp.weixin.qq.com/s/7h3gLB8AXvXC45VIguK_iQ），载微信公众号"最高人民法院司法案例研究院"，2022年4月28日访问。

❷ 沈某乙诉浙江省某县人民政府、某县房产管理局房屋行政登记检察监督案。参见聚焦群众住房利益，最高检发布"检察为民办实事"——行政检察与民同行系列典型案例（第二批）（https://www.spp.gov.cn/xwfbh/wsfbt/202110/t20211025_533330.shtml#1），载最高人民检察院门户网，2021年10月25日访问。

后房屋应该属于异产毗连房屋。1990年受让人分别办理产权证，但11号产权面积少10平方米，12号产权面积多了10平方米，虽然两处房屋加起来总面积未增减，但与受让人当时取得房屋时的产权面积有差别。而法院驳回起诉是基于认定两处房屋没有关联关系，登记机关对于12号的发证行为与原告无关。实际上这类老式相邻住宅是有多处比邻、公用部分的，在产权登记时很容易混淆。建设部曾经在1989年颁布《城市异产毗连房屋管理规定》（2001年修订，现已失效）规制这类房屋的维护与使用。

（2）1990年登记时两处房屋总面积没有变化，而11号、12号是否面积发生变化，登记机关或者法院除查看历史资料外，现场调查、勘验就可以发现问题。登记机构在办理此类旧式房屋时，基于当时的规定，应该在产权登记时明确四至，并有具体规定，如《上海市房产管理局关于印发异产同幢房屋建筑面积摊算办法的通知》(沪房〔1993〕权字发第52号)规定对于同一幢房屋内结构相连并具有共有、共用部位而为不同所有人所有的房屋建筑面积的摊算，有合法的产权分割文件或协议的，按文件或协议办理；无产权分割文件、协议或协议含糊不清的，制定了一套计算与分摊面积的标准。

（3）根据后来调查，房屋状况没有改变过，即原告实际生活中也许使用面积没有受到影响。但从法律上看，其权证房屋面积减少了。如果不予更改，则一旦转让，购房人只会按照产权证面积支付价款。因此，当事人必须通过法律程序证明登记错误。从这个角度看，其法律上的权利当然受到侵害，这也是说明登记面积的重要性。

（4）对于这种情况，当事人除通过法院诉讼外，权利人也可以申请登记机构更正，办理更正登记。

思考题：行政机关登记错误应该如何救济？

知识延伸：异产毗连房屋，系指结构相连或具有共有、共用设备和附属建筑，而为不同所有人所有的房屋。

案例四：登记取得所有权[1]

2015年1月，孔某与Z公司签订六份商品房买卖合同，双方约定，孔

---

[1] （2020）最高法民终580号。

某购买Z公司建设的中银城市广场8单元20层6套商铺,付款方式为合同签订当日一次性付清全款,该房屋应于2015年5月1日前交付。Z公司在商品房交付使用后一年内将办理权属登记资料报产权登记机构备案,如因出卖人的责任买受人不能在规定期限内取得房地产权属证书,出卖人应向买受人支付约定的违约金。六份合同共计价款310万元,合同签订当日,孔某向Z公司支付房款100万元及210万元承兑汇票。后X公司与Z公司发生合同纠纷,X公司诉至法院。法院对Z公司名下中银城市广场相关房产办理了财产保全,查封期限自2015年1月20日至2017年1月19日,孔某所购房产包括在被查封房产范围之内。在审理期间,X公司因涉案查封财产即将到期,提出继续查封(保全)申请。H市不动产登记中心于2017年1月17日向一审法院出具协助执行通知书(回执),继续查封上述土地使用权及房产,查封期限自2017年1月17日至2020年1月16日。孔某针对X公司的诉讼保全行为提出异议复议申请,但未得到法院支持。后起诉至法院,要求涉案房产的所有权应归其所有,亦未得到法院支持,遂上诉至最高院。

最高院认为孔某虽然与Z公司已签订书面商品房买卖合同并全额交付了购房款,但在合同约定交房时间2015年5月1日之前,执行法院已对涉案房产采取了查封措施,在法院查封之前孔某并未合法占有该房产,未办理相关房产登记手续,不符合《关于人民法院办理执行异议和复议案件若干问题的规定》。孔某所购房屋并非用于居住,孔某上诉主张其购买上述房产系为了居住,该主张与商品房买卖合同载明的房屋用途矛盾,亦与其一次性购买六套房产的行为相矛盾,孔某并不居住于H市,孔某仅享有依据商品房买卖合同要求Z公司履行相关合同义务的请求权,不享有房屋所有权。最高院因此驳回了孔某的请求。

案例教学点提要:

(1)本案是因查封执行引发的纠纷。最高院的观点和一审法院的观点基本一致,即购房人购买非居住房,且未办理登记,不享有房屋所有权。

(2)法院在所有权纠纷类似的案件处理中,首先保护的是合法登记的当事人,即登记的效力最强。其次是虽然未登记,但已经实际居住的当事人,这是出于保护当事人的居住权，涉及社会保障和社会稳定，不能让当事人流落街头、无处可居。本案当事人显然不属于上述情况。

（3）在执行案件中，最高人民法院《关于人民法院办理执行异议和复议案件若干问题的规定》第29条规定："金钱债权执行中，买受人对登记在被执行的房地产开发企业名下的商品房提出异议，符合下列情形且其权利能够排除执行的，人民法院应予支持：（一）在人民法院查封之前已签订合法有效的书面买卖合同；（二）所购商品房系用于居住且买受人名下无其他用于居住的房屋；（三）已支付的价款超过合同约定总价款的百分之五十。"显然，孔某的情况不符合该条要求。孔某主张房屋为居住用途而申请适用该规定第29条，显然是不利于自己的。其购买的是多套商业用房，其房屋的用途是由规划确定的，当事人无法更改。

（4）本案关键点在于其购买的是非唯一住房，在当前房住不炒的政策导向下，法院在审理案件中首先保护的是当事人居住的权利，尤其保护唯一住房当事人的权利，相关的司法解释也体现了这种价值取向。

（5）虽然法院认定孔某未取得房屋所有权，但其合法债权依然受法律保护，其可以向Z公司要求返还价款及利息，承担违约责任等。

思考题：预售商品房什么情况下可以登记取得所有权？

案例五：共有房产以登记为准[1]

王某婚前全款买下杭州的3套房，一套自住，两套出租。婚后产权证上均加上配偶乔某名字。2020年乔某起诉离婚，乔某认为，三套房属于夫妻共同财产，自己享有一半所有权，同时根据照顾女方和小孩的原则，依法应予以多分，主张取得其中的60%。王某认为房屋婚前购买，后办理房产证时，因为政策原因，不得已登记在双方名下，因此房产实质上是他的婚前财产，不同意分割。

法院认为，三套房产登记为双方共有，因此应作为夫妻共同财产依法分割。但在具体分割时，应考虑三套房屋具体情况。法院酌情确定乔某可分得

---

[1] 杭州日报、中国普法：男子全款买3套房，婚后加了妻子名！离婚时要对半分吗？（https://mp.weixin.qq.com/s/d5EsoQFOl5qn-lGtC3RSDg），载微信公众号"山东高法"，2021年10月3日访问。

约25%的份额，王某可分得约75%的份额。乔某不服一审判决，提起上诉。乔某认为，一方个人全额出资买房，婚后加名以及婚后取得房产登记，也是对另一方的赠与。在双方没有约定共同共有份额的情况下，在分割时就应该一人一半。二审法院认为，该三套房产在双方婚后登记为共同共有，但这并不当然意味着各半份额共有，也无证据证明王某有将房屋一半份额赠与乔某的明确意思表示。一审法院判决时，已充分考虑双方对三套房产的贡献大小，并兼顾照顾女方权益的原则，维持一审判决。

案例教学点提要：

（1）单从登记簿的情况看，三套房为夫妻共有。表面上看，如果双方没有特别约定的话，则一般视为共同共有。那么离婚分割时，按照《民法典》第1087条，夫妻的共同财产由双方协议处理；协议不成的，由人民法院根据财产的具体情况，按照照顾子女、女方和无过错方权益的原则判决。

（2）法院基于登记的情况认定三套房屋为夫妻共有，虽然三套房是王某婚前全款购买，但婚后因为其在产权证上（登记簿）增加女方姓名，表明其将部分房屋产权转移给女方，登记为共有。

（3）本案的具体情况。就出资贡献而言，应该还是以男方王某为主。但本案双方很难说哪一方有明显过错，女方根据《民法典》的规定，要求照顾女方多分，理论上说也是有法律依据的。此外，根据孩子的意愿，小孩随王某生活，这种情况，照顾子女的王某有多分的依据。基于此，法院对于王某给予房屋更多的份额，而不是机械地按照登记的结果认定为各自一半份额。法院根据财产的具体情况，按照照顾子女的原则做出判决，从情理上看，也考虑了男方的贡献，符合公平原则。

（4）申请登记时，登记机构通常会要求双方约定共有的性质，如果是按份共有，还需要约定共有份额。这样也可以有效预防纠纷产生。

思考题：共有房产的登记份额确定依据是什么？

知识点：依申请登记。

除法院、检察院等国家有权机关依法作出的嘱托文件可以直接办理登记以及不动产登记机构可以依职权直接登记外，所有的登记均须依当事人的申请进行。

案例六：申请启动登记[1]

2011年李某购买J房地产公司住房一套，彼时李某夫妻名下各有住房一套，属于限购对象。由于当时无法办理手续，双方约定待限购政策取消、可以办理房屋产权登记后90日内办理过户手续。2014年8月，该市解除限购，但李某并没有申请办理房屋产权登记，直至2016年3月该房屋被查封，导致李某无法办理所有权登记。李某以案外人执行异议诉至法院，一、二审均未得到法院支持。李某申请最高人民法院再审，最高院认为：李某不符合"买受人名下无其他用于居住的房屋"情形，亦未能证明"非因自身原因未办理过户登记"，故其不符合执行异议和复议规定排除执行的条件，驳回其再审申请。

案例教学点提要：

（1）本案主要关键点在于购房人没有申请办理过户登记，其购买的房屋无法对抗第三人的查封执行。虽然已付款购房，但当时没有签订政府主管部门制定的买卖合同示范文本，亦没有办理合同的备案，也没有办理预告登记，因此，该房屋的产权状态应该依然是开发商名下的。通常情况下，法院在查封时对于已经办理网签、备案或者预告登记的房屋会比较慎重。由于属于限购对象，当时示范合同、备案、预告登记等一系列交易手续均无法办理。购房人没有取得物权，甚至未取得物权的期待权，只能向开发商主张债权。

（2）房屋登记需要当事人申请才能启动，即权利人不申请，登记程序不启动，当事人也不可能取得产权证书。当然，开发商作为转让方有共同申请的配合义务。虽然本案开发商提供了其没有尽到配合义务的证明，但执行涉及他人权益，不能仅凭开发商证明。李某在可以办理登记的不算短的时间内根本没有申请办理过户，也无法说明为什么没有主动申请办理产权登记，因

---

[1]（2020）最高法民申2233号。

此需要自己承担不利的后果。

（3）本案虽然涉及限购，购房人购买房屋时不符合政策，但其对此有预期，约定了政策解除后办理的时间。所以，李某应该充分了解政策，并关注可以办理登记的时间节点。不申请启动登记程序，是李某自己的选择，需自己承担责任。

（4）法院之所以这样处理可能基于限购政策影响的考虑。在"房住不炒"的大背景下，法院认为当事人明知自己属于被限购人员仍购买房屋，系因自身原因未能办理产权登记。李某家庭有多套住房，与政策支持方向不一致，因此不支持其诉求。

思考题：启动登记程序的主体有哪些？

知识点：不动产单元登记的基本单位。

案例七：商铺的登记单元 ❶

原告彭某与 R 房地产公司于 2013 年 10 月签订商品房买卖合同，购买了 R 房地产公司开发的包租产权式商铺一个，该商铺建筑面积共 16 平方米，其中套内建筑面积 8 平方米，公共部位与公用房屋分摊建筑面积 8 平方米。购买的商铺和周围其他商铺间并无实心墙隔断，只是在商铺周围用黄油漆刷了一圈以示分界。2013 年 12 月，市房产管理局为该商铺进行了产权登记并颁发了房屋所有权证书。彭某认为，R 房地产公司将其开发的商铺进行分割式销售，致使自己购买的商铺与其他房屋无间隔，无法单独经营。而国家明令禁止该类房屋的销售和产权登记，故提起诉讼，请求法院撤销登记机关登记及颁发的房屋所有权证书。

法院认为，依据建设部《商品房销售管理办法》，商品住宅按套销售。按照建设部《房屋登记办法》（现已失效）第 10 条规定，房屋应当按照基本单元进行登记。原告所购买的商铺因无法独立确定产权界限，亦无法独立分租使用，因此确认被告的行政行为违法。考虑到本案所涉房产的产权登记及产权证书一旦被撤销后，该房屋很有可能被 R 房地产公司的其他债权人申

---

❶ 湖北省宜昌市中级人民法院（2017）鄂 05 行终 177 号。

请查封，原告的权利将无从得到保障，登记及颁证行为对原告的权利义务并不产生实际影响，故对该产权登记及产权证书不予撤销。

二审中被告市国土局辩称：不动产登记和注销是依据当事人的申请而为的行为，彭某如果希望放弃该商铺的所有权，应当向登记部门提出注销申请，而不是向法院起诉要求撤销登记。二审法院认为，申请登记的房屋不能特定或者不具有独立利用价值的，不能登记。基于相关部门规章的规定，法院认为原告购买的商铺只对面积进行概念分割，各商铺之间无固定界限，原告、开发公司、登记部门等均不能确定该商铺的具体位置，这种商铺本身不具备独立利用价值，仅能作为基本登记单元的一部分，不具备办理房产证的条件，因此维持原判。

案例教学点提要：

（1）住房和城乡建设部明确禁止商品房分割拆零销售，禁止给一平方米单位产权办理产权证。规定房地产开发企业不得采取返本销售、售后包租的方式预售商品房。本案的销售行为违反相关规定。

（2）登记单元是指权属界线封闭且具有独立使用价值的空间。独立使用价值的空间应当足以实现相应的用途，并可以独立利用。登记的单元须有独立利用价值，该商铺为开放式大平面，无规划分割和物理分割，不构成独立的登记单元，因此依据相关规定，法院认定登记行为违法。但实际操作中，各地有具体不同规定，有些地方可以分割销售，有些地方不允许分割销售。

（3）本案涉及的是销售规划设计没有分割过的商铺。通常可能这类商铺的整个铺面都没有进行物理性分割，在使用时可能进行具体划界，如按照3米×3米每个的标准划分摊位。有些地方可以按照标准摊位划分销售，有些地方按照轴线划分销售，并登记发证，使用时再进行物理划线或者构建轻质墙、隔板为界。这些做法往往是地方政府主管部门通过发布规范性文件等方式明确同意或者认可的，登记部门也会依据规范性文件予以办理产权登记。但由于使用上的问题，极易引发纠纷。

（4）至于当事人选择诉讼而非向登记机构申请撤销登记，这是法律赋予当事人的权利。对于选择诉讼或者非诉讼方式解决争议，当事人具有选择权。当事人通过行政诉讼要求撤销登记机构的违法登记的产权证书，作为法院或者行政机关对此应予尊重。

（5）原告要求撤销登记和权属证书，其真实意图可能是退房，但开发商往往无法退房，如可能无退房资金或者面临查封等情况。从保护原告权利的角度来看，若法院判决撤销产权证，而开发商无法退房，则其所有权更是失去法律保护，对其更为不利，即可能钱物两空。而维持证书至少还可以合法享有所有者的权利，这也是法院基于保护购房人权利做出的裁量。

思考题：商铺可以分割登记、销售吗？

知识点：登记面积和使用面积的区别。

案例八：产权车位登记面积和使用面积的差异 ❶

严某于 2015 年在某小区购买了一套房屋和一个产权地下车位，该车位在拐角处，建筑面积为 44.46 平方米。购买协议里并没有明确只能停一辆车，由于产权证登记面积较大，严某拟在这个车位里并列停放两辆小汽车，但被物业制止。严某认为自己持有车位所有权证，如何停车是自己的权利。而物业公司认为严某购买的是一个标准车位，停车面积以物业划线为准。严某认为自己停车虽然超出了划线区域，但并未超出产权登记的车位面积。2019 年 10 月，严某将小区物业公司诉至法院，要求物业停止妨碍其合法使用车位。一审法院认为，严某并列停放两辆车，车头部分会占用到一部分停车库公共通道的面积，造成其他车位停放的困难和安全隐患。物业公司依据前期物业管理服务合同和业主临时管理规约中的约定进行管理并无不当，未侵害其所有权，故对严某的诉讼请求不予支持。

严某上诉于中级法院。二审中严某认为由于车位所在位置的特殊性，根据不动产权证记载的车位面积，有权使用车位划线部分以外的周边部位，故而可以停放两辆车。二审法院认为不动产权证上记载的车位面积系包括车位专属部分与公摊部分面积，不能仅根据不动产权证的面积来确定车位的专

---

❶ 看看新闻 Knews：上海一业主买了个产权车位停两辆车 遭物业制止后告上法庭 法院这样判（https://m.gmw.cn/baijia/2021-02/24/1302130419.html），载光明网，2021 年 2 月 24 日访问。

属部位。严某所使用的专属部分,应以车库地面划线范围为限,适当超出划线部分属合理范围。两车辆的头部和尾部均大面积超出车位线,显然已不属于合理利用的范畴,会侵占业主共有部位。业主对产权车位应以地面划线范围为限合理使用,不能简单地把车位产证面积等同于自己可以使用的占地面积,超出车位划线范围的区域属于业主共有的公摊面积,若业主对公摊面积的使用超出合理范畴,应征得其他业主的同意,否则物业有权予以管理和制止。法院因此驳回严某上诉。

案例教学点提要:

(1)按照1995年发布的《商品房销售面积计算及公用建筑面积分摊规则》(试行),房地产权属登记机构进行房屋产权登记,应遵循《商品房销售面积计算及公用建筑面积分摊规则》(试行)测定商品房的建筑面积。依据该规则,商品房销售面积=套内建筑面积+分摊的公用建筑面积,法院据此认为该车位产权面积包括公摊面积。这也是法律上合理的解释。

(2)该产权面积为44.46平方米,分摊面积究竟多少?法院没有进行认定。而是笼统地认定含公摊面积,超出合理使用范围。严某认为其车位足够大,但不否认停车超出划线区,那么究竟谁可以认定具体车位使用面积的大小?界限应该由谁划定?本案显然是物业公司划定,这与产权登记的基本含义是不相符的。

(3)虽然一审中工作人员去现场测量具体使用面积,但是该工作并不能表明其得出了正确的分摊面积或者分摊系数。按照《商品房销售面积计算及公用建筑面积分摊规则(试行)》,分摊的公用建筑面积=公用建筑面积分摊系数×套内建筑面积,本案法院并没有就分摊面积问题进行审查或者咨询有关测绘部门、登记机构。正确的做法应该是就该问题咨询技术部门或者测绘专家,这样得出的结论比较科学可信,也具有说服力。

(4)本案引发了诸多争议。同类型的案件在法院亦有不同的审判结果。关键是作为产权登记面积如何能够得到正确的认定和保护。谁是产权登记面积和使用面积的权威解释部门?本案判决并没有解决这个问题,因此导致法律界有不同声音。

（5）物业公司划定车位具体大小、范围的依据是什么？根据前期物业管理服务合同和业主临时管理规约中的约定进行管理，并不意味着其有权界定车位的使用面积大小。

因此，该类案件也存在同案不同判现象。

思考题： 登记面积是否等同使用面积？

案例九：谁决定车位面积 ❶

黄某在顺德一小区高价购买了一个车位，建筑面积26.6平方米，停家里两台小车。2017年3月，物业称为消除消防安全隐患，一个车位只能停放一辆汽车，对停放两辆汽车的车位边界位置打桩。物业公司认为，黄某车位的尺寸实际上不能满足同时停放两辆汽车的需求。若强行停放两辆汽车，必然侵犯公共空间或者邻近车位的空间。业委会也称接到其他业主投诉。黄某于2017年7月将小区物管和业委会告上法庭，要求两被告立即停止包括打桩、锁车、限制出入等行为。一审法院审理后认为，所有权人对自己的不动产依法享有使用权，黄某作为该车位的所有权人，在不损害公共利益和他人合法权益的前提下依法可使用该车位停放汽车。虽有少许超出部分，但车位内基本可以停放两辆汽车，并不妨碍其他行人、车辆的正常通行或存在明显的安全隐患，也不致影响相邻车位的使用。二审法院依法维持了原判。

案例教学点提要：

（1）该类案件关键点是：一是产权登记面积和产权使用面积如何界定；二是是否妨碍了其他业主的权利或者侵犯小区业主的公共利益。

（2）黄某车位登记面积没有上一个案例业主严某的产权登记面积大，黄某的产证建筑面积26.6平方米，严先生的产权证建筑面积44.46平方米。当然，可能房屋类型不同，分摊面积系数有差别。但就面积问题本身看，不同的判决结果还是值得深入探讨的。

（3）车位实际使用面积和是否侵犯小区业主公共利益由谁决定？是否越

---

❶ 周伟力：一个车位可以停两辆车吗？来看法院怎么说（https://www.gzdaily.cn/site2/pad/content/2021-02/26/content_1502373.html），载广州日报客户端，2021年2月26日访问。

界、占用公共部位显然都是物业公司决定的。物业公司划线决定的依据何在？法院的判决没有给出有说服力的依据。

（4）本案与前述案件判决结果不同，说明对产权面积的理解不同，当然也有其他业主的利益问题，但实际上是就产权面积及其所有权人的权利等理解各有不同。很明显，使用面积可以看得见（物业公司划分），但对于公摊面积比较模糊，其实这是个技术问题，法院完全可以咨询相关业务主管部门，这样做出的裁决比较有说服力。如2014年广东省高级人民法院在提审梅州市梅江区金骏花园业主委员会诉梅州市梅江区金骏伟业房地产开发有限公司所有权纠纷案时，依法就涉案环保停车位所占的土地性质向梅州市城乡规划局、广东省住房和城乡建设厅、广东省国土资源厅等相关部门征求意见，并根据三个单位的复函，确定了规划和土地使用权的性质，法院在判决中明确予以说明，具有较强的说服力。

（5）面积构成问题本身不是法律问题，因此业务主管部门的意见比较重要，也有利于统一解决后续有可能出现的纠纷。法律纠纷多种多样，但涉及技术的还是有一定的认定标准。法院在解决纠纷时，也可以听取相关专家的意见，使得判决结果更具有可信度。

思考题：车库面积使用如何确定？

案例十：房屋面积、结构、用途等以登记为准[1]

李某拥有房屋一处，登记簿上记载面积112平方米、混合结构。2016年7月，该房屋被列入征收范围。区政府以房屋登记簿上记载的面积及房屋结构确认房屋的价值，而李某则委托有资质的测绘机构对房屋重新测量，实测房屋面积为212平方米。区政府根据城乡规划部门出具的复函确定超出房产登记簿的面积为违法建筑。李某主张其房屋一层、二层均为营业性质，补偿未包含搬迁费、停产停业损失、过渡费及安置房不能使用期间的费用等。原审法院认定一层为商业，其他为住宅。实际上李某房屋产权登记用途为住宅，区政府按照其调查情况并结合区相关职能部门等联合认定房屋一层为住宅改商业，二层按照住宅予以补偿。此外，李某认为其房屋为钢混结构，但

---

[1] （2020）最高法行申5613号。

补偿却按照砖混结构。为此李某诉之法院。法院两审均不支持其主张，遂向最高人民法院提起再审。最高院认为李某未提供任何证据证明其房屋超出房屋登记簿上的面积为合法建筑面积，也未能提供现时有效的工商、税务等证照资料证明征收时涉案房屋二层仍用于经营活动，亦未提供证据证明其房屋按砖混结构房屋补偿。区政府的决定符合法律规定，驳回李某的再审申请。

案例教学点提要：

（1）房屋的面积以登记簿记载为准，除非有证据证明登记簿错误。这里有两种情况：一种是权利人的产权证书和登记簿的记载可能不一致，这种情况下，以登记簿为准；另外一种就是本案的情况，即登记簿没有记载，这里又有两种情况：其一是没有任何合法的建房手续，属于违法建筑，本案就是这种情况；其二是有合法的建房手续或者是房屋交易手续，但权利人未办理产权登记，这种情况权利人是可以申请产权登记的，一般在征收调查中也是可以认定其产权的。

（2）房屋的结构、用途等，是以登记簿记载为准。本案中，房屋原本登记为住宅，权利人将其住改商，征收部门对于有营业执照的部分予以认定，是从现状出发，而并非根据产权证性质而定，因为产权证记载为住宅。权利人主张钢混结构补偿，该登记簿登记为混合结构，没有明确哪一种混合结构。所以这是一个含糊之处，理论上讲，钢混优于砖混。对于过去发放的房屋产权证，各地有差别，一些地方并不明确记载房屋结构，有些地方产权证明确标注是钢混结构或者砖混结构。新的不动产权证的登记簿信息有"房屋结构"栏目。

（3）不动产登记簿除依法予以更正外不得修改登记事项。李某的登记簿面积与其委托的测绘机构测量有差别，测绘机构对现场进行实际物理性测量，是对现状的客观描述和记载，并非产权确认，也无权更正登记簿。测绘机构是接受李某委托的行为，不经有关部门或者法院认可，其结果对登记机构并无影响。

（4）李某房屋实际面积超出登记面积部分，因为没有合法的规划许可手续，属于违法建筑。但当地有关部门根据现状给以较为客观的认定，部分违法建筑已经纳入补偿，部分建筑不予认定补偿。总体上兼顾了其利益，在面积的调查认定上是属于比较宽松的。

思考题：对于登记簿、产权证、现状不一致的情况应如何处理？

知识点：当事人共同申请登记。

根据《不动产登记暂行条例》规定，买卖、设定抵押权等申请不动产登记的，应当由当事人双方共同申请。因此房地产交易的当事人应当双方共同申请登记。处分共有不动产申请登记的，应当经占份额 2/3 以上的按份共有人或者全体共同共有人共同申请，按份共有人转让其享有的不动产份额，应当与受让人共同申请转移登记。就共有房地产转让，目前的实际操作中，无论何种情况，大部分城市的登记机构均要求所有共有人到登记机构共同申请。

案例十一：交易需双方共同申请登记[1]

2017 年 3 月，原告耿某通过房屋中介公司购买毕某房屋，签订了存量房屋买卖合同，支付了 47 万元房款，并入住该房屋。5 个月后 Z 公证处公证毕某委托鞠某出售涉案房产。2018 年 3 月，鞠某与肖某共同申请房屋转给肖某，双方填写了房屋所有权转移登记申请书，并向被告不动产登记中心工作人员提交了房屋所有权人为毕某的房屋所有权证、当日签订的房地产买卖契约、毕某的身份证复印件、公证处出具的委托人毕某委托鞠某办理房产过户及出售等相关事宜的公证书等材料。被告规划和自然资源局颁发了肖某的不动产产权证。2018 年 5 月，肖某向法院提起民事诉讼要求耿某腾出涉案房屋，法院于 2018 年 7 月作出民事判决书，支持了肖某的诉请。耿某不服上诉，二审维持了一审判决。2018 年 10 月，Z 公证处撤销上述公证书，耿某于同年 12 月向法院提起民事诉讼，要求确认毕某、肖某签订的房地产买卖契约无效，法院审理后判决毕某与肖某签订的房地产买卖契约无效。肖某不服上诉，二审维持了一审判决。

后耿某起诉登记主管机关撤销登记，法院认为，被告登记的依据正确，

---

[1] 山西省运城市中级人民法院（2021）晋 08 行终 67 号。

但由于不动产权属来源已被法院判决无效，作出的不动产登记行为所依据的事实不复存在，故作出不动产登记行为所根据的证据不足，应当予以撤销。因此法院撤销了肖某的不动产证。

案例教学点提要：

（1）表面上看，本案是"一房两卖"引发的纠纷。在出卖人出卖给原告房屋时仅仅签订买卖合同，没有办理产权转移手续。按照登记的办理要求，买卖双方需要共同申请办理登记，出卖人恶意"一房两卖"，但只能与其中的一位购房人办理一次过户登记。出卖人收取第一位购房人的款项并交付房屋，但将产权转移给了后一位购房人，并出具委托公证手续，委托鞠某代表自己和肖某办理转移登记，并按照登记要求提供了所有的资料。

（2）从登记机构本身的行为看，其审查程序、办理程序均无过错。后一买卖由交易双方共同申请，提供的所有材料均为真实且符合规定，因此登记机构本身的登记行为并无过错。其审查双方当事人情况是依据的公证书，公证书是真实的，但公证的内容显然有问题，其后被撤销，那么依据公证共同申请过户的主体就出现了问题。

（3）法院因公证撤销，判决登记机构据以发证的依据——买卖合同无效，基于登记的基础民事法律行为被认定无效，法院作出撤销登记的判决也是顺理成章的。

（4）耿某是否对于登记有责任？从登记本身的要求看，耿某是没有责任的。登记需要和出卖人共同办理，如果双方共同办理登记，则出卖人恶意将同一房屋另行转让将无法实现（办理过户后，出卖人将无产权证），因此其不会过户给第一买家耿某。

（5）本案历经两次民事诉讼，结果完全不同。依据所有权登记取得，则肖某胜诉有依据。但本案耿某早已付清房款并居住多时，这也是法院考虑的因素。关于登记效力的司法认定，也是根据具体案件和具体案情而决定的。本案关键是登记的依据被撤销，导致登记撤销。

思考题：交易转移登记申请的条件是什么？

知识延伸：根据规定和程序要求，交易双方或者其代理人应当到不动产登记机构办公场所申请不动产登记。如果委托代理人申请登记，可以办理公证委托手续，也可以与代理人持有关证件共同到不动产登记机构，在工作人员面前现场签订授权委托书并予以确认。

知识点：单方登记。

根据《不动产登记暂行条例》，单方登记主要包括：首次登记；继承、接受遗赠；根据法院、仲裁委员会生效的法律文书或者人民政府生效的决定等设立、变更、转让、消灭房地产权利；申请变更登记；申请注销登记；申请更正登记或者异议登记，以及法律、行政法规规定可以由当事人单方申请的其他情形。

案例十二：继承办理单方登记[1]

2011年5月，曹某亲笔书写遗嘱，将其房产赠与陈某，该遗嘱未办理公证。一个月后曹某去世。2011年7月，陈某办理了接受全部遗赠的公证。2011年8月，陈某持遗嘱、房产证、公证书等材料前往房地产交易中心办理房屋所有权转移登记被拒。后陈某向区住房和城乡建设局提出书面申请，该局书面答复：根据《司法部、建设部关于房产登记管理中加强公证的联合通知》(司通字〔1991〕117号)(以下简称《联合通知》)，遗嘱并未经过公证，不符合《联合通知》的规定，不予办理房屋转移登记。陈某认为强制公证的做法，与《继承法》《物权法》《公证法》等多部法律相抵触。因此提起行政诉讼，要求法院确认区住房和城乡建设局拒绝办理转移登记的行为违法。

法院认为，书面遗嘱的真实性已由司法鉴定确认，《联合通知》是由司法部和建设部联合发布的政府性规范文件，不属于法律、行政法规、地方性法规或规章的范畴，其规范的内容不得与《物权法》《继承法》《房屋登记办法》等法律法规相抵触。行政机关不能在有关法律法规规定之外创设新的权力来限制或剥夺行政相对人的合法权利，不能要求其履行非依法赋予的责任义务，因此判定区住房和城乡建设局不予办理的行政行为违法。

---

[1] 陈爱华诉南京市江宁区住房和城乡建设局不履行房屋登记法定职责案，[法宝引证码] CLI.C.3196138。

案例教学点提要：

（1）一直以来，各地登记机构在办理房产继承（无论法定继承或者遗嘱继承、遗赠）时，均根据《联合通知》，要求提供继承房产的公证书，即申请人在办理继承转移登记时要求提供继承相关的公证书，如遗嘱继承需要遗嘱公证和继承权公证、接受遗赠公证。法定继承需要办理继承权公证和接受继承的公证。

（2）办理遗嘱公证需要立遗嘱人生前办理，即立遗嘱时表明其真实意思的公证。如果立遗嘱人自书遗嘱（如本案），未经公证，那么登记机构会因无法确认该遗嘱的真实性，不予办理。在《联合通知》出台后，各地登记机构将提供公证书的要求列入登记的程序要件，虽然申请人提供了司法鉴定，但登记机构往往以程序规定为理由，不予办理。但登记机构需要书面告知当事人，这样申请人可以救济。

（3）本案非常典型，之前各地均发生过。登记机构受制于《联合通知》，往往告知申请人通过行政诉讼途径达成登记目的。此案对登记机构影响比较大，之后各地的政策均有所调整。2016年7月5日，司法部经商住房和城乡建设部，废止《联合通知》。

（4）继承、接受遗赠等为单方登记。即继承人、受遗赠人单方申请办理登记。由于权利人已去世，登记机构对于其真实意思无法确认，要求公证也是有客观原因的。本案由于申请人提供了遗嘱司法鉴定，基本可以确定遗嘱的真实性，登记机构应该依法给予变通处理。但实践中因为涉及办理违反程序性规定，很多时候，登记机构的经办人员顾虑承担违规办理的责任，而不予变通，或者直接告知当事人行政救济，虽然对于当事人不甚便利，但可以避免承担责任。

（5）按照《不动产登记暂行条例》和《不动产登记暂行条例实施细则》，除持有公证书办理继承外，无公证书也可以直接办理继承，但相应的程序和要求复杂了许多。

思考题： 办理继承登记的具体要求是什么？

相关规定： 根据《不动产登记操作规范（试行）》（2021年修改）规定，

无公证或生效的法律文书办理继承的，可以按照下列程序办理：

（1）申请人提交的申请材料包括：所有继承人或受遗赠人的身份证、户口簿或其他身份证明；被继承人或遗赠人的死亡证明，包括医疗机构出具的死亡证明；公安机关出具的死亡证明或者注明了死亡日期的注销户口证明；人民法院宣告死亡的判决书；其他能够证明被继承人或受遗赠人死亡的材料等；所有继承人或受遗赠人与被继承人或遗赠人之间的亲属关系证明，包括户口簿、婚姻证明、收养证明、出生医学证明，公安机关以及村委会、居委会、被继承人或继承人单位出具的证明材料，其他能够证明相关亲属关系的材料等；放弃继承的，应当在不动产登记机构办公场所，在不动产登记机构人员的见证下，签署放弃继承权的声明；继承人已死亡的，代位继承人或转继承人可参照上述材料提供；被继承人或遗赠人享有不动产权利的材料；被继承人或遗赠人生前有遗嘱或者遗赠扶养协议的，提交其全部遗嘱或者遗赠扶养协议；被继承人或遗赠人生前与配偶有夫妻财产约定的，提交书面约定协议。

（2）受理登记前应由全部法定继承人或受遗赠人共同到不动产所在地的不动产登记机构进行继承材料查验。不动产登记机构应重点查验当事人的身份是否属实、当事人与被继承人或遗赠人的亲属关系是否属实、被继承人或遗赠人有无其他继承人、被继承人或遗赠人和已经死亡的继承人或受遗赠人的死亡事实是否属实、被继承人或遗赠人生前有无遗嘱或者遗赠扶养协议、申请继承的遗产是否属于被继承人或遗赠人个人所有等，并要求申请人签署继承（受遗赠）不动产登记具结书。不动产登记机构可以就继承人或受遗赠人是否齐全、是否愿意接受或放弃继承、就不动产继承协议或遗嘱内容及真实性是否有异议、所提交的资料是否真实等内容进行询问，并做好记录，由全部相关人员签字确认。

（3）经查验或询问，符合规定的受理条件的，不动产登记机构应当予以受理。

（4）受理后，不动产登记机构应按照规定的审核规则进行审核。认为需要进一步核实情况的，可以发函给出具证明材料的单位、被继承人或遗赠人原所在单位或居住地的村委会、居委会核实相关情况。

（5）对拟登记的不动产登记事项在不动产登记机构门户网站进行公示，公示期不少于15个工作日。公示期满无异议的，将申请登记事项记载于不动产登记簿。

知识点：登记申请、审查及其责任。

当事人对申请材料的真实性负责，登记机关负责查验材料，必要时须进行现场实地查看。按照《最高人民法院关于审理房屋登记案件若干问题的规定》（法释〔2010〕15号）规定，申请人提供虚假材料办理房屋登记，给原告造成损害，房屋登记机构未尽合理审慎职责的，应当根据其过错程度及其在损害发生中所起作用承担相应的赔偿责任。

案例十三：房屋现状与登记不符[1]

徐某于2015年前后购买取得某处房屋，购买时与现状一样，包括部分走廊。区住房建设局（以下简称区住建局）到房屋现场检查，现状显示与房地产权证附图不符。根据涉案房屋的房屋平面图等可以证实该房屋证载面积并不包括外侧走廊。2019年9月，某区住建局请G市房地产测绘院协助对徐某房屋门前涉嫌占用共用部位的位置进行实际测量核查，G市房地产测绘院实测后出具了房屋面积报告书。2020年3月，区住建局向徐某作出责令改正违法行为通知书，责令限期拆除，恢复原状；并作出行政处罚听证告知书及行政处罚决定预先告知书，告知针对其加建围墙占用公共通道的行为，依据《广东省物业管理条例》规定，拟作出警告，并处以罚款1万元的行政处罚。一个月后区住建局向徐某作出行政处罚决定书。徐某诉诸法院。

一审法院认为，涉案房屋现状与产权证记载情况不一致确属事实，区住建局要求将房屋恢复原状，符合法律的规定。徐某应配合区住建局的查处工作，徐某基于购房现状继续使用已封闭的走廊，但目前并无证据证实确系徐某实施的封闭侵占行为，对其苛以罚款，不符合行政处罚的过罚相当、处罚与教育相结合的原则，因此一审法院撤销了行政处罚决定。

被告住建局不服上诉，认为徐某虽不是加建涉案墙体的行为人，但其作

---

[1] 广州铁路运输中级法院（2021）粤71行终160号。

为涉案房屋的买受人、产权人，亦是现使用人、受益人，其房产具有违反规划、物业管理等行政管理秩序的状态，区住建局以徐某作为行政处罚相对人，符合行政法的基本原则。在区住建局多次告知解释的情况下，徐某仍拒不整改，可能导致其他违法者效仿的不良后果。违法成本降低将导致越来越多效仿行为，损害其他业主的合法利益，对区住建局日后处理类似的工作造成困扰。

二审法院认为不动产权证及所附房地产平面附图、询问笔录、现场检查（勘验）笔录以及G市房地产测绘院作出的房屋面积报告书等证据可证实，徐某存在占用物业共用部分用作私人空间使用的违法行为，虽无证据证明徐某实施了封闭、侵占行为，但是，其作为涉案房屋的受让人、所有权人及实际控制人，在明知涉案房屋存在违法占用物业共用部分的情况下，未及时采取整改措施，而是继续擅自占用，致使该违法行为一直处于持续状态，依法应当承担相应的法律责任。因此撤销一审判决，维持行政处罚决定。

案例教学点提要：

（1）本案产权证及附图与使用现状不符合。产权人购买时发现问题，曾经向测绘单位咨询，但并未向登记部门核实，即可知徐某明知存在违建。测绘部门不是产权面积的确认部门，测绘只是客观反映房屋现状，其结果不能作为其违法建筑合法化的依据。

（2）处罚依据。区住建局委托测绘、现场查看、进行询问、制作笔录，认定徐某构成占用公共空间的违法行为，并依据物业管理的规定作出处罚决定，程序正当。因为违法建设并非徐某所为，其只是违法使用，因此处罚依据不是根据规划建设相关的法规，而是根据物业管理的规定作出，适用法律正确。区住建局原来要求其恢复原状，但徐某显然并无行动。因此依据程序作出行政处罚决定。一审基于徐某不是违法建设者，认为行政机关处罚过度。二审法院显然从徐某行为的性质和社会影响等方面衡量，考虑违法使用公共空间具有一定的普遍性和处理上的困难，因而改判。

（3）按照规定，登记时登记机构应该查验不动产界址、空间界限、面积等材料与申请登记的不动产状况是否一致；有关证明材料、文件与申请登记的内容是否一致；登记申请是否违反法律、行政法规规定等情况。由于本案为二手房买卖，一般情况下登记机构并不去现场查验，仅根据档案记载查验后办理。但房屋首次登记必须是现场测绘并经登记机构现场查看后才颁发首次登记的所有权证。后来使用中出现产权证与现场不符的情况，除查阅原来的登记簿及档案，登记机构需要针对现状重新现场勘察、核查。

（4）本案二审判决表现出对违法建设行为的严格规制态度。这也是适应目前国家对于违法建筑严格处理的态势。本案表明，购买超出登记面积的违法建筑，购房人可能承担最终的责任。购房人虽然不是违法建设的主体，但亦需要承担相应的行政违法责任，导致其产生一定的经济损失。再者，虽然徐某不是违法建设者，但违法状态一直在持续中，行政机关处罚系基于其是使用受益人。

（5）实务中，很少存在前手出卖人隐瞒违法建筑的情形，因为购房人在现场很容易识别产权证面积和现状的差异。除非购房人能够证明自己未去现场看房即购买房屋，但这又不符合交易习惯，也很难举证得到支持。

思考题：登记是否需要现场查看？

知识延伸：按照规定办理房屋首次登记、在建建筑物抵押权登记、房屋灭失导致的注销登记需要实地查看，当然，不动产登记机构认为需要实地查看的情形也可以去查看。对可能存在权属争议，或者可能涉及他人利害关系的登记申请，登记机构可以向申请人、利害关系人或者有关单位进行调查。

<u>**知识点**：特殊登记事项须公告。</u>

集体土地上的不动产登记及其依职权更正登记、注销登记等须公告。

<u>案例十四：集体土地上房屋登记需公告</u>❶

　　夏某洪与夏某汉系同胞兄弟，亦系同村村民。夏某洪于1983年11月申请翻建坐落于大蒲村的房屋，即涉案房屋。1987年3月，涉案房屋登记发放宅基地证。夏某汉从1994年开始居住在涉案房屋内，夏某洪1996年搬到其自建某新村26号居住，直至2004年左右迁至苏州生活。1994年7月，夏

---

❶ 江苏省常州市中级人民法院（2019）苏04民终2676号。

某汉向县人民政府申请房屋登记，登记申请书载明原产权人夏某洪，取得方式为买卖，取得日期为 1993 年 12 月等。涉案房屋登记公告于 1994 年 7 月 1 日至 1994 年 8 月 1 日在大蒲村村委张榜公布。后经调查，县人民政府于 1994 年 8 月对该房屋进行登记发证，载明房屋所有权人为夏某汉。

1998 年市人民政府在全市范围内进行土地登记统一清理发证，对涉案土地进行地籍调查，1998 年 9 月，市人民政府将涉案房屋所在土地使用者登记为夏某汉长子夏 A。2017 年 1 月，夏某洪向法院提起行政诉讼，请求撤销政府颁发给夏 A 的涉案房屋的集体土地建设用地使用证，法院判决予以支持。2017 年 3 月，夏某洪向法院提起行政诉讼，请求撤销市人民政府颁发给夏某汉的涉案房屋的房屋所有权证，法院以夏某洪起诉超过二十年的起诉期限为由裁定驳回起诉。

之后夏某洪提起物权确认之诉。法院认为夏某洪在 1994 年将涉案房屋出卖给夏某汉的事实成立。涉案房屋买卖符合《土地管理法》及相关法律法规对于宅基地使用的相关规定，现房屋已登记在夏某汉名下，该登记与双方买卖房屋的事实相符。

案例教学点提要：

（1）本案为农村宅基地房屋的买卖。由于买卖双方均为同一集体经济组织成员，因此，符合法律及相关规定。

（2）涉案房屋买受人申请登记后，公告于房屋所在地村委张榜公布一个月。后经房屋所有权调查，县人民政府对该房屋进行登记发证，发证在程序上符合农村宅基地房屋登记的程序性要求。

（3）1998 年国土部门公告后将土地使用权证发给了夏某汉之子夏 A，但房屋所有权证依然登记为夏某汉（因家庭分配部分房屋给夏 A，但未办理登记手续），这导致房地产权利主体不一致，违反房地产登记的基本原则，土地证应予撤销。

（4）公告的要求，是基于土地为集体所有，如本案土地为村集体所有，因此需要在村集体公示，无异议可以登记。理论上也是村集体组织成员对于集体所有的财产享有权利的表现。

思考题：办理登记前需要公告的情况是哪些？

相关规定：根据《不动产登记暂行条例实施细则》规定，登记需要公告的情况是：政府组织的集体土地所有权登记；宅基地使用权及房屋所有权，集体建设用地使用权及建筑物、构筑物所有权，土地承包经营权等不动产权利的首次登记；依职权更正登记；依职权注销登记；法律、行政法规规定的其他情形。公告应当在不动产登记机构门户网站以及不动产所在地等指定场所进行，公告期不少于15个工作日。

知识点：依嘱托登记和依职权登记。

案例十五：嘱托登记的主体 [1]

2016年12月，邓某与王某签订房屋买卖合同，邓某将建筑面积38平方米房屋出卖给王某，但双方未办理产权转移登记。2019年11月，该房屋被D经济技术开发区管理委员会公告列入征收范围。2020年1月，相关部门通过书面告知书方式告知邓某，其房屋经鉴定，主体结构安全性评定为D级危房。因紧急避险需要，需立即对该房屋进行应急抢险排危拆除。当天该房屋所在楼幢被拆除。其后，D区房地产管理局向D区不动产登记中心递交D区房地产管理局关于注销排危拆除户（邓某）不动产登记证的函，理由是该区域内部分房屋在地震后出现严重的安全隐患。鉴定机构建议"拆除重建"，并已对邓某房屋进行了拆除，现手续已完备，请不动产登记中心及时对邓某房屋不动产登记证进行注销。不动产登记中心接受后，根据该函以及相应附件作出了注销登记。

王某首先就D区房地产管理局拆除行为提起行政诉讼。法院审理后于2020年6月作出行政判决，认定D区房地产管理局等以拆危房之名规避征收程序，其鉴定程序以及危房拆除行为不符合法规、规章，判决其拆除行为违法。

王某认为政府部门违法注销其产权证，再提起行政诉讼。市自然资源和规划局D区分局称其是根据《不动产登记操作规范（试行）》规定的依嘱

---

[1] 四川省宜宾市中级人民法院（2021）川15行终60号。

托登记程序办理不动产登记。一审法院认为，依据《不动产登记暂行条例实施细则》（2019年7月16日修订）第19条规定，市自然资源和规划局D区分局须审查来函单位是否具有生效的人民政府依法做出的征收决定，从而作出能否实施注销登记行为的判断。D区房地产管理局要求注销登记的函及附件中有房屋灭失的依据，并无人民政府依法作出的房屋征收决定的证据，其作出注销登记行为主要证据不足，依法应予撤销。但撤销注销登记将产生恢复原登记的效果，由于王某房屋已经灭失，因此确认该行为违法。

二审法院认为不动产登记机构可以依据国家有权机关依法作出的嘱托文件办理登记。《不动产登记操作规范（试行）》对嘱托查封的国家有权机关列明了人民法院、人民检察院、公安机关。因此，不能说明D区房地产管理局就是属于《不动产登记操作规范（试行）》规定的有权作出嘱托文件的国家有权机关，市自然资源和规划局D区分局将其出具的注销登记函作为国家有权机关作出的嘱托文件，法律依据不充分。本案王某的房屋是行政机关以拆危房之名规避征收程序，已被确认违法，因此其房屋是因政府实施征收而被拆除，根据《不动产登记暂行条例实施细则》，可以依据人民政府的征收决定办理注销登记，而不能以D区房地产管理局出具的函办理注销登记。

案例教学点提要：

（1）按照规定，依嘱托办理登记的机关有人民法院（查封或者协助执行）；人民检察院、公安机关（查封）；人民政府（征收注销）；或者法律、行政法规规定的其他情形。本案D区房地产管理局要求注销产权登记，显然不属于上述法定机关和法定情形。有权办理嘱托登记的机关其登记的类型也不是无限制的，应该是在上述法律规定的类型之内，否则也是违法的。

（2）嘱托登记的嘱托文件要求是：法院须持生效法律文书和协助执行通知书；人民检察院、公安机关依据法律规定需要持协助查封通知书可以要求办理查封登记；根据人民政府依法做出的征收或者收回不动产权利生效决定可以办理注销登记。本案以D区房地产管理局出具的公函办理注销登记，显然违法。仅凭一纸公函轻易注销房屋所有权证，公民的财产权将无法得到法律保护。

（3）该房屋虽然早已出售给王某，但由于双方没有办理产权转移登记，所以产权人仍然为邓某，因此，拆除通知按照登记簿记载发给邓某，但实际损害的是王某的利益，因此法院认为王某的房屋被拆除，注销涉案房屋的登记与其有利害关系，其有权提起诉讼。

（4）房屋确实不存在，本案可以依职权注销登记，但需要有依据。如对于依法征收不动产的，注销登记需要提交人民政府生效决定书。

（5）本案中的D区不动产登记中心，其行政主管部门是市自然资源和规划局D区分局，登记中心是事业单位，其登记职能来源于法规授权，因此被告为其主管部门市自然资源和规划局D区分局。

思考题：哪些部门可以办理嘱托登记？办理的类型是否有限制？

案例十六：抵债房登记给谁 [1]

2007年，徐某承包了某房地产开发有限公司某拆迁安置小区的部分工程项目。竣工后项目部将一处房屋转让给徐某以抵扣工人工资款。购房人付某得知徐某的亲戚余某持有其中的一套房屋并拟出售，遂购买了余某的房屋，但未办理过户登记。入住后，付某发现户主名字为余某，便多次催促徐某将户主名称变更为自己，一直未果。2017年12月，付某交纳办证费用后，从项目部领取房屋所有权证，此时发现证书上记载的房屋权利人仍为余某，登记时间为2010年3月。2018年5月，付某向县人民法院起诉县国土资源局及第三人，要求撤销余某的房屋所有权证。县法院工作人员告知付某该案涉嫌刑事犯罪，付某撤回起诉。并以购买房屋被诈骗为由报案，公安机关认为不属于诈骗犯罪，未立案。2019年2月，付某再次向县人民法院提起行政诉讼，要求撤销余某的房屋所有权证。法院依据《最高人民法院关于适用〈中华人民共和国行政诉讼法〉的解释》第60条"人民法院裁定准许原告撤诉后，原告以同一事实和理由重新起诉的，人民法院不予立案"的规定，裁定驳回起诉。付某不服，提起上诉和申请再审，均未获支持。付某向人民检察

---

[1] 付某诉河南某县自然资源局及第三人房屋登记检察监督案。参见聚焦群众住房利益，最高检发布"检察为民办实事"——行政检察与民同行系列典型案例（第二批）(https://www.spp.gov.cn/xwfbh/wsfbt/202110/t20211025_533330.shtml#1)，载最高人民检察院门户网，2021年10月25日访问。

院申请监督。

检察机关查明，某县原房地产管理所在办理房屋登记过程中，未严格遵守相关法律规定，办理登记的依据不足，对于申请登记的材料也未能依法履行查验义务，检察机关依法向县自然资源局提出检察建议。某县自然资源局对错误登记的房屋所有权证进行了注销。

案例教学点提要：

（1）这种买卖属于一种特殊的房屋买卖方式。通常因为开发商拖欠建设工程承包人工程款，基于现金流原因，以项目中的房屋抵作工程款。对于承包人，可能并不需要多套房屋，遂将其中的部分或者全部抵作工程款的房屋再行转让。这种情况俗称"抵债房"买卖，是比较常见的。

（2）抵债房买卖的最大问题就是"办证难"，这也导致这类房屋在交易时价格偏低，不容易成交。本案房屋先抵债给徐某，徐某未办理权证直接转给余某（这种情况可能是开发商直接和余某签订了买卖合同）。余某出卖给付某，如果余某不和开发商签订合同，则付某可以和开发商协商签订买卖合同，这样付某可以跳过余某办理登记。但本案余某登记后，则只能作为存量房转让过户。

（3）这类房屋通常首先是由开发商配合登记到建设工程债权人名下，然后再由其过户给其他买受人。开发商一般不愿意配合将房屋直接过户给购房人（涉及的关系更复杂，更易发生纠纷）。

（4）本案因原出卖人不配合，导致付某无法过户。当然付某可以提起民事诉讼，要求余某配合过户，但显然难度较大。因此付某提起行政诉讼，要求撤销余某的登记。

（5）从登记机构看，房屋竣工后登记到余某名下是有依据的。但付某申请并支付办证费用后，登记机构仍将房屋权利人登记为余某。受理付某申请却登记到余某名下，依据是什么？审查及程序确实存在一定的问题。

（6）付某撤诉后再以同一事实和理由重新起诉，法院驳回起诉，是符合规定的。因此本案已经无法通过诉讼解决。只能要求登记机构通过因错误登记，依职权注销登记这一途径办理。最终由检察机关协调，登记机构注销了余某的权属证书。

思考题：依职权登记的情况有哪些？

知识点：房屋建成必须办理首次登记。

首次登记，曾经被称为"初始登记"，是指房屋建成后办理的第一次房屋所有权登记，或者土地使用权、土地所有权等第一次办理登记。之后办理的是转移、变更或者其他登记。根据规定，未办理首次登记的，不得办理其他类型登记（法律、行政法规另有规定的除外）。

案例十七：未办理首次登记，购房人无法取得所有权 [1]

S房地产公司开发建设的T商厦已经取得国有土地使用权证、商品房预售许可证，S房地产公司开始陆续销售房屋。厉某与S房地产公司签订商品房买卖合同，购买一套房屋。合同签订后，厉某向S房地产公司陆续支付了购房首付款34万元，贷款40万元，半年后S房地产公司向厉某交付了房屋。两年后，S房地产公司与国土资源局签订补充协议，将该宗地价款总额由3766万元变更为4502万元，新增地价款736万元。后因S房地产公司不能支付新增地价款，该建筑物不能进行权属首次登记，厉某亦未能取得涉案房屋的所有权证书。一年后，厉某将S房地产公司诉至法院，要求S房地产公司办理T商厦的权属登记，并支付逾期办理权属证书的违约金。法院判决支持其请求。此后，由于S房地产公司与众多债权人发生诉讼纠纷并陆续进入执行程序，法院对S房地产公司名下的该项目全部房产予以查封，并在登记部门办理了查封手续。三年后法院对该建筑物进行整体拍卖，以4.6亿元的价格将包括厉某购买的房屋在内的整个商厦进行了整体拍卖并已成交。此时，厉某作为案外人提出书面异议，要求保留房屋产权，被法院驳回。

厉某又以合同目的无法实现，诉之法院要求解除商品房买卖合同。法院查明，厉某与D商品交易市场有限公司签订了T商厦商铺托管协议书，自购房之日起三年全权委托D公司托管并统一管理。两年后，S房地产公司、

---

[1] 北京市第二中级人民法院（2015）二中民终字第02431号。

D商品交易市场有限公司和厉某签订协议约定：S房地产公司、D商品交易市场有限公司保证在约定的时间给付厉某未付租金以及未付返租金中违约部分的25%违约金，并给付厉某所有的购房本金及有关的契税、印花税等有关费用，全部款项付清后解除购房合同。后厉某未按合同约定向银行归还借款本息，S房地产公司亦未履行保证人义务，银行起诉后，逾期贷款得到部分清偿。法院判决解除商品房买卖合同，S房地产公司返还房款及利息、相关费用。

案例教学点提要：

（1）购房人是否具有房屋所有权。购房人和开发商虽然签订了买卖合同，并支付了部分房款，办理了房屋贷款，办理了房屋交接和预售合同备案，理论上完全具备办理登记的条件。但由于开发商没有办理首次登记，导致购房人无法办理产权转移登记，因此购房人最终无法取得所购房屋的所有权。

（2）S房地产公司因为欠交政府的地价款，登记机构不予办理首次登记，即开发商无法办理大产权证。但是合法购买房屋的购房人承担了直接损失，这也是后续购房人不愿意还贷的主要原因。预购商品房贷款抵押通常需要开发商作担保，就是为防止开发商开发楼盘"烂尾"。S房地产公司是依法成立的独立法人，可以对自己的经营活动独立承担法律责任，并且S房地产公司是项目所有权人和土地使用权人。因厉某未及时偿还贷款，银行可以要求S房地产公司作为房屋按揭贷款合同的担保人向银行支付厉某房屋贷款。

（3）本案买卖合同履行过程中，因S房地产公司与其他债权人发生了诉讼纠纷，且开发商没有办理首次产权登记，因此购房人均无法取得房屋所有权。因项目所有人是开发商，致使包括厉某购买的涉案房屋在内的整体建筑物被法院整体拍卖，厉某的购房目的不能实现，房屋不可能办理登记过户。

（4）合同解除后损害赔偿的依据。合同解除后通常情况下以返还给付和赔偿损失的方式才能使厉某利益恢复到订约前的状态。本案中，除返还房款、利息外，法院判决S房地产公司赔偿厉某银行贷款利息、授权公证费及抵押登记费、律师费及保险费等。本案标的是商业用房，由于近些年新建商业用房上涨乏力，本案尚无房价上涨的损失。

思考题：首次登记对购房人的影响？

案例十八：首次登记错误 ❶

张大、张二、张三兄妹三人在某县城区租房居住，共同从事经营。经营期间，买下租住的房屋及地基。1997年经审批，开始拆除旧房，重新翻建房屋。建好后中间是楼梯间，楼梯两侧房屋相互独立，单门独户，共两层八间，共同居住。建房资金来源于共同经营所得，三兄妹的父亲曾经出资支持建房。房屋建成后，张大于1998年办理了房产证，房产证的所有权人只有张大，共有人一栏为空白。

张三自新房建成后就一直居住在内，其结婚后全家人仍然没有分家，整个大家庭还是共同经营、共同居住。后张大认为没有义务继续提供房屋让张三夫妇居住，但张三夫妇拒绝搬出，张大遂诉至法院。

法院认为：该房屋并非由张大一人出资建设而成，房屋的建设资金来源于共同经营收入及家庭其他收入，故该房属于家庭共同财产房屋，虽然登记在张大一人名下，但并不影响其家庭成员依法享有该房产的权益。

案例教学点提要：

（1）该房屋因为是重新建造，办理的是首次登记。由张大一人出面申请办理审批、登记手续，因此所有权证是在其名下，登记机构并无过错。

（2）从该房屋取得和使用状况分析，其为家庭共有财产，其他人为隐名的所有权人。但该房产对外表征为张大的房产，实际上是首次登记的状况与实际权利状况不一致。

（3）如果有证据证明登记错误、登记簿记载与真实权利状态不符，法院可以确认真实的权利人。本案法院经审理，确认房产为家庭共有，不动产登记簿并非唯一依据。

（4）共有人如果拟主张自己的权利，则应该到登记机关办理更正登记。

---

❶ 王琦：房屋归属如何判断？不动产登记簿并非唯一依据！（http://ahjxfy.ahcourt.gov.cn/article/detail/2022/03/id/6591023.shtml），载安徽省泾县人民法院网，2022年3月22日访问。

将原来错误的登记改变，申请共有登记，即民间所说的在产权证上加上自己的名字，成为法律上承认的房屋所有权人。

（5）首次登记在不同语境下，含义有差别。如对于开发商的首次登记，最高院在涉及抵押时的表述是：建筑物首次登记指的房地产开发企业在建筑物竣工验收后就建筑物所有权办理的首次登记（即民间所称"大产权证"），不是指抵押人因购入房地产开发企业商品房而取得所有权办理的首次登记（即民间所称的"小产权证"）。❶而实际上从登记角度看来，房屋建成后，无论是开发商或者是个人、单位，建房者持土地、规划等审批手续第一次办理所有权登记，即为房屋的首次登记。

思考题：首次登记是什么意思？

知识点：变更登记不发生所有权转移。

案例十九：变更登记与转移登记的区别❷

姬某与王某于2003年2月登记结婚。2009年10月，姬某与开发公司签订购房合同，购买房屋一套并办理了购房贷款，姬某、王某共同在抵押人处签名，不动产所有权人登记为姬某。2014年9月，姬某与王某签订夫妻协议约定：王某享有100%产权，房产变更到配偶王某名下。同日，王某、姬某向不动产登记中心提交房屋所有权转移登记申请。2014年10月，不动产登记中心将房屋所有权人变更登记为王某。2015年7月，姬某与王某办理离婚登记，离婚协议中就财产分割约定为房屋归王某所有。

2020年7月，李某向法院提起债权人撤销权之诉，请求撤销姬某与王某离婚协议中财产分割条款，并确认财产分割中的房屋为姬某、王某所有，房屋所有权变更至姬某、王某名下。2020年9月，一审法院作出民事判决，撤销姬某与王某2015年7月离婚协议中房屋分割，房屋归姬某、王某共同所有。王某提起上诉。二审撤销一审民事判决，驳回李某的起诉。

王某另外向法院提出执行异议申请后，一审法院裁定中止对王某名下房

---

❶ 最高人民法院民事审判第二庭：《最高人民法院民法典担保制度司法解释理解与适用》，最高人民法院出版社2021年版，第459页。

❷ 山东省淄博市中级人民（2022）鲁03民终1393号。

产的执行。一审法院认为房产系王某与姬某夫妻关系存续期间取得，属夫妻共同财产。约定将涉案房产归王某单独所有，仅对王某、姬某双方具有约束力，不能对抗不知情的第三人。在王某、姬某夫妻关系存续期间，仅房屋从姬某名下变更到妻子王某名下的事实，并不能改变该房屋为夫妻共同财产的性质。离婚协议中针对该房产分割所作的约定，属于双方内部对夫妻财产的处分。认定双方离婚协议对财产及债务的处理有逃避债务之嫌，离婚协议关于房屋归王某所有的约定不能排除原告李某对涉案房产的申请执行，因此准许执行王某名下房产。

二审法院认为，姬某将涉案房屋变更登记至王某名下，对外不具有公示公信效力，仍属于夫妻共同财产。双方通过离婚协议将涉案房屋分配给王某，相关债务由姬某承担，明显侵害了李某的合法权益。李某主张继续执行涉案房屋符合法律规定，王某与姬某的离婚协议涉及的房屋分割不足以排除法院对房屋的强制执行。

案例教学点提要：

（1）本案房屋为婚后买入，没有特别约定，性质上就是夫妻共同财产，虽然最初没有登记在双方名下，但不改变其夫妻共有的性质。

（2）法院在变更登记和转移登记两个类别上是经常混用的，大部分法院对于变更登记和转移登记是不区分的。本案判决书说得比较准确，王某夫妻之间是办理的是变更登记，即权利主体没有发生转移。对于第一次李某提起的撤销之诉，一审法院表述为当事人申请转移登记，登记机构办理了变更登记。第二次王某提起的执行异议之诉，二审法院认为房屋仍然是共有财产，因此使用变更登记。即虽然当事人意图转移房屋所有权，但实际上共有性质不变。

（3）转移登记和变更登记最主要的区别是权利主体是否发生转移。权利主体没有发生转移的，是变更登记。如果发生权利主体发生改变，则属于转移登记，即俗称的"过户"，即交易发生了过割。

（4）对于李某申请撤销王某所有权证、变更登记为共有，作为申请人，李某在法律上不具有此权利，因为其不是登记行为的利害关系人，即其与登记机构的登记行为没有利害关系，所以二审法院驳回起诉。再者，李某是在民事诉讼中提出该请求的，未得到法院支持。对于登记问题，应该通过行政诉讼解决，在李某提起的撤销之诉中，登记机构不是当事人，民事诉讼中，法院不会处理行政机构的问题。

思考题：变更登记的特征是什么？哪些情况下需办理变更登记？

相关规定：依据《不动产登记暂行条例实施细则》（2019修订）第26条规定："下列情形之一的，不动产权利人可以向不动产登记机构申请办理变更登记：（一）权利人的姓名、名称、身份证明类型或者身份证明号码发生变更的；（二）不动产的坐落、界址、用途、面积等状况变更的；（三）不动产权利期限、来源等状况发生变化的；（四）同一权利人分割或者合并不动产的；（五）抵押担保的范围、主债权数额、债务履行期限、抵押权顺位发生变化的；（六）最高额抵押担保的债权范围、最高债权额、债权确定期间等发生变化的；（七）地役权的利用目的、方法等发生变化的；（八）共有性质发生变更的；（九）法律、行政法规规定的其他不涉及不动产权利转移的变更情形。"

由此可见，变更登记并不发生所有权主体的转移。

知识点：转移登记是登记主体的权利发生转移。

案例二十：未取得权属证书买卖房屋[1]

赵某与金某系夫妻关系。经N市B房地产中介有限公司居间撮合，由马某购买赵某所有的房屋。马某委托其朋友高某与赵某签订了房地产买卖合同，双方在合同中约定："双方于本小区统一办理房产证时再委托中介方办理房地产转让过户手续。"具体方法为：赵某办理好房屋的权属证书后，由其协助B房地产中介有限公司将该房屋的权属证书办至马某名下。合同签订当天，马某依约支付了购房款，赵某与金某将房屋交付给马某使用。后小区可以办理房产证，而赵某却拒不配合过户给马某，因此马某起诉，请求判令赵某立即协助自己办理房地产登记过户手续。赵某则认为签订合同时，自

---

[1] 扬州市邗江区人民法院（2012）扬邗民初字第0154号。

己尚未领取房产证、土地使用权证，因此签订的这份房屋买卖合同是无效合同，不应当协助马某办理房地产过户手续。

案例教学点提要：

（1）本案出卖人在出卖房产时，并没有取得房屋所有权证。房屋权属证书是权利人依法拥有房屋所有权的法定凭证，根据《城市房地产管理法》第38条的规定，已经建成的房屋未依法登记领取权属证书的，不能转让。这条规定属于管理性规定还是强制性规定？该规定只是要求无证不能转让，但如果转让，转让的结果是什么？如何处理？并没有规定。《城市房地产管理法》属于行政法律规范，这是行政规制的问题，不会就当事人的民事行为后果给出结论。本案当事人之间的争议则属于民事法律关系，法院处理时依据的是民事法律规范。

（2）本案涉及的是出卖人未取得所有权的情况下，签订的买卖合同是否有效问题，不涉及物权效力，只是合同的效力问题。合同属于私法自治的范围，一般情况下国家公权力不会干涉。但是，如果私法自由没有边界，其结果就是无法保障私法自治。如果不加控制，任由当事人进行随意约定，将造成市场秩序混乱，影响房地产交易的公平。本案发生于《民法典》颁布之前，适用当时的《合同法》。《合同法》第52条规定：违反法律、行政法规的强制性规定的，合同无效。依据当时《最高人民法院关于适用〈中华人民共和国合同法〉若干问题的解释（二）》第14条规定："合同法第五十二条第（五）项规定的'强制性规定'，是指效力性强制性规定。"而《城市房地产管理法》并没有明确无证转让为无效法律行为，因此实践中法院多认定不影响合同效力。

（3）过去许多年，我国大部分地区实行房产证、土地使用权证分开管理的方式，目前我国已经建立不动产统一登记制度。涉案房屋已经具备办理权属证书的条件，那么当事人应当按照诚实信用原则，履行合同义务。赵某夫妇应按照合同约定，协助马某办理产权登记手续。规范的做法是出卖人取得权利证书后才能够出售房屋，买受人也应该查清对方是否有出售的权利，这样双方可以顺畅地办理转移登记，取得不动产权利证书。

（4）本案这种情况常有发生。出卖人由于各种原因在取得所有权证书前急于出售房屋，先卖后办理登记。但是随着房地产价格快速上涨，出卖人因后悔价格卖低而毁约的并不少见，此时双方纠纷遂起。出卖人显然违反了诚实信用原则，诉讼中会处于不利境地。

思考题：根据本案情况，该房屋出售需要办理哪些登记？

知识延伸：转移登记是所有权主体发生转移，即通常说的"过户"。根据《不动产登记暂行条例实施细则》，转移登记典型的如买卖、互换、赠与房屋的。其他的还有以房地产作价出资（入股）或者法人或者其他组织因合并、分立等原因致使房地产权利发生转移的；房地产分割、合并导致权利发生转移的；继承、受遗赠导致房地产权利发生转移的；共有人增加或者减少以及共有房地产份额变化的；因人民法院、仲裁委员会的生效法律文书导致房地产权利发生转移的；因主债权转移引起房地产抵押权转移的；因需役地不动产权利转移引起地役权转移的；法律、行政法规规定的其他不动产权利转移情形。

所有上述这些行为的共同特点就是权利主体发生转移，即权属转移。

知识点：地下车库与公共部位的登记。

案例二十一：地下车库申请登记的主体[1]

1998年10月，H市城乡建设委员会、市规划局批复G公司建设农贸市场、商住及配套管理用房。其中地下室5910平方米，内设57辆机动车停车库，300辆自行车库及140辆三轮车库，另安排设备用房。2002年9月，市规划局向建设单位G公司核发建设工程规划许可证。2002年10月，H市公安局出具建筑工程验收合格书，认定由建设单位G公司开发建设的云河大厦机动车泊位97个：地下64个，地面33个，该工程符合规范验收合格。2003年3月，市建设委员会就云河大厦项目向G公司发放综合验收合格证书。2002年，卖方G公司与买方W超市有限公司订立的商品房买卖合同附件约定：G公司免费提供给W超市有限公司5个专用停车位。2003年、

---

[1] 浙江省杭州市拱墅区人民法院（2020）浙0105民初8187号。

2004年，G公司分别出售案涉云河大厦地下一层车位10个于案外人郦某；2018年G公司向案外人出售地下一层车位2个；以上合计出售车位12个。

2006年4月，云河大厦业主委员会以G公司为被告，向法院提起诉讼，诉请"确认云河大厦全体业主与G公司共同具有对云河大厦地下车库的使用权"。2007年3月，法院认定市房地产测绘公司于2002年11月制作的房地产测绘成果表地下一层含非人防和人防面积。法院判决认为云河大厦业委会未能举证证明G公司在商品房买卖合同中与云河大厦众业主就讼争地下车库的使用权归属作了明确约定，也未能提供充分、有效的证据证明G公司已将全部土地面积分摊到每户业主并已分摊完毕的事实，其关于云河大厦全体业主因购买云河大厦的商品房而当然取得地下车库使用权的理由不能成立，驳回云河大厦业主委员会的诉讼请求。

2008年6月，云河大厦业主委员会以G公司为被告，诉请法院"确认依照国有土地使用权出让合同载明和约定的内容而获得的非独立专享土地使用权的部分依法归属于云河大厦获得分摊登记的原告代表的云河大厦全体业主共有"。2009年4月，法院裁定认为：G公司在2000年以出让方式取得建设用地使用权，并在该地块建造云河大厦，对房屋权利系原始取得，建设用地使用权人无须权属取得证明。因此，对于云河大厦地下车库的所有权归属，在没有相反证据的情况下，应当推定属于建造者G公司。市国土资源局与G公司于2000年签订的国有土地使用权出让合同双方只约定了出让土地的四至范围。因此，应当认为双方当事人在合同中对出让的建设用地使用权只明确了土地地表的横向空间使用范围，对于出让土地使用权是否涉及地上或者地下空间未作明确约定。根据《土地管理法》（2004年修正）第16条的规定，未经过初始确权的土地使用权争议，由人民政府处理。因此，对于地下空间土地使用权的确权，不属于人民法院受理民事案件的主管范围，应当向人民政府提出处理要求。裁定驳回云河大厦业主委员会的起诉。

2020年，G公司要求确权云河大厦地下一层停车位41个。法院认为云河大厦业委会对于云河大厦地下一层停车位的投资者和建造者为G公司并无异议，各业主与G公司签订的商品房买卖合同未对诉争地下车位的权属作出约定，云河大厦业委会也未提供任何证据证明G公司已将地下车位以任何形式确定给各业主共有，法律也未明确规定在业主与开发商对车位约定不明情况下的归属。云河大厦地下车位（或车库）的建筑面积并未作为小区商品房公摊面积由各业主予以分摊。事实上，G公司已通过出售的方式将云河大厦地下一层的部分车位进行了处分。根据"谁投资谁受益"的原则，G公司作为云河大厦地下一层停车位的投资者和建造者，理应对涉案车位享有相应权利。至于云河大厦业委会抗辩未经过初始确权的土地使用权争议，由人民政府处理，不属于人民法院受理民事案件的主管范围；而该地下车位的土地使用权尚未确权，故亦无法对涉案车位单独进行确权。如法院给予确认，必须对地下车位所占用范围内的土地使用权一并作出处理，而对地下空间土地使用权的确权已经超出法院的审理范围。因此，G公司是否享有车位的地下空间土地使用权，法院不作评述。同时法院认为地下一层车位确权纠纷，与地下空间使用权为不同的法律概念。在职权部门未明确或认定G公司不享有车位所涉地下空间使用权前，径直认定G公司无权对涉案车位主张权利，显然有失公允。法院支持了G公司请求，并要求实际占有并使用车位的云河大厦业委会予以返还。

案例教学点提要：

（1）本案开发商通过出让方式取得建设用地使用权，按照规划批准建设了云河大厦项目及地下车库。项目及其车位均通过验收并合格交付，项目合法。但本案围绕地下车位持续多年多起诉讼，争议的就是车位的权利。

（2）该项目出让合同并没有约定地下车位的具体建设情况，但规划已经批准建设。建设用地使用权是否包括车位并不明确，因为开发商车位竣工之后并未办理过土地使用权登记和车位所有权登记。但项目为开发商建设并所有，尚未售出的地下车位也应该归属于开发商G公司，即使其未办理登记，也不能否认其作为项目所有人的权利。

（3）本案业委会通过两个诉讼试图取得地下车位的权利：一是购买房屋取得车位使用权；二是涉及车位的土地使用权。前一个诉讼明确买房不等于取得车位使用权，这也是符合《民法典》的规定的。至于是否纳入分摊面积，这是很难证明的。关于土地使用权的诉讼，虽然法院以不属于法院处理范围驳回，但实际上车位与土地使用权不能分离，但地下空间使用权是否可以和土地使用权分离？地下空间使用权和土地使用权的关系是什么？这里法院有所混淆。法院认为土地出让合同只是明确了地上地表的权利，没有明确地下空间的权利，即地下空间的土地使用权没有明确，属于土地权属纠纷，依据《土地管理法》行政前置，由人民政府处理。这里法院明确在一宗土地上，可能存在两个土地使用权：一个是地表的，一个是地下的。

（4）车位因建造原始取得，法院认为根据《物权法》，建设用地使用权人建造的建筑物、构筑物及其附属设施的所有权依法推定归属于建设用地使用权人，建设用地使用权人无须取得权属取得证明。但又认定对于地下空间土地使用权的确权，不属于人民法院受理民事案件的主管范围，似乎存在矛盾。实际上，这是由适用不同的法律导致的。法院适用《物权法》确定物权的取得，而又根据《土地管理法》认为出让合同没有约定，这在法理上没有解释清楚。实际上，作为民事案件，法院回避了行政法问题。《土地管理法》属于行政法律，法庭有意将相关的法律争议排除在外。这也是民事审判中常见的做法。

（5）本案开发商如果竣工验收之后及时办理产权登记，相关的矛盾可能就容易解决了。根据规划、竣工验收和测绘结果，办理登记并不困难。无论哪一方，如果持有产权证，说明登记机关对于其土地使用权和建筑物、构筑物所有权均给予法律上的确认，也可以减少纠纷的产生。

（6）原国家土地管理局1995年颁布的《确定土地所有权和使用权的若干规定》第54条规定：地面与空中、地面与地下立体交叉使用土地的（楼房除外），土地使用权确定给地面使用者，空中和地下可确定为他项权利。平面交叉使用土地的，可以确定为共有土地使用权；也可以将土地使用权确定给主要用途或优先使用单位，次要和服从使用单位可确定为他项权利。上述两款中的交叉用地，如属合法批准征用、划拨的，可按批准文件确定使用权，其他用地单位确定为他项权利。第57条规定：他项权利依照法律或当事人约定设定。他项权利可以与土地所有权或使用权同时确定，也可以土地所有权或使用权确定之后增设。

就该规定看，地下空间权利并非与地表的土地使用权是一体的。据此，可以认为如果土地出让合同没有明确出让地下空间，那么地下空间作为他项权利还需要另行明确。

思考题：地下车位可以办理权属证书吗？

知识点：注销登记因为涉及权利的消灭，有严格的规范要求。

案例二十二：注销登记须申请[1]

夏某通过征收补偿取得一处宅基地，并建房居住。夏某另有从其父亲处分得的一块集体土地，国土局称该土地原为夏某父亲在林地上修建的看管房所占用的土地，不属于宅基地。遂以夏某申请资料与实际情况不符为由，于 2015 年 10 月发出告知书，认定夏某以虚假资料骗取土地登记，要求其将从其父亲处取得并办理登记的集体土地使用证交还，配合集体经济组织办理注销登记。若逾期不办，将按照相关规定公告后注销夏某所持集体土地使用证。国土局于 2015 年 11 月作出对夏某集体土地使用权的注销公告。夏某不服，向 D 市政府申请行政复议，未得到支持，后提起行政诉讼亦被驳回。遂向高级人民法院提起申诉。高级人民法院撤销了原一审、二审的判决和裁定，并于 2018 年重新审理，认定 D 市国土局注销夏某集体土地使用权，没有法律依据。

案例教学点提要：

（1）本案是 2020 年 7 月最高人民法院发布的 9 起产权保护行政诉讼典型案例之一。本案的重点是国土局作出的注销土地使用权的注销公告。其错误在于混淆了土地使用权和土地使用权证的概念。本案中，国土局直接注销土地使用权，即注销当事人的民事权利，显然是没有法律依据的。作为行政机关没有法律依据，不能设立、变更、消灭当事人的民事权利，这是违法的。

（2）依据案件发生时适用的《土地登记办法》第 58 条规定"国土资源行政主管部门发现土地登记薄记载的事项确有错误的，应当报经人民政府批

---

[1] 四川省崇州市法院（2017）川 0184 行初 93 号。

准后进行更正登记,并书面通知当事人在规定期限内办理更换或者注销原土地权利证书的手续。当事人逾期不办理的,国土资源行政主管部门报经人民政府批准并公告后,原土地权利证书废止"。即发现错误,首先登记机关需纠错,即办理更正登记。本案中,国土局应该首先办理更正登记。更正登记是登记机关依职权启动的,不需要当事人申请,办理后需要通知当事人。注销需要通知当事人,而当事人不办理的情况下才可以依职权启动。

统一不动产登记后,根据《不动产登记暂行条例实施细则》规定,不动产登记机构发现不动产登记簿记载的事项错误,应当通知当事人在30个工作日内办理更正登记。当事人逾期不办理的,不动产登记机构应当在公告15个工作日后,依法予以更正。

(3)根据有关规定,注销登记首先需要当事人申请。法院认为《土地登记办法》第六章关于注销登记的规定,除三种情形(依法收回的国有土地;依法征收的农民集体土地;因人民法院、仲裁机构的生效法律文书致使原土地权利消灭,当事人未办理注销登记的)下土地登记主管部门可直接办理注销登记外,注销登记均应由原土地使用权人或他项权人申请,相关土地登记管理规范并没有关于土地登记当事人以外的其他组织或个人可以申请注销登记的规定,因此登记机关自行注销夏某土地使用权没有依据。

根据《土地登记办法》第58条的规定,登记机关经批准后办理了更正登记,并通知当事人注销原土地使用权证书。当事人不来办理的,才可以主动注销。即需要当事人根据通知来申请办理注销,交回土地使用权证书。根据《不动产登记暂行条例实施细则》,也是需要当事人申请办理,逾期不申请的,才可以公告后注销。按照2018年重审法院的观点:注销证书属于土地登记主管部门办理更正登记之后的执行行为。

(4)夏某取得宅基地是否符合一户一宅的要求、涉案土地使用权是否属于宅基地使用权、夏某是否骗取登记等,在本案中不是法院审理时重点考量的情况。因为本案审理的是注销登记的合法性问题。

(5)注销证书意味着当事人权利的丧失,因此应该严格限制和规范。所以原《土地登记办法》明确规定了三种情况。按照现行的《不动产登记暂行条例实施细则》应该由当事人申请办理注销登记。可以办理的主要情况是:

房地产灭失的；权利人放弃房地产权利的；房地产被依法没收、征收或者收回的；人民法院、仲裁委员会的生效法律文书导致房地产权利消灭的；法律、行政法规规定的其他情形。但对于登记机关依职权注销，并没有进行严格限制，通常可以依据征收决定办理注销。对于依据生效法律文书注销，除非走协助执行程序，否则也是需要当事人直接申请的。

思考题：注销登记如何办理？

二、抵押权登记

房地产抵押是一种房地产的准处分行为，抵押合同签订并不意味着抵押权成立，依照法律规定，抵押权自登记之时起生效。

如果债务人无法清偿债务，就需要处理抵押的房地产。由于其不转移占有，因此实践中抵押人常常在抵押权登记后依然处理抵押房地产，引发纠纷。

<u>知识点：对于已经设立抵押权的房地产转让，《民法典》和《物权法》的规定不同。</u>

案例二十三：出售已抵押房屋 ❶

买受人张某与出卖人周某签订房屋买卖合同，出卖人周某将其购入的一套房屋卖给张某，该房屋系周某从开发商B房地产开发有限公司处购买，已经办理抵押贷款，尚未办理产权证。房屋买卖合同签订后，张某和周某（二人作为委托方）与A产权交易所有限公司（作为受托方）订立产权交易及相关业务委托书，就涉案房屋的产权交易委托A产权交易所有限公司办理。房屋买卖合同签订当日，张某向周某支付定金1万元和首付款30万元。几个月后张某与周某又签订房屋买卖合同变更协议，签约同时张某又向周某支付购房款7万元，并在变更协议订立后一直以周某的名义按月偿还其所欠中国银行的商业贷款。

---

❶ 根据江苏某市仲裁案件改编。

不久周某取得该房屋的产权证。张某从开发商 B 房地产开发有限公司处取得房屋后即进行装潢并已入住。由于周某没有按约偿还该房屋的公积金贷款，导致双方未能按约办理该房屋的产权转移登记，加之周某涉及其他债务，周某的债权人申请法院查封了该房屋。张某依据合同约定申请仲裁，在本案审理过程中，张某又代替抵押人周某偿还了中国银行的全部贷款。张某请求确认与周某订立的房屋买卖合同及其变更协议有效。

案例教学点提要：

（1）周某出售的是预购商品房，已经办理的是公积金和商业性组合贷款，尚未取得权属证书，依据相关规定，是不能转让的。这也是有关部门防止"炒房"的一项措施，现在各地均禁止预售房转让，即预售商品房在办理产权证之前，购房合同不能转让。周某在贷款未偿还的情况下转让合同权利，由购房人代其偿还贷款，违反政府的相关规定。但由于房屋尚未办理产权登记，并设有抵押权，所以无法办理过户手续。

（2）购房人购买房屋之后，除支付定金和首付款之外，代替周某按时偿还每月的商业贷款。但公积金贷款系出自周某账户，张某无法代偿，因此该部分由出卖人周某自行偿还。

（3）双方当事人签订了房屋买卖合同，虽然没有办理房屋登记手续，但合同是双方当事人的真实意思表示，且并未违反法律法规的规定，应当是合法有效的。虽然签订了买卖合同，但由于出卖人没有办理不动产权利证书，购房人张某亦无法办理权属证书。后周某取得房屋权利证书，但由于抵押权登记未撤销，依然无法办理过户登记手续。之后因为债务纠纷被查封，更是无法过户。

（4）关于已经抵押的房屋转让问题。根据《物权法》第 191 条规定，抵押期间，抵押人未经抵押权人同意，不得转让抵押财产，但受让人代为清偿债务消灭抵押权的除外。《民法典》规定有所改变，抵押人可以转让抵押财产，只需要通知抵押权人即可。根据当时最高人民法院《关于适用〈中华人民共和国担保法〉若干问题的解释》第 67 条第 1 款规定："抵押权存续期间，抵押人转让抵押物未通知抵押权人或者未告知受让人的，如果抵押物已经登记的，抵押权人仍可以行使抵押权；取得抵押物所有权的受让人，可以代替债务人清偿其全部债务，使抵押权消灭。受让人清偿债务后可以向抵押人追偿。"此规定并未禁止抵押权存续期间未告知抵押权人的抵押物转让行为，而是对此后的抵押权如何行使进行了规定。这可以从另一角度说明司法的态度。而登记机构对于房屋转让则要求抵押权人书面同意，实际操作中往往注销抵押权后才能转让。《民法典》实施后，登记机构的做法已经有调整，但是需要事先约定关于抵押房地产转让通知的情况。

（5）关于查封问题。《最高人民法院关于人民法院民事执行中查封、扣押、冻结财产的规定》第17条规定：被执行人将其所有的需要办理过户登记的财产出卖给第三人，第三人已经支付部分或者全部价款并实际占有该财产，但尚未办理产权过户登记手续的，人民法院可以查封、扣押、冻结；第三人已经支付全部价款并实际占有，但未办理过户登记手续的，如果第三人对此没有过错，人民法院不得查封、扣押、冻结。

根据以上规定，张某可以向人民法院申请执行异议，要求法院解封，以维护自身的合法权益。

思考题：已设立抵押权的房屋转让有哪些条件？

相关规定：《民法典》第406条规定：抵押期间，抵押人可以转让抵押财产。当事人另有约定的，按照其约定。抵押财产转让的，抵押权不受影响。抵押人转让抵押财产的，应当及时通知抵押权人。抵押权人能够证明抵押财产转让可能损害抵押权的，可以请求抵押人将转让所得的价款向抵押权人提前清偿债务或者提存。转让的价款超过债权数额的部分归抵押人所有，不足部分由债务人清偿。

最高人民法院、自然资源部就有关抵押房屋转让登记的问题如何处理进行了明示。最高人民法院《关于适用〈中华人民共和国民法典〉有关担保制度的解释》第43条规定：当事人约定禁止或者限制转让抵押财产但是未将约定登记，抵押人违反约定转让抵押财产，抵押权人请求确认转让合同无效的，人民法院不予支持；抵押财产已经交付或者登记，抵押权人请求确认转让不发生物权效力的，人民法院不予支持，但是抵押权人有证据证明受让人知道的除外；抵押权人请求抵押人承担违约责任的，人民法院依法予以支持。当事人约定禁止或者限制转让抵押财产且已经将约定登记，抵押人违反约定转让抵押财产，抵押权人请求确认转让合同无效的，人民法院不予支持；抵押财产已经交付或者登记，抵押权人主张转让不发生物权效力的，人民法院应予支持，但是因受让人代替债务人清偿债务导致抵押权消灭的除外。

按照自然资源部《关于做好不动产抵押权登记工作的通知》（自然资发〔2021〕54号）的规定，当事人申请办理不动产抵押权首次登记或抵押预告登记的，不动产登记机构应当根据申请在不动产登记簿"是否存在禁止或限制转让抵押不动产的约定"栏记载转让抵押不动产的约定情况。有约定的填写"是"，抵押期间依法转让的，应当由受让人、抵押人（转让人）和抵押权人共同申请转移登记；没有约定的填写"否"，抵押期间依法转让的，应当由受让人、抵押人（转让人）共同申请转移登记。约定情况发生变化的，不动产登记机构应当根据申请办理变更登记。《民法典》施行前已经办理抵押登记的不动产，抵押期间转让的，未经抵押权人同意，不予办理转移登记。

三、其他登记

其他登记指更正登记、异议登记、预告登记、查封登记。其登记的事项主要不是确认所有权的归属，而更多的是程序性的事项。如更正登记是对错误登记的改正，包括当事人申请更正和登记机构发现错误后更正。权利人、利害关系人认为不动产登记簿记载的事项有错误，可以申请更正登记。不动产登记机构认为不动产登记簿记载确有错误的，应当予以更正。

知识点：更正登记与异议登记的关系。

利害关系人认为不动产登记簿记载的事项错误，权利人不同意更正的，利害关系人可以申请异议登记。那么，是否指更正登记是异议登记的前置环节？不经过更正登记是否可以直接提起异议登记？在登记实务中也是有不同看法的。

案例二十四：异议登记后的更正登记 ❶

1994年3月，言某夫妇与儿子言A签署购房协议书。由言A根据房改政策，为其父母出资购买现居住的单位公房。约定言某夫妇身故后，该楼房的产权留给言A，公证处对该购房协议书进行了公证。2012年8月言A持申请材料、公证书等办理了该房屋的房产证。后经核查，办理产权过户的继承公证书系伪造。

2021年3月，言某夫妇另一子言B向规划自然资源委提出异议登记，规划自然资源委于2021年5月作出不动产更正登记公告，并于2021年6月作出不动产权证书登记作废公告，将言A名下的房屋所有权证公告作废，将涉案房屋更正到言某名下。

一审法院认为，本案事实发生于《民法典》施行前，应适用当时的法律、司法解释的规定。涉案房屋登记于言某名下，2012年言A持相关公证书变更登记在自己名下，言B向房屋登记部门提出异议申请后，房屋登记部门经核查相关公证文书不实后，将涉案房屋重新变更登记在言某名下。言A提交的购房协议书能够证明在涉案房屋购买时由言A出资，但参照《最高人民法院关于适用〈中华人民共和国婚姻法〉若干问题的解释（三）》第12条涉案房屋仍应被认为是言某夫妻的遗产。考虑购房协议书及言某夫妻死亡时间、涉案房屋出资款的来源、言某夫妇对房屋居住权的表述以及诚信原则，表达的意思是由言A一人继承。但言A存在持虚假公证遗嘱办理涉案房屋变更登记的行为，判决继承人言B、言A各继承1/2。

二审法院认为言A为办理涉案房屋过户手续向规划自然资源委提交的虚假公证书应属无效。但1994年3月经公证的言某夫妇与言A签署的购房协议书真实有效。言A持伪造材料申请过户的行为并非法律所规定的伪造、篡改或者销毁遗嘱、情节严重而丧失继承权的情形。言某夫妇在购房协议书中所立遗嘱有效，涉案遗产应按照遗嘱继承办理。言A持伪造材料申请办理房屋过户手续，言B可向有权机关反馈，由有权机关依法予以处理。撤销一审民事判决，驳回言B全部诉讼请求。

---

❶ 北京市第三中级人民法院（2021）京03民终18406号。

案例教学点提要：

（1）该类房屋纠纷比较具有典型性。这种情况在房改时期的政策购房中比较多见，即由子女出资购买父母的政策性住房。但由于房改政策的规定，房屋权属证书不能办理到出资人名下，只能办理到享受政策住房的原房屋使用权人名下。本案因为是言某夫妻按照住房政策享受的福利分房，因此只能由言某领取房屋所有权证。

（2）本案前后有两份公证书。第一份购房协议公证书是真实的，第二份公证是言A将其父亲名下的房屋通过继承方式转移登记到自己名下，登记所依据的继承公证则是伪造的。即购房协议意思真实，登记依据的继承公证书是虚假的。

（3）本案是因为言B向登记机构提出异议登记，登记机构经公告办理了更正登记，将登记更正即恢复到言某名下（登记机构的做法值得商榷：言某已经去世，不能重新恢复登记到其名下）。

（4）本案更正登记是由于异议登记而启动的。根据规定，异议登记申请人应当在异议登记之日起15日内，提交人民法院受理通知书、仲裁委员会受理通知书等提起诉讼、申请仲裁的材料；逾期不提交的，异议登记失效。由于登记机构已经更正，言B异议登记的目的已经达到。但本案登记机构的这种处理值得商榷，更合乎规范的做法应该是登记机构办理异议登记后，不直接办理更正。民事权利与生俱来，到死方休，如本案，言某夫妇均已去世，这种更正恢复是没有法律依据的，民事主体已经不存在，其民事权利无法恢复，这种做法违背基本法律常识。登记机构的正确做法应该是按照异议登记的程序，等待言B起诉或者仲裁，根据法院或者仲裁机构的最终决定办理。

（5）法院判决是基于真实的公证书，对于虚假公证书的问题，法院认定无效，但不予处理，因为关于公证书的规范管理问题，超出了民事案件和本案的审理范围，应由有权机关处理。

（6）实践中有一种观点，异议登记是权利人不同意更正，才可以提起。实际上更正登记并不是异议登记的前置条件。异议登记可以单独提起，如本案，异议登记之后，登记机构发现确实登记错误，启动更正登记。当然也有可能是依据规定，当事人申请更正，权利人不同意，再提起异议登记。

思考题：更正登记和异议登记的含义？有什么样的关系？

知识点：预告登记需要双方当事人共同申请。

案例二十五：预告登记与预查封❶

2012年7月，B房地产开发公司（以下简称B公司）与付某签订商品房买卖合同，付某购买B公司开发建设的、建筑面积91平方米的房屋，并办理了商品房预告登记。2012年9月，S银行与付某签订个人购房贷款合同，付某按揭贷款27万元，办理了抵押预告登记。因付某未按合同约定偿还借款，S银行以付某、B公司为被告向法院提起金融借款合同纠纷诉讼，2018年5月，法院判决令付某偿还S银行借款本金及利息、罚息、复利；B公司承担连带责任。2019年2月，法院从B公司账户扣划29万元，案件执行完毕。

2019年1月，B公司以付某为被告，S银行为第三人提起商品房销售合同纠纷诉讼。2019年11月，一审法院作出判决，判令解除B公司与付某于2012年7月签订的商品房买卖合同；付某将涉案房屋腾空并交付B公司；给付B公司违约金，该判决已发生法律效力。

付某与鲍某有民间借贷纠纷，法院民事调解书说明付某应于2016年10月前偿还原告鲍某借款11万元，付某未按该调解协议履行还款义务，鲍某申请强制执行。执行程序中，法院于2016年11月作出协助执行通知书，预查封备案在付某名下的该涉案房屋，预查封及续封期限自2019年11月15日至2022年11月14日。B公司提出执行异议，法院认为，本案系因涉案房屋被查封后，B公司以法院判决解除房屋买卖合同为由提出执行异议，阻却法院对涉案房屋的执行。付某虽未取得该房屋所有权登记，但其已经取得该房屋的预告登记，法院预查封合法有效，判决已经发生法律效力。解除B公司与付某之间的商品房买卖合同后，针对该房屋的预告登记失效。付某享

---

❶ 沈阳市中级人民法院（2022）辽01民终848号。

有的诉争房屋物权变动请求权因合同解除而消灭，不再享有相应的物权期待权，B公司作为房屋开发企业享有足以排除强制执行的民事权益，有权向人民法院申请解除查封，排除执行。2020年10月，一审法院作出执行裁定书，裁定异议请求成立，中止执行。

二审法院认为预查封的效力实为冻结不动产物权登记簿的登记，以限制预告登记人未来对标的物的处分。通过预查封固定的是预告登记本身以及本登记完成之后对房屋的查封，预查封的效果取决于预告登记能否符合本登记的条件。房屋买卖合同解除后，房屋买受人不再享有相应的物权期待权，房屋出卖人有权向人民法院申请排除执行，故一审法院判决驳回鲍某的请求并无不当。

案例教学点提要：

（1）本案涉及两个特殊登记：预告登记、预查封登记。付某购买商品房并办理了两个预告登记：一个是商品房买卖的预告登记；另一个是抵押预告登记，因为涉及按揭贷款，由B公司作担保。显然在付某取得所有权证前，因为贷款逾期，B公司代为清偿，收回房屋，商品房买卖合同解除。

（2）鲍某因为付某欠款，法院作出预查封，鲍某查封的房屋实际上已经属于B公司所有（解除合同经法院判决确认），因此B公司的请求被法院支持。

（3）预查封主要适用于：作为被执行人的房地产开发企业，已办理商品房预售许可证且尚未出售的房屋；被执行人购买的已由房地产开发企业办理房屋权属初始登记的房屋；被执行人购买的办理了商品房预售合同登记备案手续或者商品房预告登记的房屋。付某办理了预告登记，因此预查封合法有效。

（4）法院认为预告登记权利人并不因办理了预告登记而当然取得预告登记房屋的所有权。本案关键在于B公司对人民法院查封的房屋行使合同解除权并得到法院支持。法院认为预查封并不当然等同于限制付某、B公司该房屋买卖的合同权利，B公司系涉案房屋的所有权人。付某作为该房屋买受人享有合同权利，B公司依据涉案商品房买卖合同及补充协议约定享有合同解除权，这是合同当事人的真实意思表示，非因法定事由，不能剥夺 B 公司的合同解除权。

思考题：办理预告登记和预查封的情形主要有哪些？

知识延伸：预告登记需要按照双方当事人约定申请。主要涉及商品房预售、房地产买卖、抵押、预购商品房抵押贷款及法律、行政法规规定的其他情形。

目前对购房人申请预告登记有特殊保护规定，即开发商和预购人订立商品房买卖合同后，开发商未按照约定与预购人申请预告登记，预购人可以单方申请预告登记。

<u>**知识点**：查封登记的办理程序。</u>

案例二十六：查封登记无须公告[1]

谢某名下的房产于 2015 年 11 月办理了抵押登记，一个月后，谢某与付某签订房产买卖协议，2016 年 1 月 6 日房产被人民法院查封。购房人付某自述房产交付时间为 2016 年 1 月 20 日，至诉讼时，付某尚余 170 万元购房款未支付。故一审法院认定付某提出的执行异议不符合《最高人民法院关于人民法院办理执行异议和复议案件若干问题的规定》第 28 条规定的排除执行之情形。二审法院认为人民法院向不动产登记机构依法办理不动产查封登记、限制不动产交易的公示行为，具有法定的公示效力。付某主张查封行为对其因买受房产而形成的权利状态不具有法律拘束力。房产未能办理过户登记是因为人民法院查封，自己并无过错。不动产查封未张贴封条或者公告，不具有公示效力等，申请再审。法院认为付某的执行异议不符合《最高人民法院关于人民法院办理执行异议和复议案件若干问题的规定》第 28 条规定，同时张贴封条或公告与否，并不影响不动产查封登记的公示效力，付某之主张不能成立。因此驳回其再审申请。

---

[1] 福建省高级人民法院（2021）闽民申 4471 号。

案例教学点提要：

（1）按照《最高人民法院关于人民法院办理执行异议和复议案件若干问题的规定》第28条："金钱债权执行中，买受人对登记在被执行人名下的不动产提出异议，符合下列情形且其权利能够排除执行的，人民法院应予支持：（一）在人民法院查封之前已签订合法有效的书面买卖合同；（二）在人民法院查封之前已合法占有该不动产；（三）已支付全部价款，或者已按照合同约定支付部分价款且将剩余价款按照人民法院的要求交付执行；（四）非因买受人自身原因未办理过户登记。"付某所购房产设有抵押，且其未付清房款，无法过户。显然，付某的情况不符合上述要求。

（2）办理查封登记有严格的程序性要求。办理时须根据要求，提供人民法院工作人员的工作证、协助执行通知书和其他必要材料，如判决书、裁定书等。

（3）查封属于必须登记的事项，查封部门须到不动产登记机构办理。不是贴封条、发公告，是需要办理登记手续，否则无法达到查封的目的，即如果仅仅是贴封条和发布公告，当事人依然可以将房屋转让给他人。因此，只有登记才能达到限制交易的效果。

（4）查封期间，法院解除查封的，不动产登记机构应当及时根据人民法院协助执行通知书注销查封登记。不动产查封期限届满，法院未续封的，查封登记失效。对于法院的查封登记有意见，不能起诉登记机构，只能提起执行异议之诉，属于民事诉讼。即针对登记机构的协助执行行为提起的诉讼，法院是不受理的。

思考题：查封登记如何办理？

四、登记信息查询与个人信息安全

登记信息是政府掌握的信息，但不属于应该公开的政府信息。政府不能主动公开，只能对于特定主体提供查询。根据规定，权利人、利害关系人可以依法查询、复制不动产登记资料。因不动产交易、继承、诉讼等涉及的利害关系人可以查询、复制不动产自然状况、权利人及其不动产查封、抵押、预告登记、异议登记等状况。有关国家机关可以依照法律、行政法规的规定查询、复制与调查处理事项有关的不动产登记资料。人民法院、人民检察院、国家安全机关、监察机关等可以依法查询、复制与调查和处理事项有关的不动产登记资料。不动产登记机构不予查询须给以书面告知书,当事人可以依法申请行政复议或者提起行政诉讼。

知识点：查询主体及查询范围。

案例二十七："以人查房"[1]

陈某、蔡某系某律师事务所律师,二人接受案外人魏某委托,为其与冯某民间借贷纠纷查询执行的相关事宜。2018年2月,二人两次持某法院出具的受理案件通知书、律师事务所介绍信、授权委托书、律师执业证,前往C市国土房管局下属的C市S区不动产登记中心申请查询对方当事人的房产信息被拒。二人遂诉至法院,要求确认国土房管局拒不履行依其申请查询他人不动产登记信息的行为违法。一审法院认为根据《民事诉讼法》《律师法》规定,陈某、蔡某为被代理人魏某民间借贷纠纷一案,有权进行调查收集证据。不动产登记中心应提供房屋查询服务。不动产登记中心拒绝提供房屋查询服务所依据的《房地产登记技术规程》法律层级低于《民事诉讼法》和《律师法》。一审法院判决确认C市国土房管局拒绝提供查询不动产登记信息的行为违法。

被告不服上诉,认为对于利害关系人不能作过宽理解,利害关系人查询的是不动产资料信息,而非查询有无不动产。本案中不动产资料信息与民间借贷纠纷的事实并无直接关系,不属于《民事诉讼法》第61条规定的证据范畴。《房地产登记技术规程》是对上位法有关不动产查询的细化和明确,并非与上位法抵触。利害关系人(包括律师)的查询范围限于"以房查房"或"以房查人"。对于在诉讼中确需调查诉讼当事人个人财产信息的,律师可通过向人民法院申请取得调查令后进行查询。二审法院认为:被诉当

---

[1] 重庆市第五中级人民法院(2018)渝05行终604号。

事人名下所有的房产信息并非民事诉讼中的"证据"。二位律师并非不动产领域实体法规定的申请查询、复制不动产登记资料的主体范围。本案律师作为民间借贷纠纷的诉讼代理人，既不属于不动产的权利人，也不属于利害关系人。因为《不动产登记暂行条例实施细则》第97条第4款规定的"诉讼"是"因不动产诉讼"，范围有限制，而本案非"因不动产诉讼"。即使权利人、利害关系人申请查询、复制不动产登记资料，其范围亦有明确限制，可以查询、复制的范围限于特定不动产的自然状况、权利信息和其他事项。本案申请查询的是冯某名下的所有房产信息，不符合查询范围的规定。因此撤销了一审法院的行政判决。后两位律师申请再审。

再审法院认为关于履行法定职责之当事人诉请，并不意味着公民、法人或者其他组织随便向任何一个行政机关提出任何一项请求，该行政机关就负有履行该项特定请求的公法义务，只有当具备申请查询涉案不动产登记信息的主客观要件时，行政机关才负有公法义务。根据国土部的查询规定，对利害关系人仅开放查询不动产的登记簿记载的登记结果。涉及的"诉讼"范围倘若不加以适当限制，将失去《物权法》《不动产登记暂行条例》应有保护个人隐私信息的规制目的。因此，不动产登记机构有权要求申请人举证证明自己与登记的"不动产"具有公法上"利害关系"。本案被代理人魏某本人并不符合"利害关系人"范围界定及查询范围规定。不动产登记查阅法律规范并没有直接赋予律师"信息收集、获取"实体权利，请求通过"以人查房"查询方式欲获取登记信息亦不符合公法规范的查询规定，行政机关不具有履行给付查询信息职责特定的公法义务。不同法律规范体系（公法与私法）调整不同法律关系并非同一对象时，与法的位阶无关，不适用位阶规则予以解决。行政机关履行法定职责的来源具体包括法律规范、行政规范、行政允诺、行政契约及先前行为等，律师申请不动产登记查询时仍需遵循公法规范。律师调查取证权的行使本身不具有公法规范强制力予以保障实施，驳回二人再审申请。

案例教学点提要：

（1）本案一波三折，案情很简单，但还是有一定的社会影响，尤其在法律界，特别是律师行业引发很大的反响。起初，一审法院的判决曾经让律师们欢欣鼓舞。多年来，全国大部分登记机构对于律师查询当事人房产信息都是拒绝的，由此也引发了不少律师的不满。可以说，拒绝律师查询当事人信息，特别是拒绝"以人查房"，是登记机构多年的做法，也为律师界所诟病。

（2）本案一审和二审判决结果完全不同，也反映了在这个问题上两种裁判思路。一审基于私法上的考量，忽略公私法的不同而进行法律位阶的对比。二审、再审完全从公法规制方面进行界定与考虑，二审和再审法院的判决基于行政诉讼的角度，从公法规制出发，严格区分了公私法的规范理论和标准，区别了在本案中表现出律师公法上的权利和私法权利的不同。

（3）本案判决理由侧重理论阐述，由于其面向律师这一特殊的专业当事人，法理阐述较充分，所以该判决书注重说理，是比较专业的判决书。虽然最终律师败诉，但本案对于登记机构还是产生了很大的影响。

（4）本案之后，各地开始着手规范律师查询登记信息的程序和要求。2022年5月，重庆市规划和自然资源局发布《关于律师在线查询不动产登记信息有关工作的通知》，同意在渝执业的律师事务所持入网材料，可以向重庆市任一区县不动产登记机构申请接入重庆市不动产交易登记平台。律师通过平台提出查询申请，但仍然需要提交调查令。但是查询便利度和信息范围有所扩大。北京等地出台了类似规定，但均需要有法院的调查令才可以网上操作。

（5）不动产登记资料是政府信息，但不属于政府信息公开的范围。国务院办公厅政府信息与政务公开办公室针对国土资源部办公厅《关于不动产登记资料依申请公开问题的函》作出的国办公开办函〔2016〕206号答复明确：不动产登记资料查询，以及户籍信息查询、工商登记资料查询等，属于特定行政管理领域的业务查询事项，其法律依据、办理程序、法律后果等，与《政府信息公开条例》所调整的政府信息公开行为存在根本性差别，当事人依据《政府信息公开条例》申请这类业务查询的，告知其依据相应的法律法规规定办理。

（6）不动产登记簿记载的权利人可以查询自己的不动产信息；也可以委托律师查询，只要提供合法的委托手续即可。查询限制：一是主体限制，可以查询的利害关系人主要有：买卖、互换、赠与、租赁、抵押不动产构成利害关系的；因不动产存在民事纠纷且已经提起诉讼、仲裁而构成利害关系的。二是查询范围限制，因不动产交易、继承、诉讼等涉及的利害关系人可以查询、复制不动产自然状况、权利人及其不动产查封、抵押、预告登记、异议登记等状况。

思考题：登记信息查询中的利害关系人如何界定？

相关规定：根据《不动产登记资料查询暂行办法》规定，利害关系人的认定，需要提供相关证明：因买卖、互换、赠与、租赁、抵押不动产构成利害关系的，需提交买卖合同、互换合同、赠与合同、租赁合同、抵押合同；因不动产存在民事纠纷且已经提起诉讼、仲裁而构成利害关系的，需提交受理案件通知书、仲裁受理通知书。